筹码分布应用

起涨见顶
买卖点分析

刘益杰 ◎ 编著

中国铁道出版社有限公司
CHINA RAILWAY PUBLISHING HOUSE CO., LTD.

图书在版编目（CIP）数据

筹码分布应用：起涨见顶买卖点分析 / 刘益杰编著. --
北京：中国铁道出版社有限公司，2025. 7. -- ISBN
978-7-113-32333-2

Ⅰ. F830.91

中国国家版本馆 CIP 数据核字第 2025TK0105 号

书　　名	：筹码分布应用——起涨见顶买卖点分析
	CHOUMA FENBU YINGYONG：QI ZHANG JIAN DING MAIMAIDIAN FENXI
作　　者	：刘益杰

责任编辑：张　明	编辑部电话：（010）51873004	电子邮箱：513716082@qq.com
封面设计：宿　萌		
责任校对：刘　畅		
责任印制：赵星辰		

出版发行：中国铁道出版社有限公司（100054，北京市西城区右安门西街 8 号）
网　　址：https://www.tdpress.com
印　　刷：北京联兴盛业印刷股份有限公司
版　　次：2025 年 7 月第 1 版　2025 年 7 月第 1 次印刷
开　　本：710 mm×1 000 mm　1/16　印张：11.5　字数：170 千
书　　号：ISBN 978-7-113-32333-2
定　　价：69.00 元

版权所有　侵权必究

凡购买铁道版图书，如有印制质量问题，请与本社读者服务部联系调换。电话：（010）51873174
打击盗版举报电话：（010）63549461

前言

筹码分布是股市中比较常见的技术分析对象，许多投资者和主力都喜欢用筹码分布图来观察市场中流通盘的分布位置，而它在大多数时候也都能够提供恰当的信息。因此，筹码分布属于技术分析内容中的必学课程之一。

筹码分布实际上就是在图形上对一只股票中的所有流通筹码进行映射，将复杂的数据转换为简单易懂的图形，降低其使用门槛，为广大投资者提供更加详细的信息来源。

通过筹码分布图，投资者不仅可以观察到主力仓位的移动情况、市场中买卖双方力道的对比及当前市场预期的统一性，还可以将其与K线的走势及其他指标结合起来，分析出未来股价可能的变动方向，进一步提高操盘的成功率。

在实战中，投资者比较常用的筹码分布图有两种：一是成本分布图，二是火焰山。不同的图形会给出不同的信息，但由于火焰山被赋予了时间性，因此它更能体现出近期筹码和远期筹码的堆积对比，同时反映出当前筹码正在向哪个方向转移。所以，投资者会更多地使用火焰山这一筹码分布图形，这也是书中大部分案例所使用的图形。

不过由于筹码分布较为复杂，投资者在学习时还是需要先打牢基础，再循序渐进地向高阶内容迈进。笔者就是从这一角度出发，逐步向投资者揭开筹码分布的神秘面纱。

全书内容共六章，分别讲述了以下内容：

第1章讲述筹码分布的基本原理与简单的使用方法，打好基础。

第2章讲解筹码分布的一些常见经典形态，如密集、发散等。

第3章解析筹码分布在不同的股价波段行情中的具体买卖应用。

第4章将筹码分布与K线形态结合起来，寻找合适的买卖点。

第5章结合筹码分布与常见技术指标，更精确地定位操作点。

第6章为筹码分布实战章节，融合应用筹码分布各项理论。

书中内容为保持可读性和理论解析清晰性，皆采用彩版印刷，并且绘制了详细的技术图形。同时，每一个理论下都附带有真实的案例解析，图文并茂，标注详细，力求使投资者能够读懂、看懂、学懂。

最后，希望所有读者通过对本书中知识的学习，提升自己的炒股技能，收获更多的投资收益。但任何投资都有风险，也希望广大投资者在入市和操作过程中谨慎从事，规避风险。

编　者

2025年3月

第 1 章 筹码分布原理与使用

1.1 掌握筹码分布基础理论 2
1.1.1 筹码分布的原理 2
1.1.2 筹码分布的核心效用 3
实例分析 沙河股份（000014）筹码分布识别阻力区与支撑区 4
1.1.3 筹码分布的不同位置 7

1.2 熟知筹码分布界面布局 10
1.2.1 线状成本分布图 11
1.2.2 远期移动成本分布图 14
1.2.3 近期移动成本分布图 15
1.2.4 成本分布参数修改 16

1.3 了解筹码分布数据含义 17
1.3.1 获利比例分布 18
实例分析 三棵树（603737）获利比例分布确定买卖点 18
1.3.2 筹码分布区域与集中度 20
实例分析 新乡化纤（000949）从筹码集中度判断主力意图 21

第 2 章 筹码分布经典形态详解

2.1 筹码的密集形态 24
2.1.1 不同趋势中的高位密集 24
技术图示 筹码高位密集形态 24
实例分析 中文在线（300364）上涨顶部的筹码高位密集 25
实例分析 海大集团（002311）下跌过程中的筹码高位密集 27
2.1.2 不同趋势中的低位密集 29
技术图示 筹码低位密集形态 30
实例分析 中铁装配（300374）下跌低位的筹码密集 30
实例分析 石英股份（603688）上涨过程中的筹码低位密集 32

i.

2.2 筹码的发散形态...34
2.2.1 筹码自下而上发散...34
技术图示 筹码自下而上发散形态...35
实例分析 天玑科技（300245）筹码自下而上的发散...35
2.2.2 筹码自上而下发散...37
技术图示 筹码自上而下发散形态...37
实例分析 乐心医疗（300562）筹码向下的发散...38

2.3 筹码单峰与多峰...40
2.3.1 单峰的表现与应用...40
技术图示 筹码的单峰形态...41
实例分析 诚益通（300430）筹码单峰的应用...41
2.3.2 特殊的双峰形态...42
技术图示 自下而上的筹码双峰...43
实例分析 中科美菱（835892）筹码的特殊双峰...44
2.3.3 多峰密集把握时机...46
技术图示 筹码上涨多峰形态...46
实例分析 中科蓝讯（688332）筹码上涨多峰用法...47
实例分析 创业黑马（300688）筹码下跌多峰警告...49

第 3 章 筹码分布波段买卖分析

3.1 上涨趋势借筹码买卖...52
3.1.1 低位单峰突破找起涨...52
技术图示 股价突破筹码低位单峰...52
实例分析 光云科技（688365）上涨初期突破筹码低位单峰...53
3.1.2 上涨双峰把握时机...55
技术图示 筹码上涨双峰的买点...55
实例分析 电声股份（300805）筹码上涨双峰的买点分析...55
3.1.3 上涨多峰耐心持股...57
技术图示 筹码上涨多峰形态...58
实例分析 美之高（834765）筹码上涨多峰继续持股...58
3.1.4 下峰锁定，行情未止...60

技术图示 筹码的低位锁定 60
实例分析 新莱应材（300260）低位锁定后市看涨 61

3.2 下跌趋势止损与抢反弹 63

3.2.1 高位单峰跌破需止损 63
技术图示 股价跌破筹码高位单峰 64
实例分析 金刚光伏（300093）跌破高位单峰需卖出 64

3.2.2 下跌双峰迅速撤离 66
技术图示 筹码下跌双峰的卖点 67
实例分析 创维数字（000810）筹码下跌双峰的卖点分析 ... 67

3.2.3 下跌多峰持续走弱 70
技术图示 筹码下跌多峰形态 70
实例分析 大港股份（002077）筹码下跌多峰早日离场 70

3.2.4 上峰锁定，下跌未止 72
技术图示 高位筹码不移 73
实例分析 创维数字（000810）下跌期间筹码高位锁定 73

第 4 章 借筹码分布看 K 线形态

4.1 底部 K 线形态与筹码分布 76

4.1.1 底部多方炮，上涨双峰 76
技术图示 多方炮与上涨双峰的看涨点 76
实例分析 海澜之家（600398）底部多方炮 + 上涨双峰 77

4.1.2 曙光初现，上峰下移 79
技术图示 曙光初现形成，上峰逐步下移 79
实例分析 浙江自然（605080）曙光初现 + 筹码下移 80

4.1.3 低位五连阳，筹码发散 82
技术图示 低位五连阳形成时筹码向上发散 82
实例分析 德业股份（605117）低位五连阳 + 筹码向上发散 ... 83

4.1.4 V 形底，低位锁定 85
技术图示 V 形底出现，筹码低位锁定 85
实例分析 新乡化纤（000949）V 形底 + 筹码低位锁定 86

4.1.5 双重底，筹码密集 88

| **技术图示** 双重底筑底期间筹码低位密集 | 88 |
| **实例分析** 遥望科技（002291）双重底＋筹码低位密集 | 89 |

4.1.6　头肩底，突破峰顶 90
| **技术图示** 股价突破头肩底颈线与筹码单峰 | 91 |
| **实例分析** 神雾节能（000820）（现*ST节能）头肩底＋筹码突破单峰 | 91 |

4.2　顶部 K 线形态与筹码分布 94

4.2.1　顶部空方炮，筹码高位密集 94
| **技术图示** 空方炮与筹码高位密集的卖点 | 94 |
| **实例分析** 锦和商管（603682）顶部空方炮＋筹码向上密集 | 95 |

4.2.2　倾盆大雨，筹码上移 97
| **技术图示** 倾盆大雨形成，筹码逐步上移 | 97 |
| **实例分析** 每日互动（300766）倾盆大雨＋筹码上移 | 98 |

4.2.3　高位五连阳，高位单峰 100
| **技术图示** 高位五连阳形成时筹码形成单峰 | 100 |
| **实例分析** 亿道信息（001314）高位五连阳＋筹码高位单峰 | 101 |

4.2.4　倒 V 形顶，筹码下移 103
| **技术图示** 倒 V 形顶出现，筹码快速下移 | 103 |
| **实例分析** 津投城开（600322）倒 V 形顶＋筹码向下转移 | 104 |

4.2.5　双重顶，筹码双峰 105
| **技术图示** 双重顶筑顶期间筹码形成双峰 | 105 |
| **实例分析** 莲花控股（600186）双重底＋筹码双峰 | 106 |

4.2.6　头肩顶，跌破支撑 108
| **技术图示** 股价跌破头肩顶颈线与筹码下边缘 | 109 |
| **实例分析** 共进股份（603118）头肩顶＋筹码跌破支撑线 | 109 |

4.3　涨跌期间的 K 线与筹码 111

4.3.1　仙人指路，突破前期密集峰 111
| **技术图示** 仙人指路与筹码密集峰的突破点 | 112 |
| **实例分析** 星光股份（002076）仙人指路＋突破筹码单峰 | 112 |

4.3.2　持续性缺口，筹码飞速上移 113
| **技术图示** 向上持续性缺口造成筹码断层 | 114 |
| **实例分析** 驰诚股份（834407）持续性缺口＋筹码快速上移 | 115 |

4.3.3　下降旗形，低位锁定 117

| 技术图示 | 下降旗形后期筹码低位锁定 | 117 |
| 实例分析 | 神火股份（000933）下降旗形 + 筹码低位锁定 | 118 |

4.3.4 上升旗形，双峰填谷 ... 120
| 技术图示 | 上升旗形构筑期间筹码双峰填谷 | 121 |
| 实例分析 | 湖南黄金（002155）上升旗形 + 筹码双峰填谷 | 121 |

4.3.5 多个向下缺口，筹码快速下移 ... 123
| 技术图示 | 多个向下缺口带动筹码飞速向下 | 124 |
| 实例分析 | 紫天科技（300280）持续性缺口 + 筹码快速下移 | 124 |

4.3.6 顶部三角形，筹码高位单峰 ... 126
| 技术图示 | 顶部三角形形成期间的筹码高位单峰 | 126 |
| 实例分析 | 光大同创（301387）顶部三角形 + 筹码高位单峰 | 127 |

第 5 章　技术指标与筹码分布融合

5.1 成交量结合筹码分布 ... 130

5.1.1 量价齐升突破筹码峰 ... 130
| 技术图示 | 量增价涨配合突破低位峰 | 130 |
| 实例分析 | 则成电子（837821）量增价涨 + 筹码低位峰 | 131 |

5.1.2 量价背离与低位峰 ... 133
| 技术图示 | 量增价跌导致近期筹码低位聚集 | 133 |
| 实例分析 | 一博科技（301366）量增价跌 + 筹码低位聚集 | 134 |

5.1.3 量价齐降跌破筹码峰 ... 136
| 技术图示 | 量缩价跌跌破高位峰 | 136 |
| 实例分析 | 逸豪新材（301176）量缩价跌 + 筹码高位峰 | 137 |

5.1.4 量价背离与高位峰 ... 138
| 技术图示 | 量缩价涨背离与近期筹码高位峰 | 139 |
| 实例分析 | 世名科技（300522）量缩价涨 + 近期筹码高位峰 | 139 |

5.2 MACD 指标与筹码分布 ... 142

5.2.1 MACD 指标低位形态与底部峰 ... 143
技术图示	MACD 空中缆绳形成时筹码中部聚集	144
实例分析	广东鸿图（002101）MACD 空中缆绳 + 筹码聚集	144
技术图示	MACD 底背离时筹码低位聚集	146
实例分析	博实股份（002698）MACD 底背离 + 突破筹码低位峰	146

5.2.2 MACD 指标顶背离与筹码快速上移 149
技术图示 MACD 顶背离时筹码快速上移 149
实例分析 信达地产（600657）MACD 顶背离＋筹码快速上移 150

5.3 趋势线配合筹码分析 151
技术图示 趋势通道的绘制 152
5.3.1 上升趋势正常，筹码低位锁定 152
技术图示 上升趋势稳定，筹码低位锁定 152
实例分析 沪宁股份（300669）上升趋势持续＋筹码低位锁定 153
5.3.2 趋势修正失败，高位单峰形成 154
技术图示 下降趋势线的修正 155
技术图示 下降趋势线修正失败后筹码下移 155
实例分析 震裕科技（300953）股价跌破上升通道＋筹码高位单峰 155
5.3.3 下降趋势正常，筹码高位锁定 157
技术图示 下跌趋势延续，筹码高位不移 157
实例分析 海大集团（002311）下降趋势通道＋筹码高位不移 157
5.3.4 趋势修正失败，筹码下移密集 158
技术图示 下降趋势线修正失败后筹码下移 159
实例分析 东材科技（601208）股价突破下降趋势＋筹码下移密集 159

第 6 章 筹码分布顶底买卖实战

6.1 熊市借筹码寻找止损卖点 162
6.1.1 筹码分布辅助反弹止损 162
实例分析 行情转势后借助反弹对冲 162
6.1.2 下跌期间借筹码分布抢反弹 165
实例分析 筹码分布定位抢反弹时机 165

6.2 牛市借筹码寻找起涨买点 169
6.2.1 上涨初期定位抄底点 169
实例分析 上涨初期的买卖位置 169
6.2.2 上涨后期注意及时止盈 172
实例分析 上涨高位的危险信号 172

第1章
筹码分布原理与使用

　　筹码分布是股市技术分析中的重要一环，它具有多种效用，其中包含的信息量更是十分丰富，能够帮助投资者更精准地抓住低买高卖点。不过在学习筹码分布的实战技巧之前，投资者最好对其运行原理和基本用法有大致的认识，以免陷入误区。同时需注意，书中内容仅为理论阐述，实操中投资者还需根据个股情况进行策略调整，不可盲目跟从买卖。

1.1 掌握筹码分布基础理论

筹码分布实际上就是在图形上对一只股票中的所有流通筹码进行映射，将复杂的数据转换为简单易懂的图形，降低其使用门槛，为广大投资者提供更加详细的信息来源。

下面就来介绍何为筹码分布，其使用原理又是怎样的。

1.1.1 筹码分布的原理

筹码分布从定义上来看，是指通过计算一定时间范围内股票的最高价、最低价及成交数，输出对应价格成交数占整个流通盘比值的分布图形。无论价格如何变动，筹码如何流通，其累计量必然等于总流通盘。

换句话说，股票交易都是通过买卖双方在某个价位进行买卖成交而实现的。随着股票的上涨或下跌，不同的价格区域产生了不同的成交量，进而形成筹码在不同价位上的分布。

举个简单的例子，一个筐子里有 20 斤苹果，老板将一斤作为一份，那么所有的苹果就被分为 20 等份。

这时买家 A 前来，以 5 元的价格买走了 6 份，苹果还剩 14 份，老板见卖势良好，决定涨价为 6 元一份；买家 B 紧接着以 6 元的价格买走 10 份，苹果还剩 4 份，老板想赶紧卖完，于是降价为 4 元一份；此时买家 C 前来，以 4 元购走了剩下的苹果。

这时可以将所有买家手中的苹果和买入价格列出，如图 1-1 所示。

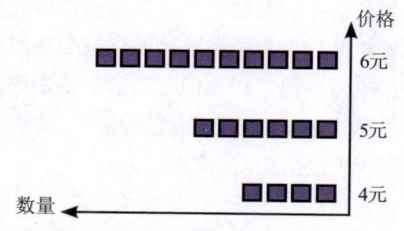

图 1-1　第一轮交易后的苹果数量与价格

可以看到，图 1-1 中的每一份苹果就是一个筹码，不同的成交价格使得这些筹码分布在不同的价格上。而所有的苹果加起来恒等于20份，也对应着所有的筹码加起来恒等于流通盘。

接下来进行第二轮交易，也就是筹码的转移。

买家B手中的苹果有10份，消化不完，于是他决定尽快卖掉，以5元的价格卖给买家D共3份，又以4元的价格卖出2份给买家E，手中还剩5份苹果；买家C手中的苹果有4份，希望再购入一些，于是以5元的价格从买家A的手中购走2份，手中就有了6份苹果。

第二轮交易结束，苹果分布图变成怎么样了呢？如图1-2所示。

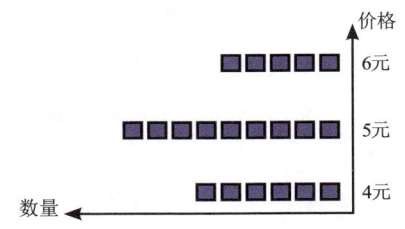

图1-2　第二轮交易后的苹果数量与价格

可以看到，苹果整体向低价转移了一些，整体数量不变，但买家多了两位。也就是说，在筹码转移的过程中，无论投资者数量多少，都不会对筹码总量产生影响。

而场上的筹码是分散在大量投资者手中还是集中在某些人手中，就要依靠筹码集中度和筹码单峰形态来判断了，具体将在本章后续的内容中进行详细介绍。

1.1.2　筹码分布的核心效用

筹码分布在股市中具有重要的实战意义，其核心效用主要体现在对阻力区与压力区的识别，对股价运行趋势与买卖点的判断，以及对主力意图与仓位情况的判断上。

1. 识别阻力区与压力区

通过判断成交密集的筹码分布和变化，可以有效判断股价在发展中的重要阻力位和支撑位。

先来看阻力位，顾名思义，阻力位就是阻止股价上涨的关键位置。这个位置既可以是一条在前期起到过重要压制作用的关键价位线，也可以是筹码集中的价位线。

如果在股价上方出现了大量筹码聚集，就意味着有大量投资者的买入成本价在当前价格之上，也就是存在一批套牢盘。当价格向上靠近成本价，这部分投资者的解套情绪会对股价构成强压效果。换句话说，被套投资者着急卖出，入场投资者来不及消化或是不肯在这种情况下以高价消化，股价在未来很可能出现走平甚至下跌的趋势，进而形成阻力。

反过来再分析支撑位，当股价下方出现大量筹码聚集，则意味着有大量投资者的买入成本价在当前价格之下。也就是说，这部分投资者是正在盈利的，惜售与加仓的情绪会在股价下降靠近成本价时推动其回升，进而形成支撑，下面通过一个案例来展示。

实例分析 沙河股份（000014）筹码分布识别阻力区与支撑区

图1-3为沙河股份2024年1月至11月的K线图。

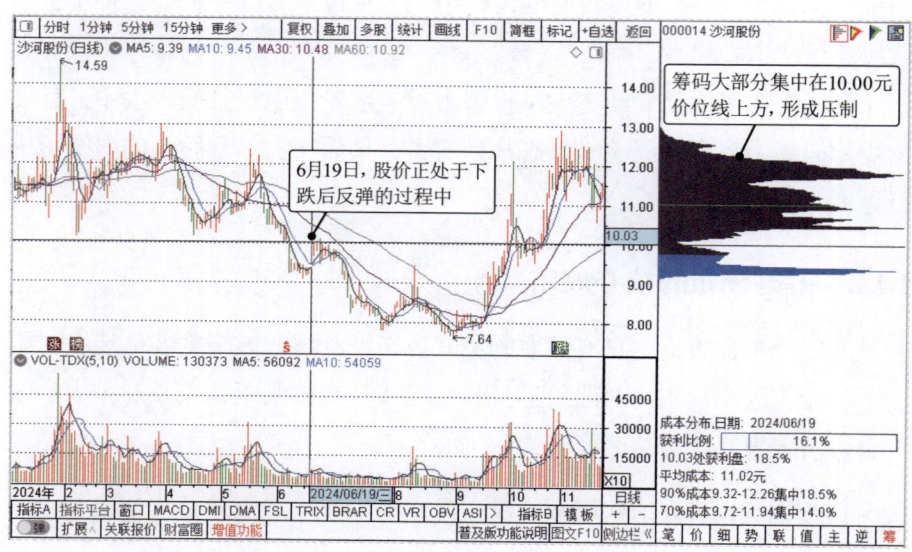

图1-3　沙河股份2024年1月至11月的K线图

先来看筹码分布在股价下跌过程中形成的压制作用。观察沙河股份前期走势，可以发现，在 2024 年 1 月底，股价创出 14.59 元的新高后就逐渐向下移动，第一次反弹没能越过 13.00 元价位线，后续高点更是持续下移，形成明显的下跌趋势。

到了 5 月中旬，两条中长期均线也已经拐头向下压制在 K 线上方，说明短时间内行情回升有较大阻力，场内投资者以尽快离场为佳，但实际仍有大量投资者被套。

6 月初，股价在跌到 9.00 元价位线上方不远处后止跌反弹，并于 6 月 19 日上涨至 10.00 元价位线附近。观察当日的筹码分布图不难发现，大量筹码集中在 10.00 元价位线上方，且于 12.00 元价位线处的峰值最高，说明场内有大量套牢盘。

根据理论所述，这些套牢盘很可能会随着时间的推移，在每一次股价反弹接近前期高价时卖出止损，进而为回升带来巨大阻力。因此，尽管此时已经有许多筹码转移到了 9.00 元价位线附近，但在上方压力未消散的情况下，场外投资者还是不能轻举妄动。

而且除了在筹码分布图中的表现不佳外，在 K 线图中成交量的缩减及中长期均线的长期压制作用也限制着股价向上发展，可见在技术面分析过程中，不能仅仅依靠单一指标。

继续来看该股后面的走势，如图 1-4 所示。

从图 1-4 中可以看到，股价最终确实没能突破 10.00 元价位线的压制，转而向下跌到更低的位置，直至在 8.00 元价位线附近两次触底后才有了反转的迹象，这时投资者可给予该股高度关注。

10 月初，股价成功向上突破 10.00 元价位线，但可惜只是短暂突破，很快价格回落至该价位线附近横盘震荡。

10 月 22 日是股价震荡到后期开始有向上突破迹象的交易日。从右侧的筹码分布图中投资者可以观察到，这时候的筹码分布相较于 6 月的已经有了较大变化。一是上方筹码减少，下方筹码增多，可见是发生了大量转移，套牢盘出货不少，上方压力减轻。二是 10.00 元价位线附近的筹码明显聚集，应当是股价回落到 10.00 元价位线上后的横盘期间，大量看多的投资者在此建仓或加仓，这对股价后市拉升有着积极的推动作用。

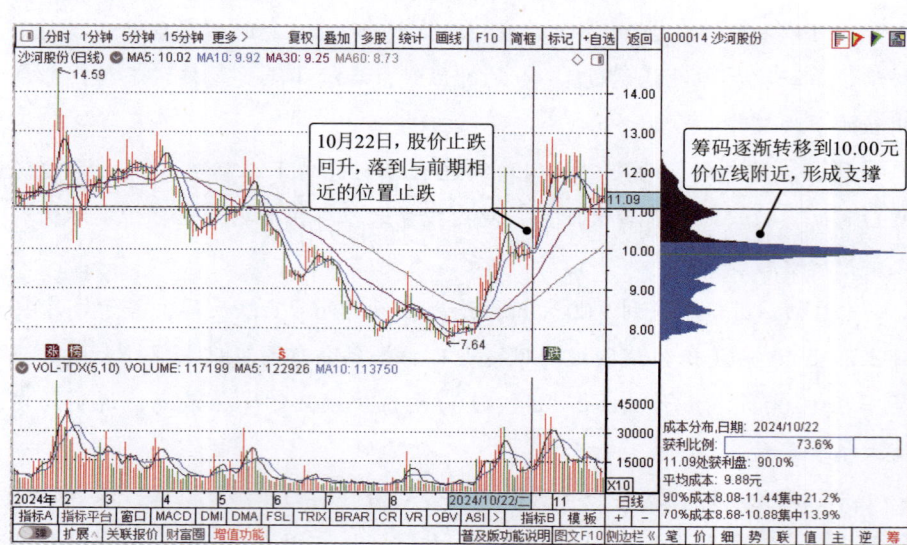

图1-4　沙河股份2024年1月至11月的K线图

再结合中长期均线转而向上运行支撑股价，以及成交量放量推动的走势来看，该股确实有不小的上涨潜力，投资者可以趁此机会跟进建仓，抓住后续涨幅。

当然，以上案例只是对筹码分布应用的简单展示，帮助投资者理解不同的分布形态背后的原理及指示意义，后续章节的内容中会详细地介绍各种筹码分布形态。

2. 判断股价运行趋势与买卖点

在了解筹码分布对于识别阻力位和支撑位的作用后，投资者应该就知道该指标是如何帮助定位买卖点的，即通过筹码分布的密集程度、高低价区域及筹码转移的过程。

在筹码分布的分析技巧中，存在许多简便易懂的口诀，比如：

①上峰不移，下跌不止；

②下峰锁定，行情未止；

③持续下跌，大跌多峰；

④持续上涨，多峰密集；

⑤跌破高位单峰密集，下跌开启；

⑥突破低位单峰密集，上涨将至。

诸如此类的口诀和买卖技巧还有很多，可见筹码分布对于投资者买卖股票来说，确实有着不小的参考价值。也正是因为这些简易口诀的存在，即便是新手投资者也可以通过学习快速掌握并应用。

不过深究其内核，投资者还是需要深入分析才能彻底明悟，以此更有效地避开实战中的陷阱和误区，有关它们的详细解析将会在第 2 章中出现。

3. 判断主力意图与仓位情况

一般来说，股市中的主力是指持股数量较多的机构或者大户，它们拥有丰富的信息及雄厚的资金支撑，往往能够在一定程度上影响股价的走向，进而实现盈利目的。

散户则是与之对应的个人投资者及资金体量较小的机构投资者，这类投资者在技术分析能力和资金上都不具有优势，因此很容易在实战中产生失误而被套或受损。要想尽可能在众多主力的夹缝之中实现获利最大化，除了提升自己的能力外，再就是跟上主力的步伐。

筹码分布的一个重要作用就是侦察和判断主力的行为。对于主力的建仓、洗盘、拉升和出货四个阶段，筹码分布都会给出对应的信息，就看投资者能不能发现和利用了。

1.1.3　筹码分布的不同位置

将筹码在不同价格区间内的分布情况与当前行情移动方向结合观察，往往能够得出一些极具价值的信息。而筹码分布的高低位置有时候也体现了市场中主力的意图，投资者需要仔细分析，跟上其操盘步伐。

高位集中筹码在不同行情中的含义如下：

①当高位集中筹码出现在下跌行情初期，一般是高位入场的筹码被套，未能及时止损撤离而造成的堵塞，如图 1-5 所示。

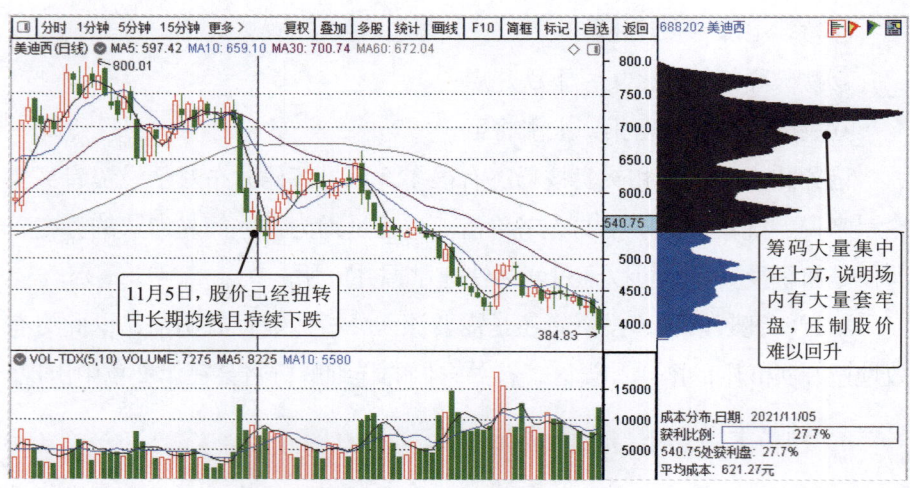

图1-5 下跌行情初期的高位筹码

②在特殊情况下，比如上涨行情中的回调阶段出现时，也可能代表着主力筹码在高位的锁定，说明出货时机尚未出现，主力仍有大量持仓，具体通过图1-6进行展示。

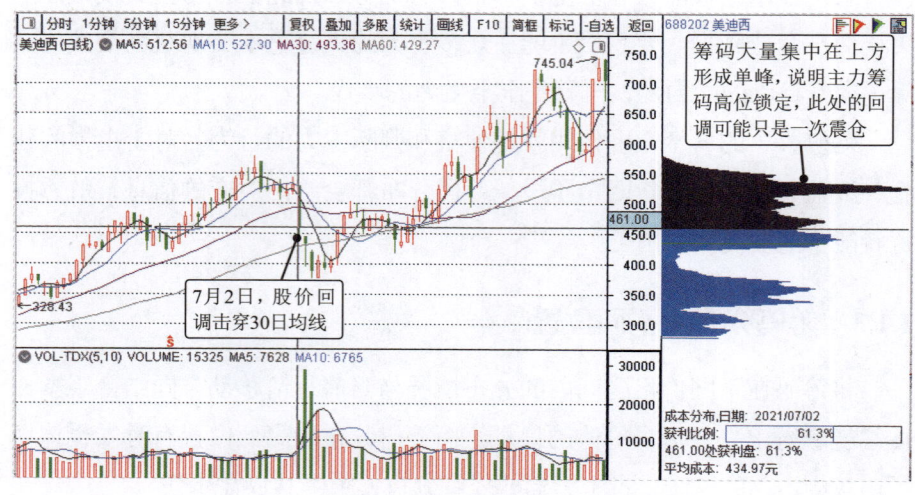

图1-6 主力筹码高位锁定的情况

下面再来看低位集中筹码。

①当低位集中筹码出现在上涨行情初期，可能意味着下方有大量看多

资金入场，与主力一起推动价格拉升，如图1-7所示。

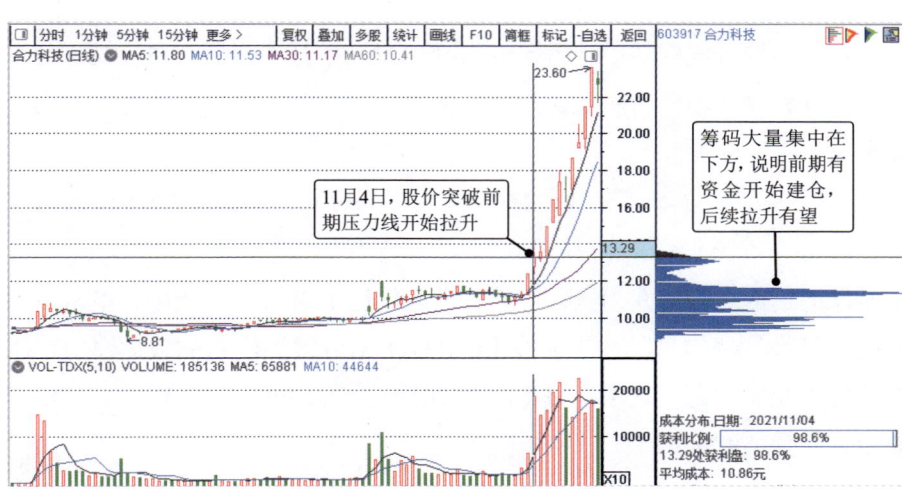

图1-7 上涨行情初期的低位筹码

②当低位集中筹码出现在上涨一段时间后，往往说明主力前期吸筹力度较大，大量筹码被锁定在低成本区域。只要筹码不在短时间内快速向高位转移，股价就还能继续上涨，如图1-8所示。

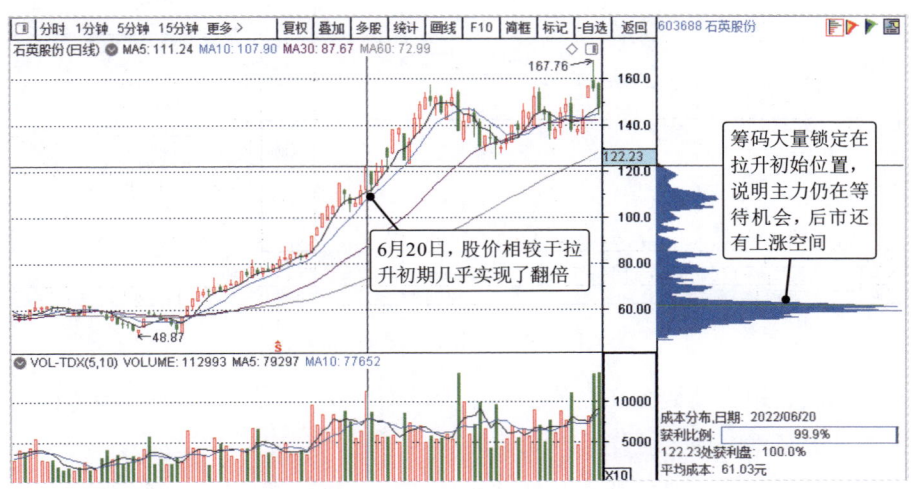

图1-8 主力筹码低位锁定的情况

1.2 熟知筹码分布界面布局

在大多数炒股软件中，筹码分布都包含三大基本图形：线状成本分布图、远期移动成本分布图及近期移动成本分布图，每种图中都有不同的数据和信息可供参考。

投资者应学会如何在 K 线图中调用筹码分布图，以及如何切换三大图形。

以通达信炒股软件为例，投资者进入任意个股的 K 线图中，单击右上方的"显隐行情信息"按钮或按【Ctrl+L】组合键调出右侧数据窗口，再选择右下角的"筹"选项或按【Ctrl+U】组合键，即可切换至筹码分布图界面，如图 1-9 所示。

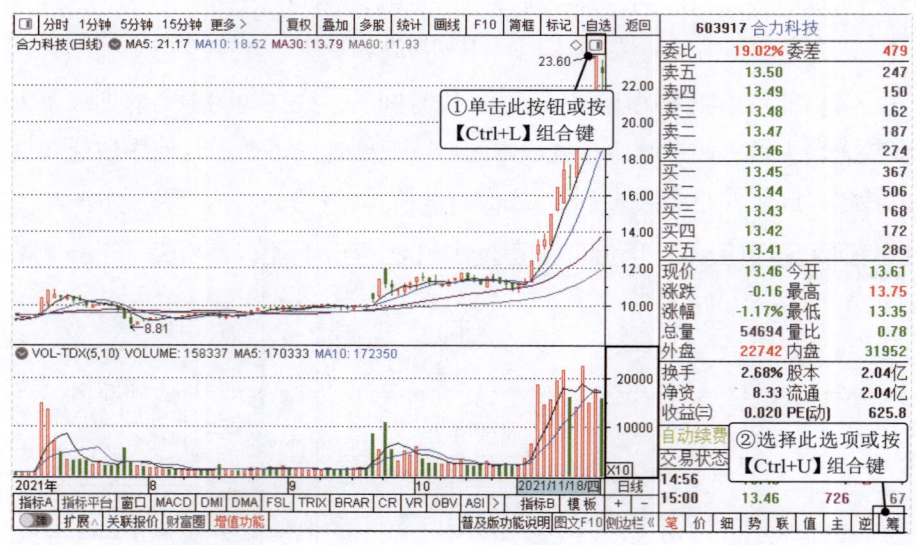

图 1-9 调出筹码分布图

随后，单击筹码分布图界面右上方的对应按钮，即可快速切换筹码分布的三大基本图形。

其中，第一个按钮代表线状成本分布图，第二个按钮代表远期移动成本分布图，第三个按钮代表近期移动成本分布图，如图 1-10 所示。

第 1 章 筹码分布原理与使用

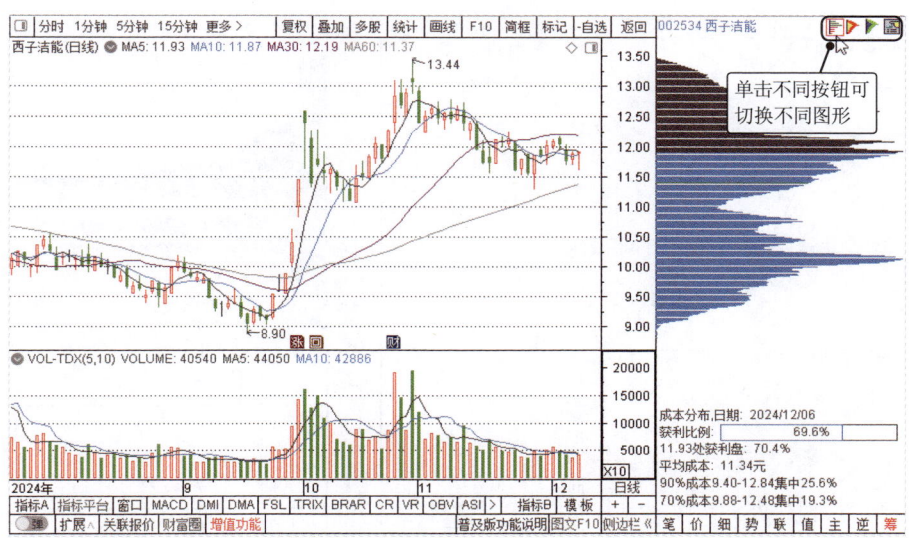

图 1-10 筹码分布三大图形的切换

第四个按钮比较特殊，单击该按钮可以调出名为"成本分布设置"的参数调整窗口，如图 1-11 所示，具体的参数调整方式将在后文中讲述。

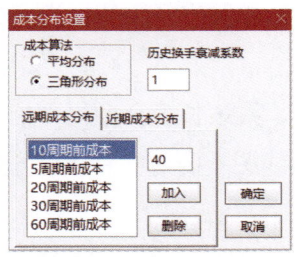

图 1-11 "成本分布设置"参数调整窗口

接下来就开始逐一介绍不同图形中的数据的含义。

1.2.1 线状成本分布图

线状成本分布图是实战中最常用的筹码分布图，它展示的是不同价位上的投资者持有股票的数量，投资者可利用分布图中筹码的分散和密集来研判股价的运行趋势。

图 1-12 为神火股份（000933）2024 年 12 月 9 日的筹码分布图。

11

筹码分布应用——起涨见顶买卖点分析

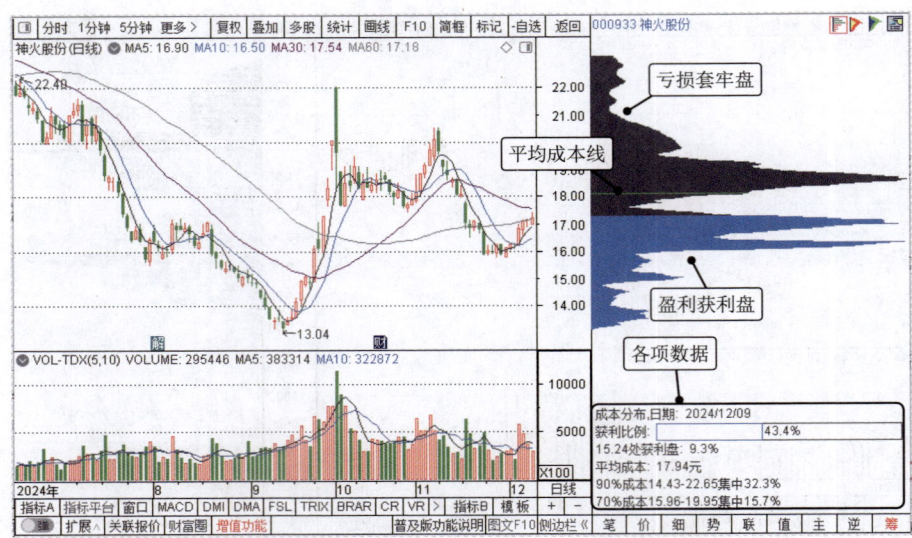

图1-12　神火股份2024年12月9日的筹码分布图

在K线图右侧的线状成本分布图中显示了若干根紧密排列的水平柱状线，线条的纵轴代表价格，与K线图中显示的价格相对应；横轴代表持仓筹码在这一价位的比例，即个股市场中的投资者在该价格上建仓的持股量占该股总流通盘的百分比。

随着十字光标的移动，线条长短会变化，指示不同日期的持仓成本分布状况。即当投资者在K线图上由前往后移动光标时，可以看到市场中筹码的转换过程。

在图1-12中，筹码被分为两种颜色，一种是上方的黑色，另一种是下方的蓝色，其代表的意义如下：

①黑色部分表示在当前股价下处于亏损的筹码，即持股成本高于当日收盘价的筹码，属于被套牢的状态，往往被称为套牢盘。

②蓝色部分显示在当前股价下处于盈利状态的筹码，即持股成本低于当日收盘价的筹码，属于正在获利的状态，也被称作获利盘。

③除此之外，线状成本分布图中还有一条不显眼的绿色线，它表示当前市场上所有持仓筹码的平均成本。

> **知识拓展** 不同颜色方案下的筹码颜色不同
>
> 　　需要注意的是，不同的炒股软件有不同的颜色方案，且都有深色模式和浅色模式，这可能导致线状成本分布图中的筹码线呈现出不同的颜色。本书中的筹码分布图是以通达信的浅色模式为基础，线状成本分布图中展示的筹码线颜色分别为黑色、蓝色和绿色。
>
> 　　除此之外，筹码分布的三大基本图形也各自有其特殊的颜色，具体将在后续内容中详解。投资者在使用该指标时不要死板记忆线条颜色，而是要深入理解其内涵，才能在不同环境下灵活应用，避免出现低级错误。

　　成本分布图下方的数字意义如下：

　　第一行：日期。鼠标光标指向哪一天，就显示哪一个日期及对应的筹码分布图形。

　　第二行：获利比例分布。右侧黑框白底部分表示套牢，左侧蓝框白底部分表示获利，框中的数字表示以当日收盘价为参考点，在收盘价以下的筹码占总筹码的百分比。

　　第三行：×× 元处获利盘 ××%。此行表示将鼠标光标移动至任意价位线时，在此价位线以下的筹码占总筹码的百分比。在具体运用中，投资者可以通过移动光标来测量任意价位的获利盘比例，比如将光标与分布图中的绿色横线（即平均成本线）重合，其显示的获利盘比例应为 50%，显示的价格与"平均成本"一致。

　　第四行：平均成本。其含义为将市场所有价位的价格压缩成一个价格时的数值，在平均成本上方有 50% 的筹码分布，下方同样有 50% 的筹码分布。

　　第五行：90% 成本是获利 5% 和 95% 这两个获利比例的价位区间。数值越低，表示筹码越集中；数值越高，筹码越分散。

　　第六行：70% 成本是获利 15% 和 85% 这两个获利比例的价位区间。数值越低，表示筹码越集中；数值越高，筹码越分散。

　　其中，获利比例分布和筹码集中度是比较重要的数据，能够帮助投资者分析出市场向好程度及当前场内主力控盘的程度。

1.2.2 远期移动成本分布图

可通过单击筹码分布界面右上方的第二个按钮快速切换至远期移动成本分布图，因该图形态特殊，也称火焰山移动成本分布图，如图1-13所示。

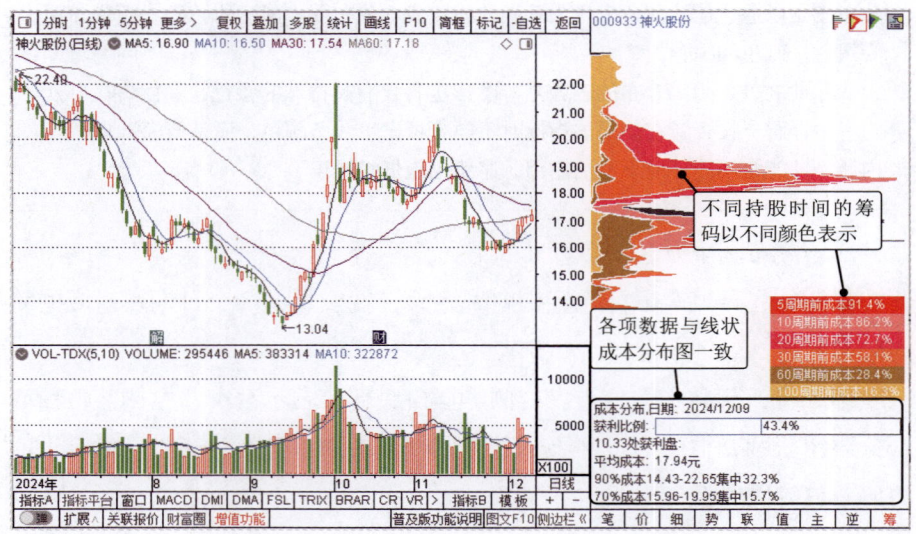

图1-13 远期移动成本分布图

移动成本分布反映的是股票上市以来筹码的移动过程及在每一个价位上的分布状况。但从前面的线状成本分布图上来看，投资者仅知道筹码在什么价格上移动，什么时候移动并不清楚。

远期移动成本分布图和近期移动成本分布图就是引入了筹码移动时间概念的筹码分布图。这两种图除了有筹码的价格特性外，还包含其时间特性，同时以不同颜色区别不同时间的成本分布，比如从上市到30周期前的成本分布、从上市到60周期前的成本分布等。

需要注意的是，30周期前的成本分布包含60周期前的成本分布，因此除了它自身的颜色区域外，还包括60周期前的成本分布颜色区域；而60周期前的成本分布又包含100周期前的成本分布。黑色的部分表示直到5周期前的成本分布都没覆盖到的，也就是5周期内的成本范围。

图1-13中显示了神火股份2024年12月9日之前 N 周期前的成本分布，

显示的色彩是由大红色到金黄色，N 越小，时间越近，颜色越红；N 越大，时间越远，颜色越黄。需要特别指出的是，由于各个时间段的筹码叠加的原因，所以其色彩图也是叠加的。

火焰山的作用主要是通过区分筹码颜色来直观判断某只股票的中长线筹码分布情况。当中长期的火焰山区域（如 20 周、60 周）分布较少时，说明该股的中长线筹码较少，近期交投可能相对活跃，换手率较高。反之，当中长期的火焰山区域（如 20 周、60 周）分布较多时，说明该股的中长线筹码较多，近期交投可能相对低迷。

火焰山下方的各项数据与线状成本分布图是一致的，这里不再赘述，下面来分析近期移动成本分布图。

1.2.3　近期移动成本分布图

近期移动成本分布图可通过单击筹码分布界面右上方的第三个按钮快速切换得到，如图 1-14 所示。

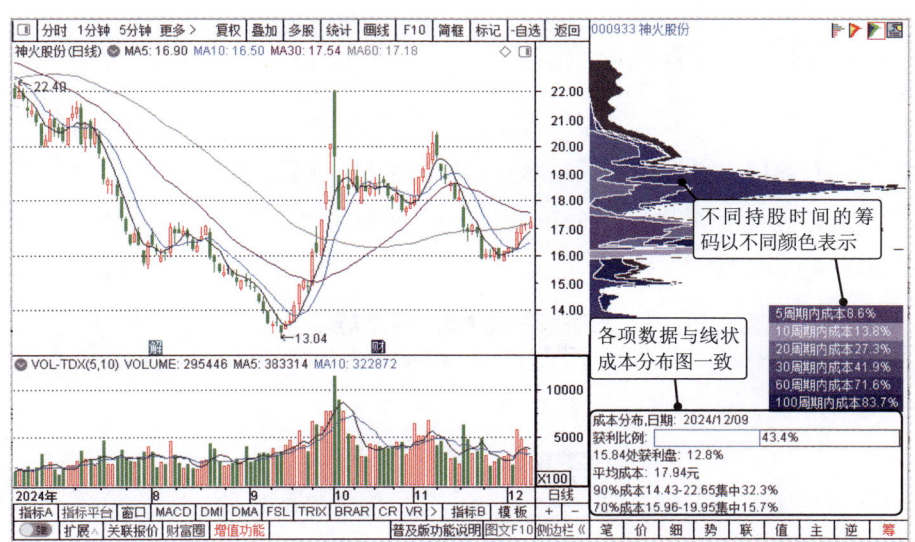

图 1-14　近期移动成本分布图

近期移动成本分布图也以不同的颜色区分不同持股时间的筹码，且颜色偏蓝调，因其多数时候代表着近期个股的交投活跃情况，因此也称活跃度移动成本分布图。

默认数据下的活跃度移动成本分布图用不同颜色显示了5周期内、10周期内、20周期内、30周期内、60周期内及100周期内的成本分布（可在"成本分布设置"窗口进行调整）。

需要注意的是，20周期内的成本分布包含了5周期内的成本分布，60周期内的成本分布又包含了20周期内的成本分布。其中的黑色部分表示100周期前的成本。

图1-14显示了神火股份2024年12月9日之前N周期内的成本分布，显示的色彩是由浅蓝到深蓝，时间越短，蓝色越浅；时间越长，蓝色越深。需要注意的是，由于各个时间段的筹码叠加的原因，所以其色彩图也是叠加的。

由此可见，投资者可通过活跃度移动成本分布图观察近期个股市场的换手率和交易情况，再结合行情走势分析未来可能的走向。

1.2.4　成本分布参数修改

前面提到过，筹码分布图右上方的第四个按钮代表"成本分布设置"参数调整窗口，投资者可通过该窗口对筹码分布图的计算方式、成本线划分精度、近期和远期成本分布图显示的内容和颜色等参数进行设置，如图1-15所示。

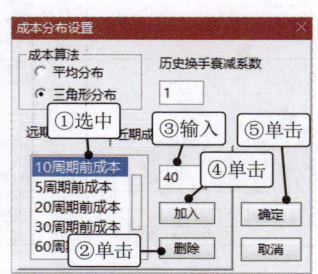

图1-15　成本分布设置窗口

在窗口上方的"成本算法"部分，有平均分布、三角形分布和历史换手衰减系数几部分，它们的含义如下：

平均分布：将当日的换手筹码在当日的最高价和最低价之间进行平均分布。

三角形分布：将当日的换手筹码在当日的最高价、最低价和平均价之间进行三角形分布。

历史换手衰减系数：它是一个常数参数，用来赋予当日换手率，即当日被移动的成本的权重。

其中，历史换手衰减系数原理稍显复杂，下面进行简单说明。

如果今天的换手率是 A，衰减系数是 n，那么计算昨日的被移动的筹码的总量是 A×n。

若 n 取值为 1，就是一般意义上理解的当日换手多少，就有多少筹码被从昨日的成本分布中搬移；如果 n 取值为 2，就放大了昨日被移动的筹码的总量，这样的目的在于突出"离现在越近的筹码分布其含义越明显"。注意，历史换手衰减系数的取值范围为 0.1 ～ 10。

窗口下方显示的是火焰山和活跃度（即远期移动成本分布图和近期移动成本分布图）中不同时间的筹码分布，最多可以同时显示 6 种。

投资者若想替换其中的某一个周期，可在选中该时间周期后单击右下角的"删除"按钮，将该时间的筹码分布移除，然后在上方的输入框中输入想要添加的周期数字，单击下方的"加入"按钮，最后单击"确定"按钮即可。

需要注意的是，炒股软件中默认的数值一般是经过专业人员测试及重重实战检验以后比较实用高效的数值，常规情况下都是可以直接使用的，非专业投资者最好不要轻易修改，以免弄巧成拙。

1.3　了解筹码分布数据含义

在筹码分布中，每一个数据都是有意义的，要想充分利用并转化为对

筹码分布应用——起涨见顶买卖点分析

实战起关键作用的信息，投资者就需要深入了解其中的一些关键数据，比如获利比例分布和筹码集中度。

1.3.1 获利比例分布

在获利比例分布中，白框表示套牢，蓝框表示获利，框中的数字表示以当日收盘价为参考点，在收盘价以下的筹码占总筹码的百分比。

获利比例越高，说明有越多的人处于盈利状态；反之，则市场中大部分的投资者都面临着亏损。

由于每只股票的情况不同，投资者不能直接以获利比例的数值来判断股价的涨跌，而是要横向对比不同行情下股票的获利比例变动情况，以确定当前趋势是否会延续。

举个简单的例子，如果一只股票在前期低位稳定上涨过程中获利比例普遍在50%以上，且后市发展良好，那么下一波拉升开启后获利比例来到50%左右时，投资者就可以根据当前表现建仓跟进了。

当然，在下跌行情中也是一样的，只是投资者卖出的速度要更快，这样才能及时止损，以保住前期收益。

下面直接通过一个案例来展示其用法。

实例分析 三棵树（603737）获利比例分布确定买卖点

图1-16为三棵树2024年3月至7月的K线图。

从图1-16中可以看到，在2024年4月中旬之前，三棵树的股价都处于下降状态，且60日均线长期压制在其上方，说明这段时间内市场持续低迷。再加上这段时间内的获利比例很低，大部分投资者都处于亏损状态，那么场外投资者也不能贸然跟进。

在29.33元的位置触底后，该股开始反弹向上，第一波上涨很快接触到30日均线并成功将其突破。这时候市场中的获利比例已经开始回升，但由于60日均线仍旧压制在上方，稳健型投资者还不着急买进。

一直到5月初，该股才成功突破60日均线的限制并在其上方站稳。在突破的当日，也就是 5 月 6 日，市场中的获利比例来到 44.8%，已经非常接近 50%。再加上筹码分布中下方有大量聚集的低位筹码，上方分散筹码也基本下移，后市上涨概率较大，投资者可尝试跟进。

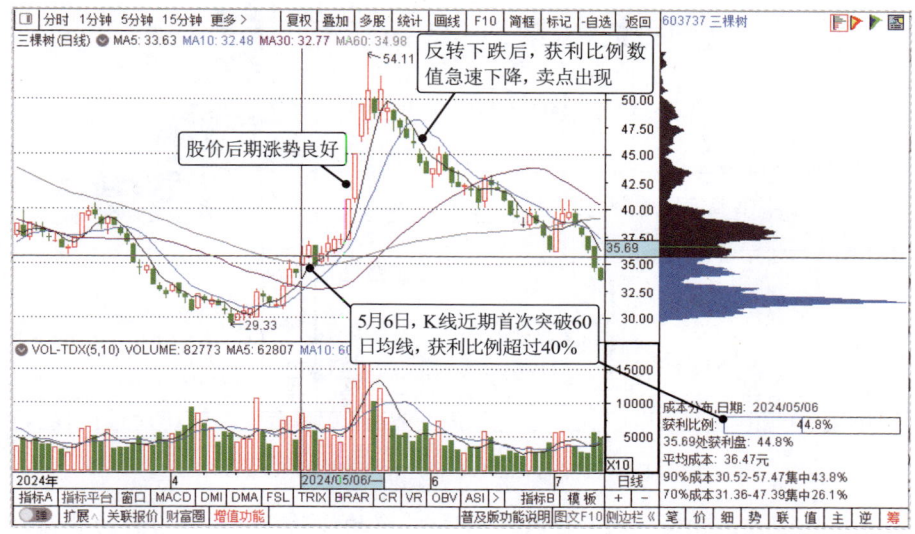

图 1-16　三棵树 2024 年 3 月至 7 月的 K 线图

从后续的走势也可以看到，该股在此之后稳步横盘数日，随后快速拉升至 50.00 元价位线上方，这速度已经称得上暴涨了。且在创出 54.11 元新高的当日，三棵树的获利比例为 90%，说明市场中大部分投资者都已经盈利，只有 10% 的投资者持有前期长久被套筹码。

在此之后，股价很快转为下跌，获利比例数值也大幅下降。此时投资者就要及时卖出，以保住前期收益。

有了这一次的操盘经验后，投资者就能够以这些数据为参考来判断后续的涨势情况。

图 1-17 为三棵树 2024 年 8 月至 12 月的 K 线图。

从图 1-17 中可以发现，到了 2024 年 8 月底时，股价又一次跌到 30.00 元价位线以下，只是低点没有跌破前期。

在 26.30 元的位置触底后，该股又一次形成反弹，但是第一波上涨在未能接触到 30 日均线就回落了，随后一直到 9 月中旬该股才重整旗鼓继续上升，

筹码分布应用——起涨见顶买卖点分析

并成功突破该压力线。

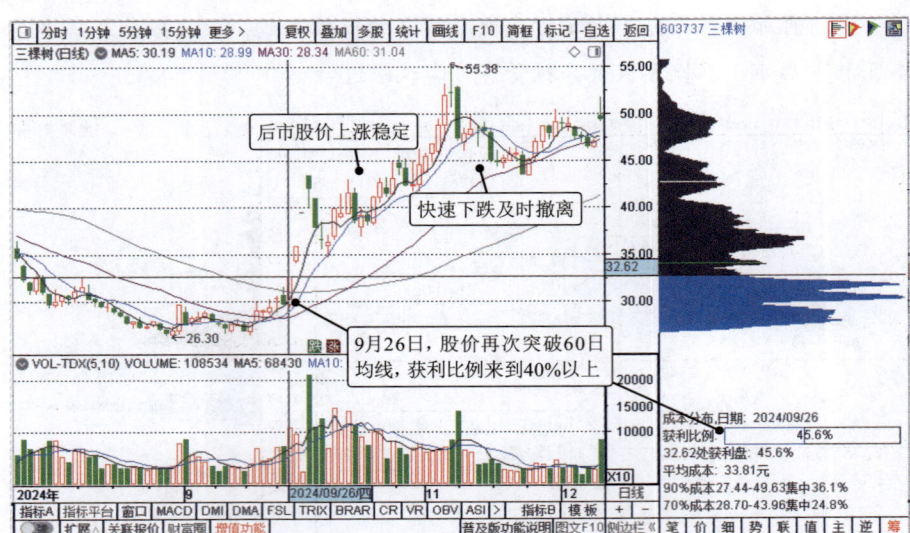

图 1-17　三棵树 2024 年 8 月至 12 月的 K 线图

9 月 26 日，股价一次大幅收阳越过 60 日均线的压制，而当日的获利比例也达到了 45.6%。与此同时，下方筹码聚集，整体情况与前面 5 月 6 日的非常相似，因此投资者也可以合理推断后续该股可能会进行一波拉升，那么再次买进也是有据可依的。

果然，在后续的发展中，该股很快向上拉升至 40.00 元价位线上方。由于短期涨停导致获利盘卖出过多，股价有快速下跌的迹象，但很快该股便踩在 10 日均线上得到支撑并继续拉升，后续涨势稳定，投资者完全可以趁机加仓。

不过当股价在上涨接近前期高点并有受阻回落的迹象时，谨慎型投资者还是以撤离为佳。毕竟股价反转后的下跌速度还是比较快的，且已经向下靠近 30 日均线，风险承受能力较低的投资者最好不要停留，避免股价直接将支撑线击穿，造成重大损失。

1.3.2　筹码分布区域与集中度

筹码集中度也叫股票集中度，反映了一定比例的筹码在某一成本范围的集中度大小，主要用于观察一只股票内是否有大资金在吸筹，也就是观察场内是否有主力在参与。筹码集中度的高低可以体现出股票所在市场或者行业的竞争激烈程度、投资者的优势劣势及市场稳定性等方面的信息。

筹码集中度越高，说明市场内平均每户的持股数增加，股东人数减少，主力可能在大批收拢散户手中的筹码；反之，筹码集中度越低，说明市场内平均每户的持股数减少，股东人数增加，主力可能已经实现出货，大量散户接盘其筹码。

一般来说，投资者可通过上市公司披露的报表及大宗交易信息来判断一只股票中的重仓持股比例。但在筹码分布中，投资者可通过观察数据栏中的筹码集中度数据快速得出结论，缺点是比较笼统，无法准确得知主力或大户的意图和操盘阶段，只能配合股价走势综合分析。

在筹码分布窗口下方的数据栏中，筹码集中度表现为"90%成本××—××集中××%"及"70%成本××—××集中××%"，其含义是有90%（70%）的筹码集中在对应的价格区间内，集中度为"××%"。

这里的集中度数值"××%"越低，筹码集中度越高，主力控盘程度越强，这时候投资者就要特别关注接下来股价的走向，分析其意图。

下面通过一个简单的案例来展示。

实例分析 新乡化纤（000949）从筹码集中度判断主力意图

图1-18为新乡化纤2023年12月至2024年8月的K线图。

从图1-18中可以清晰观察到新乡化纤这段快涨快跌的全过程，其中的筹码集中度在分析中起到了怎样的作用呢？接下来先从上涨初期分析。

2024年2月初，股价仍处于下跌状态，在2月5日的筹码集中度分别为90%区间内10.5%、70%区间内4.4%，集中度较高。且上方的筹码分布图有大量显示为黄色的远期筹码锁定在3.50元价位线下方不远处，其中还包含了一些橙红色的近期筹码，说明从很早之前就有投资者在此建仓，直至2月初。

后来，股价在2.17元的位置触底后迅速反弹向上，接触到30日均线后小幅回落，最终于3月成功突破，且在3月底时越过了60日均线。

在突破当日，也就是3月21日，盘中90%的区间筹码集中度为14.7%，

70% 区间集中度为 8.6%，与 2 月 5 日的差别不算太大，是筹码非常集中的表现。而且当时仍旧有大量远期筹码锁定在 3.50 元价位线附近，整体形态相较于前期没有太大变动，说明这些远期筹码大概率是主力的持仓。结合当前走势来看，主力未来拉升盈利的可能性较大。

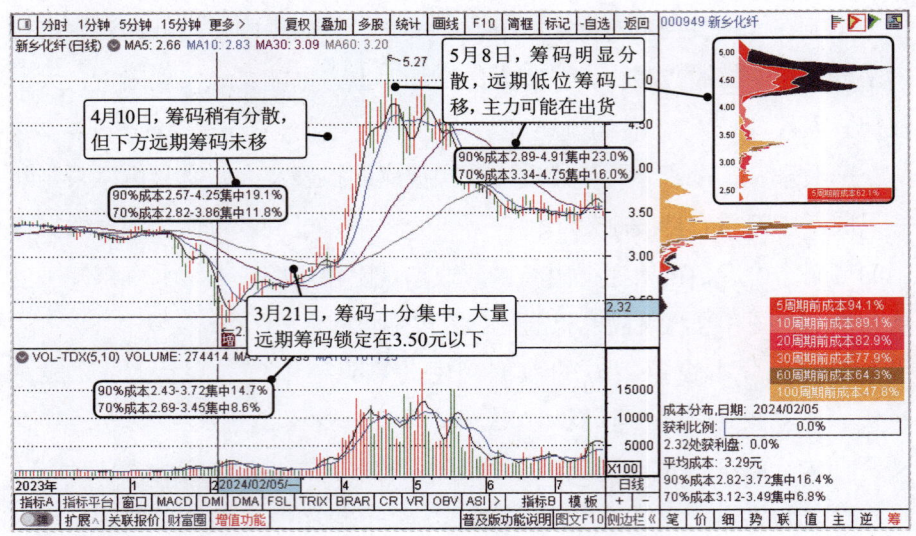

图 1-18　新乡化纤 2023 年 12 月至 2024 年 8 月的 K 线图

后续走势确实如此，股价回踩 60 日均线站稳后急速拉升，短短数日便冲到了 4.50 元价位线附近，涨幅极为可观。

这时来观察 4 月 10 日的筹码集中度，可以发现 90% 区间内的集中度为 19.1%，70% 区间内的集中度为 11.8%。但此时下方锁定的远期低位筹码没有明显上移，上移的大部分是呈红黑色的近期筹码，说明主力可能仍旧在等待时机，后市还有上涨空间，场内散户倒是因为短期暴涨而频繁交易。

到了 5 月 8 日，股价明显冲高动能不足开始回落，筹码集中度也抬升至 90% 区间内为 23%、70% 区间内为 16%，有明显分散。且筹码分布图中的远期低位筹码快速变动并上移至高位，说明主力大概率已经开始出货，投资者需及时跟随卖出，以避开后市下跌。

第2章
筹码分布经典形态详解

在筹码分布中，除了各项数据提供的信息外，其自身呈现出的特殊形态也是投资者需要重点关注的方面。本章要介绍的内容主要包括筹码的单峰、双峰、多峰等密集和发散形态，以及价格对不同筹码峰的穿越，可帮助投资者更好地将理论与实践相结合。

2.1 筹码的密集形态

筹码的密集形态在第 1 章已经提及，但具体的含义没有进行详细解释。而密集形态中也有多种特殊的状态，这些都会在本章内容中进行细致阐述，以帮助投资者打好实战基础。

先要介绍何为筹码密集，它是筹码分布的一种特殊形态，反映了某只股票在某一时期内的大部分流通筹码持有成本相近的状态，最终在筹码分布图中呈现出一个较为集中的持股区域。

筹码密集的形态对于投资者判断股票走势和涨跌趋势的转换非常重要。当筹码集中在某一价格区间时，表明该区域内的买卖力量较为均衡，如果后续出现成交量放大、价格突破等情况，筹码密集区域可能成为重要的支撑位或压力位。

但在某些情况下，筹码密集形态也可能是主力构筑的陷阱，以吸引散户入场。因此，投资者在分析筹码密集形态时，还需结合其他技术指标和市场信息进行综合判断。

下面来看不同涨跌行情中的密集形态。

2.1.1 不同趋势中的高位密集

高位密集是指筹码大多数集中在高价位区域的形态，如图 2-1 所示。

技术图示 筹码高位密集形态

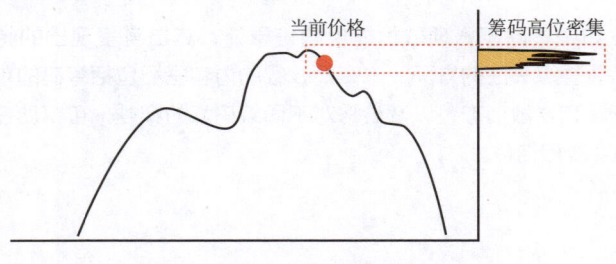

图 2-1 形态示意图

筹码高位密集的成因其实很好理解，就是在股价上涨过程中，底部获利筹码不断随着交易换手而高价卖出，市场持筹成本重心不断向上转移，在这种频繁买卖中，股价就会被逐步抬高。同时，随着主力获利筹码在高位的派发，大部分流通筹码转移到高价区域集中起来，逐步形成筹码高位密集。

显然，在上涨顶部形成的筹码高位密集是主力即将兑利出局，价格可能转向下跌的警示信号。不过也有可能是新主力进场，替换旧主力拿到大量筹码后预备形成二次拉升，但这种情况相对少见，投资者在无法准确区分二者时，最好谨慎卖出。

在下跌行情中出现的筹码高位密集，含义是不是有所不同呢？

答案是肯定的。如果股价已经转为下跌，还有大量筹码集中在高位，说明上方的套牢盘会在未来带来巨大的拉升压力，股价上涨极难，中长线投资者不宜停留，短线投资者则可以尝试抢反弹。

下面先通过一个案例来进一步介绍上涨顶部的筹码高位密集。

实例分析 中文在线（300364）上涨顶部的筹码高位密集

图 2-2 为中文在线 2023 年 8 月至 2024 年 2 月的 K 线图。

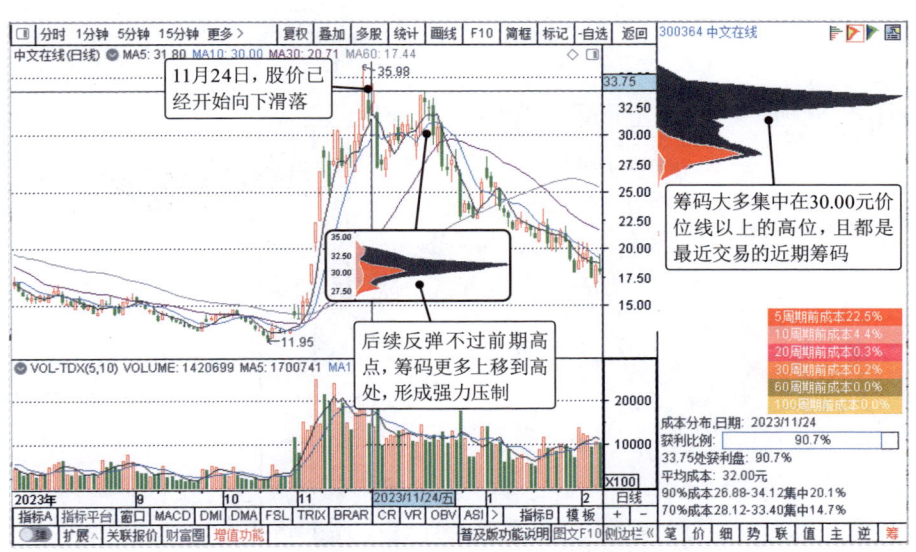

图 2-2　中文在线 2023 年 8 月至 2024 年 2 月的 K 线图

从图 2-2 中可以清晰地观察到，中文在线的股价从 2023 年 11 月初开始上涨，短短一个多星期的时间，价格就从 15.00 元价位线以下上冲至接近 30.00 元价位线的位置，翻倍的涨幅为投资者带来巨额收益。

在 30.00 元价位线下方，股价横向震荡整理了一段时间，随后继续向上拉升，直至创出 35.98 元的新高。不过在 11 月 24 日的二次收阳过程中，股价没能越过前期高点，而当日的筹码形态也传递出了危险信号。

观察图 2-2 右侧的筹码分布图可以发现，这时候已经有大量的筹码聚集到 30.00 元价位线上方，且都是 5 周内交易的近期筹码。下方尚未完全向上转移的筹码周期也不长，可见场内大部分筹码都在此次上涨中活跃了起来。

结合前期突兀的上涨来看，其中大概率有主力的身影。那么该股在高位出现的筹码聚集形态就很危险了，这可能是主力高位大量派发的表现，此时谨慎型投资者以出局为佳。

在后续的走势中，股价有过一次强势反弹，可惜在反弹期间，由于上方筹码聚集得越来越多，获利盘的抛压导致股价难以持续上涨，最终在小幅突破 32.50 元价位线后彻底转向下跌，这警示还未离场的投资者抓紧时间出货。

其实，在中文在线的往期走势中已经出现了多次这种情况，投资者完全可以将以往的价格变动规律总结吸纳，转化为下一次操盘的参考。

图 2-3 为中文在线 2021 年 12 月至 2024 年 11 月的 K 线图。

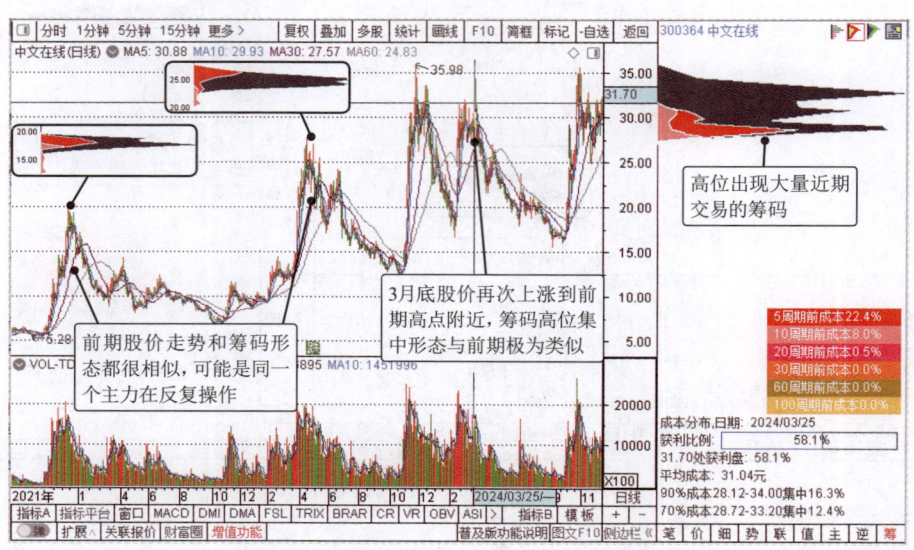

图 2-3　中文在线 2021 年 12 月至 2024 年 11 月的 K 线图

单独观察该股的K线走势，可以发现，在2021年12月与2023年4月期间，该股都出现过短暂又惊人的上涨，且价格都在直线拉升触顶后迅速转折下跌，与前面详解的2023年11月期间的走势非常相似。

观察这两段走势高点的筹码分布情况，不难看出，它们的筹码峰也非常相近，都是一些近期和超近期筹码在活跃交易，且都集中在高位。这就说明该股场内可能有一只或数只风格相似的主力在参与，通过拉出多次急涨急跌的走势来快速赚取收益。

投资者除了在股价上涨的当时对筹码和价格进行单独分析外，也可以将往期规律融入其中，确定反转位置，跟随主力实现盈利。

因此，当2024年3月期间股价再度出现短期上涨时，投资者就可以迅速入场，再抓住价格上涨受阻、筹码向高位转移的时机及时卖出，就可以将这段上涨收益收入囊中。

接下来展示下跌行情中的高位筹码密集情况。

实例分析 海大集团（002311）下跌过程中的筹码高位密集

图2-4为海大集团2022年12月至2023年8月的K线图。

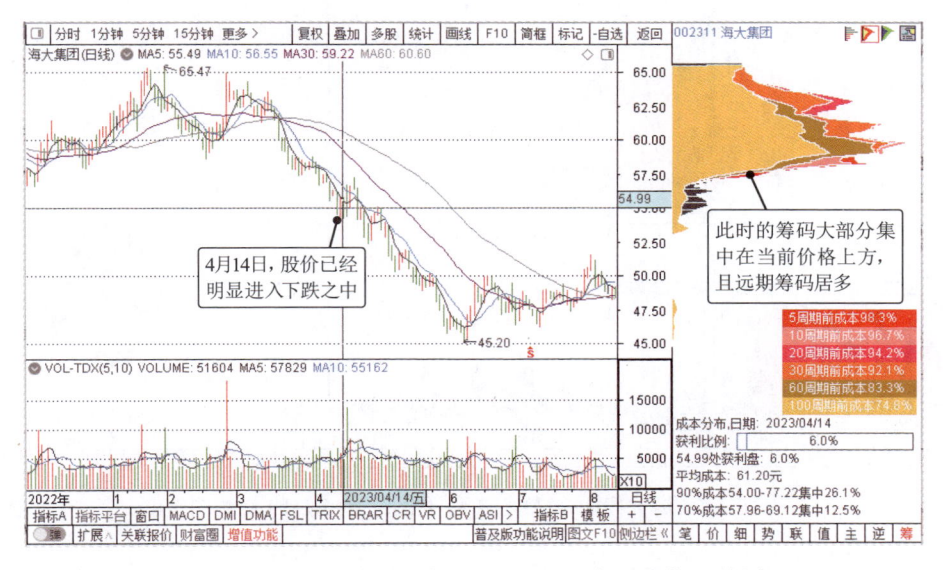

图2-4 海大集团2022年12月至2023年8月的K线图

筹码分布应用——起涨见顶买卖点分析

先来看海大集团前期的走势，在2023年1月底之前，该股其实正在经历一段时间的上涨，且涨势还是很不错的，可惜在65.47元的位置触顶后，股价就没能再有更好的表现。

虽然在2022年2月下旬，股价踩在60.00元价位线附近形成反弹后有冲击最高价的趋势，但可惜最终没能越过，很快便反转向下跌破两条中长期均线。

观察这一阶段的K线走势，可以发现，股价在60.00元价位线上方停留了不短的时间，且有两次比较明显的上冲。这就导致有大量投资者在此交易，前期获利盘着急卖出兑利，而场外投资者又因为看多而注资跟进，导致筹码迅速上移到相对高位并集中起来。

实际上，投资者可以发现在这些高位密集的筹码中有大量的黄色远期筹码和少部分的近期筹码，这说明这些高位密集的筹码并不完全是在这段时间内集中起来的，而是在很早之前就出现了高位集中的趋势，下面来看该股的前期走势。

图2-5为海大集团2020年7月至2023年7月的K线图。

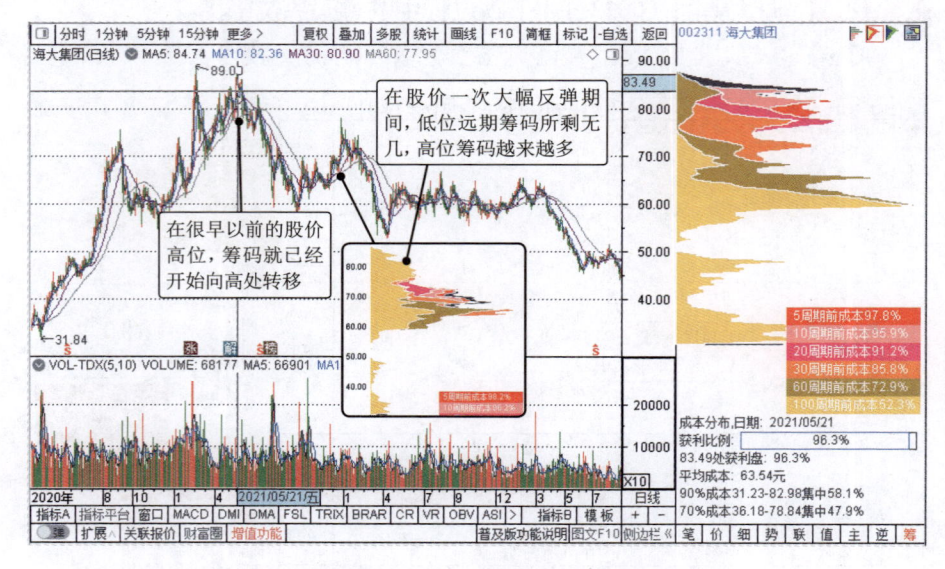

图2-5 海大集团2020年7月至2023年7月的K线图

将时间周期拉长后，投资者会发现，在2020年下半年到2021年上半年这段时间内，海大集团的股价经历了一波迅猛的牛市走势，价格一路从

28.

30.00 元价位线附近上升到接近 90.00 元价位线的位置，约一年的时间几乎涨了两倍。而观察在顶部位置的筹码表现，可以看到，下方建仓的远期筹码尚未完全转移到上方。

随后，股价进入了下跌走势中，落到 60.00 元价位线上形成一波强势反弹，在反弹的相对高位再看筹码分布图，会发现这时低位的筹码已经大部分完成上移。这也从侧面反映出主力可能已经差不多完成出货，未来该股走势堪忧。

事实确实如此，股价在此次反弹后并没有更好的表现，而是继续下跌，随后在 60.00 元价位线附近反复横盘震荡，一直到目前所分析的阶段，也就是 2023 年初。

这时候投资者应该明白这些黄色的远期筹码来自何时了。那么，综合多方信息分析，主力大概率已经撤离，价格也在继续回落。结合股价 2023 年 2 月底二次上冲没能突破前期高点的走势来看，投资者还是以卖出为佳。

果然后续的走势证实了这一推测，该股在一路跌破中长期均线后持续下滑，其间有过小幅反弹，但连 30 日均线都没有接触到，可见市场看跌形势还是比较严峻的。

这一趋势在 2023 年 4 月就已经非常明显了，观察 4 月 14 日的筹码表现，不难看出有大量筹码集中在当前价位线的上方形成强势压制。这表明如果后续主力或是散户不能集中力量发起上攻，那么股价反弹将会非常艰难，投资者也就没有必要在这种行情中继续参与下去了。

2.1.2 不同趋势中的低位密集

筹码低位密集指的是市场中的大部分筹码转移到相对低位且堆积起来的形态，如图 2-6 所示。

筹码低位密集形成的原因就是在股价下跌过程中，高位被套筹码不断随着交易换手而低价卖出，市场持筹成本重心不断向下转移，导致股价也水落船低。同时，随着主力在低位的建仓，大部分流通筹码转移到低价区域集中起来，逐步形成筹码低位密集。

> **技术图示** 筹码低位密集形态

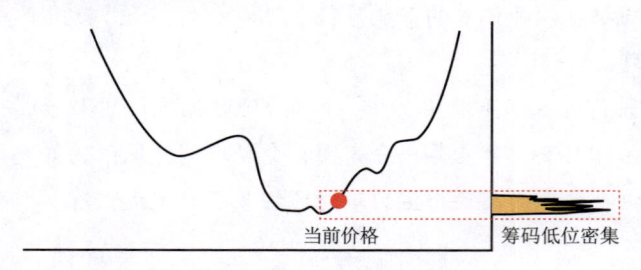

图 2-6　形态示意图

这种情况下，如果股价跌势减缓且有筑底的迹象出现，后市是有可能转折上涨的，毕竟主力在建仓后随时都可能开启拉升，因此这是一个积极信号。需要注意的是，在股价尚未出现明显上涨迹象时，谨慎型投资者不能轻易介入，以免踏入陷阱被套半山腰。

而如果股价已经转为上涨，还有大量筹码集中在低位，就说明在低成本区域建仓的获利盘依旧在等待兑现时机。也就是说，该股目前上涨潜力未尽，中长线投资者完全可以继续等待，短线投资者则可以分段买卖，降低被套风险。

接下来进入下跌行情中筹码低位密集的案例分析。

> **实例分析** 中铁装配（300374）下跌低位的筹码密集

图 2-7 为中铁装配 2024 年 5 月至 12 月的 K 线图。

从图 2-7 中可以看到，在 2024 年 5 月底，股价在 18.00 元价位线附近受阻后开始转入下跌。当价格来到 14.00 元价位线附近时，观察此时的筹码分布图，可以发现大部分筹码已经开始向下转移，但相对还是比较分散的，因此投资者要继续等待。

在经历了两个多月的横盘震荡后，该股最终还是在 60 日均线的压制下继续跌到更低位置，直到创出 12.36 元的低价后才再次横盘整理。

这时再来看 9 月底的筹码表现，可以发现上方的大量筹码已经转移到当前价位线附近，且基本都是近期筹码，说明市场活跃度还是比较高的，其中很可能包含了主力在低位吸纳的建仓筹码。

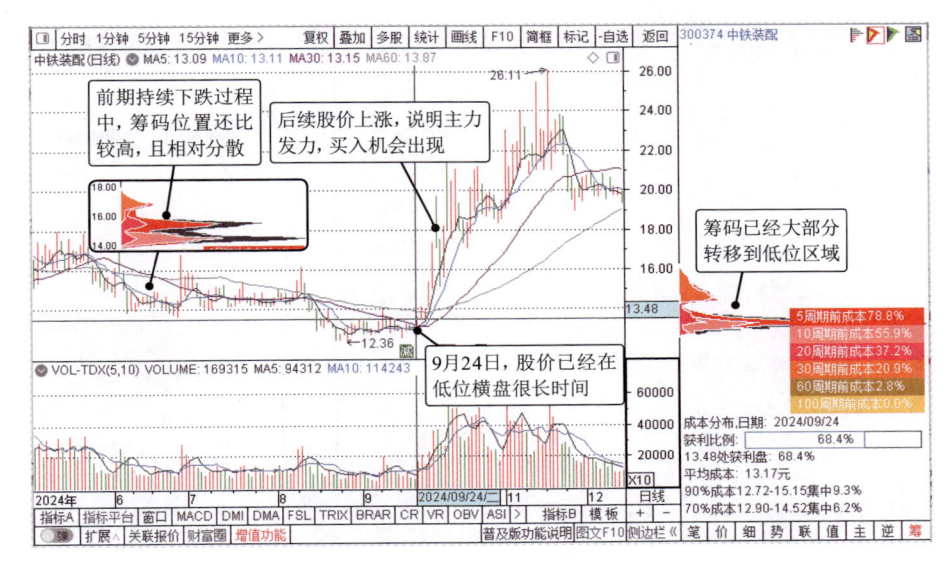

图 2-7　中铁装配 2024 年 5 月至 12 月的 K 线图

这是一个未来可能会进入拉升的积极信号，但由于价格尚未出现明显上涨趋势，投资者还不能轻易介入，对该股保持关注即可。

从后续的走势可以看到，进入 10 月后，股价突然开始在成交量的放量支撑下迅速上升，并突破两条中长期均线。这就是一个清晰的买进信号，前期尚在观望的投资者可迅速介入。

下面来看股价上涨到高位后的筹码表现。

图 2-8 为中铁装配 2024 年 5 月至 12 月的 K 线图。

可以看到，在经历了一个多月的上涨后，股价已经来到了 26.00 元价位线附近。在 26.11 元的位置触顶后，股价稍有回落，低点在 22.00 元价位线附近得到支撑。

观察这段时间的筹码分布图，不难看出下方建仓的筹码已经大部分转移到当前价位线附近，且有非常多黑色的超近期筹码，说明最近五周内的高位交易非常频繁。这时投资者就要考虑到是否是主力在出货，再加上此时涨幅已高，收益不小，谨慎型投资者可以先行出货观望。

后续股价转入下跌也证实了投资者关于主力出货的猜测，那么在价格尚未跌破中长期均线时，还未离场的投资者就要抓紧时间离场了。

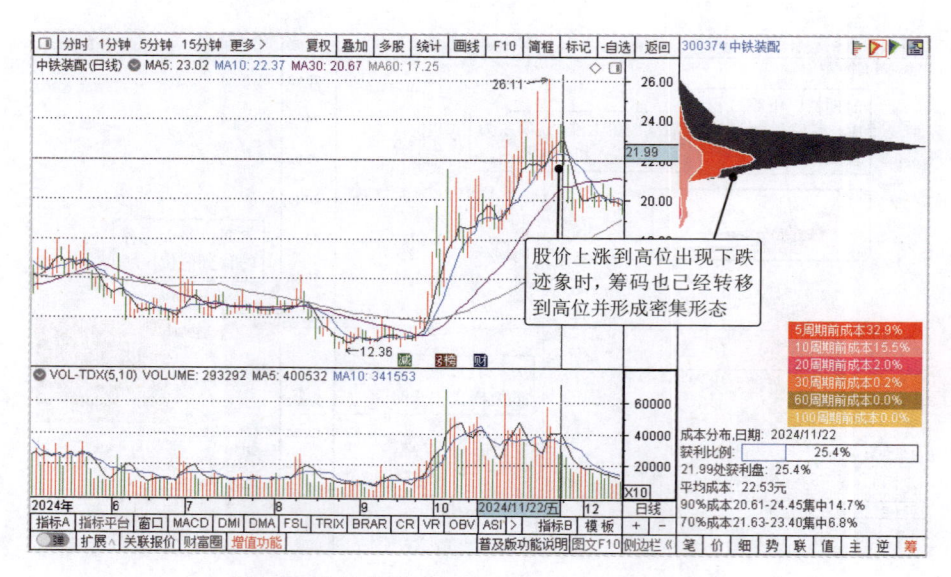

图 2-8　中铁装配 2024 年 5 月至 12 月的 K 线图

下面再来看转入上涨后筹码低位密集的案例分析。

实例分析　石英股份（603688）上涨过程中的筹码低位密集

图 2-9 为石英股份 2021 年 12 月至 2022 年 10 月的 K 线图。

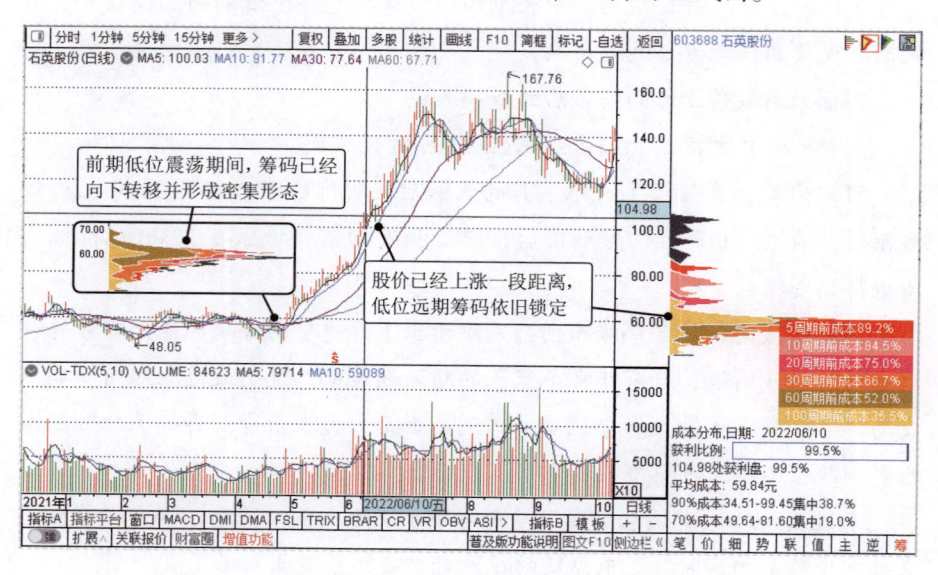

图 2-9　石英股份 2021 年 12 月至 2022 年 10 月的 K 线图

从石英股份的这段走势中可以看到，在 2022 年 5 月之前的很长一段时间内，价格都一直保持在 60.00 元价位线附近横向震荡。

如此长时间的盘整足以让筹码聚集到一定区间内，比如在 4 月底选取一个交易日来观察其筹码表现，可以发现，在当前价格附近已经聚集了从远期到近期的大量筹码。

这就说明市场中的大部分投资者持仓成本已经被压低到了该价位线附近，其中很可能也包括主力的建仓筹码。那么从前面的案例所得到的经验来看，激进型投资者已经可以尝试建仓了，但谨慎型投资者还需继续观望。

从 5 月开始，价格就出现了迅猛的拉升，且几乎是毫无预兆地开启，很明显是主力在发动，一个月后股价就上涨到了 100.00 元价位线附近。

观察这个时候的筹码分布图，可以看到，虽然有部分近期筹码因为股价上涨的原因而向上发散，但在上涨开启的 60.00 元价位线附近依旧聚集了大量的远期筹码。而且此时投资者已经确定了场内有主力参与，那么这部分远期筹码就很有可能是主力攥在手中等待盈利的部分。

这种情况也被称为低位锁定，只要这部分筹码不发生快速向上转移，中长线投资者就可以一直跟随持股，而短线投资者也可以根据股价的波动而进行分段操作。

下面来看股价上涨的高位出现反转迹象时的筹码表现。

图 2-10 为石英股份 2022 年 4 月至 2023 年 6 月的 K 线图。

在 7 月上旬，股价已经开始接近 160.00 元价位线了。随后该股经历了一次大幅回调，落到 30 日均线上得到支撑后继续反弹。虽然此次反弹实现了更高的突破，但并没能上涨太多，整体来看更像是在 140.00 元价位线附近的横盘震荡。

这时候来观察股价创出新高后回落到该价位线附近时的筹码分布图，可以发现，此时在 60.00 元价位线附近的远期筹码已经上移了不少，而在 140.00 元价位线附近及上方则聚集了大量的近期筹码，说明主力大概率已经开始出货，是一个明确的危险信号。

后续股价的走势也证实了这一点，K 线一路向下跌穿 60 日均线，并落到 120.00 元价位线附近，随后便开启了很长一段时间的矩形震荡走势。

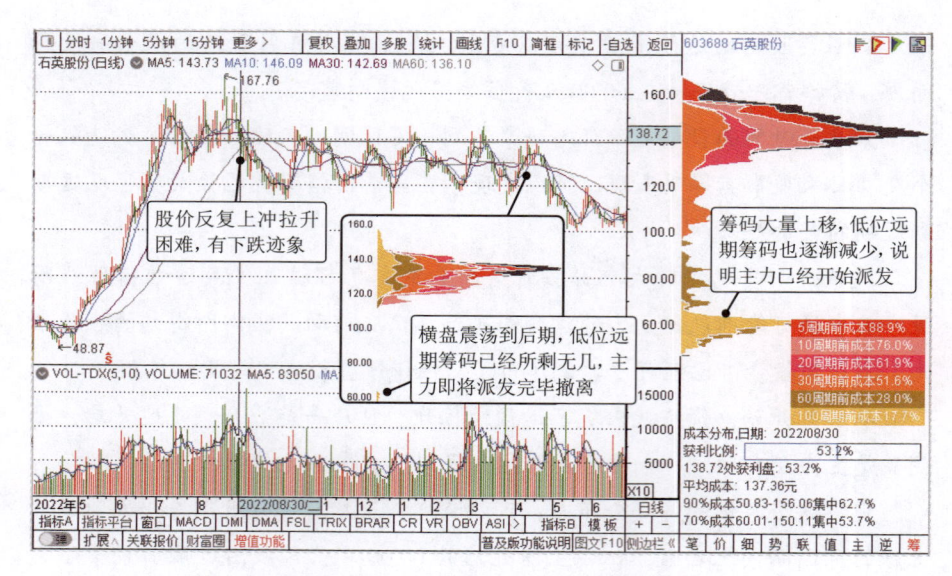

筹码分布应用——起涨见顶买卖点分析

图 2-10　石英股份 2022 年 4 月至 2023 年 6 月的 K 线图

随着震荡的持续进行，到了 2023 年 4 月，60.00 元价位线附近的远期筹码已经所剩无几，大量筹码在高位聚集，意味着主力即将派发完毕彻底离场，投资者最好也跟随卖出，不要再抱有幻想。

2.2　筹码的发散形态

筹码的发散其实就是指筹码由密集状态逐渐向股价运行方向转移的形态，体现了市场中的持仓成本随着股价的变动而不断变化的过程，同时，它也是观察主力持仓状态的重要依据之一。

2.2.1　筹码自下而上发散

筹码自下而上发散指的是在低位聚集起来的筹码逐步向上分散开来的形态，如图 2-11 所示。

注意，在前期低价位时筹码不一定是完全密集的，其上方也有可能留存有部分以往的被套盘，下方也可能有在更低价位入场的获利盘。

一旦筹码开始向上发散，则说明已经有获利盘开始出货。如果此时低位并没有被锁定的远期筹码，说明目前市场中可能没有主力参与，或是参与的主力倾向于边拉升边出货，而非直至最后才大批卖出。

技术图示 筹码自下而上发散形态

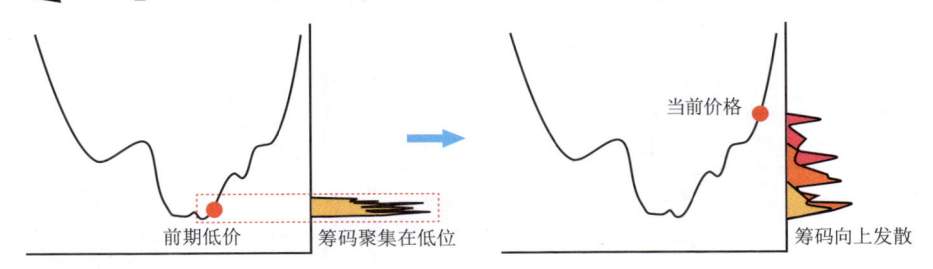

图 2-11　形态示意图

因此，短线投资者遇到这种情况是比较好办的，即在股价持续上涨的过程高抛低吸，分段盈利。中长线投资者则需要将精力更多地集中在 K 线自身的走势和形态上，毕竟此时的筹码分布已经无法提供更有效的反转信号。不过只要 K 线涨势减缓，筹码开始在高位聚集，这部分投资者就可以考虑出货兑利了。

下面通过案例进行分析。

实例分析 天玑科技（300245）筹码自下而上的发散

图 2-12 为天玑科技 2024 年 7 月至 12 月的 K 线图。

从图 2-12 中可以看到，在 2024 年 9 月上旬之前，该股长期位于 6.00 元价位线附近横盘震荡。观察这段时间内的筹码分布图可以发现，大部分筹码聚集在该价位线附近，这是股价长期横盘后的正常现象，也从一定程度反映出低位看多建仓的投资者不少。

从 9 月中旬之后，股价就出现了明显的上涨，且在 10 月初连续跳空向上涨停，短短三个交易日就从 7.00 元价位线附近冲到了 11.00 元价位线上方，短期涨幅极为可观。

观察涨停第三个交易日的筹码分布图，不难看出这时的底部筹码已经有明显减少，且大量超近期筹码向上发散，说明市场中有不少获利盘受到此次上涨的刺激而迅速兑利出局。这种情况十分常见，对于短线投资者来说是一

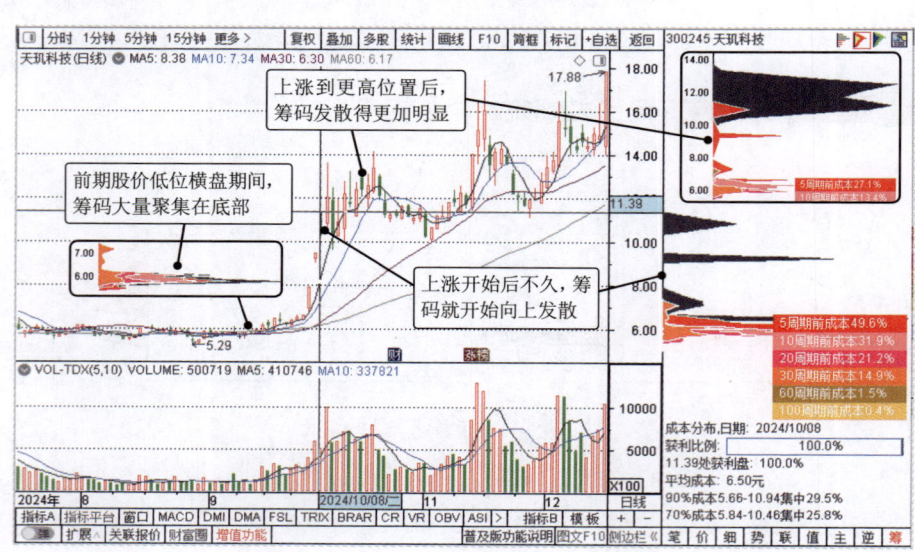

筹码分布应用——起涨见顶买卖点分析

种很好的操作策略，及时止盈才能将收益安全收入囊中。

图 2-12　天玑科技 2024 年 7 月至 12 月的 K 线图

再来看股价涨停结束后一段时间的表现。在 10 月期间，股价涨幅稍有下降，但整体依旧能够向上。在接近 14.00 元价位线附近的筹码分布图中，底部筹码大量向上转移，在当前价位线附近聚集了不少，但下方依旧有大量留存，说明市场中还是有不少投资者继续看多该股的，中长线投资者可不着急卖出。

下面再来看股价后期上涨的筹码表现。

图 2-13 为天玑科技 2024 年 7 月至 12 月的 K 线图。

10 月下旬，股价受阻回调到 30 日均线附近后继续震荡向上，在此阶段内，筹码向下发散后再次聚集到相对低位，与前期上涨之前的表现极为相似。不过聚集起来的基本都是近期筹码，可见市场活跃度比较高。

在突破 12.00 元价位线之后，该股再次出现上涨，且成功突破了 14.00 元价位线的压制。观察这时候的筹码表现可以发现，低位聚集的筹码再次大幅上移，且整体十分分散，说明着急兑利的获利盘和持续持有看多的投资者势均力敌，不同操作风格和持有周期的投资者可根据自身风险承受能力决定是否卖出。

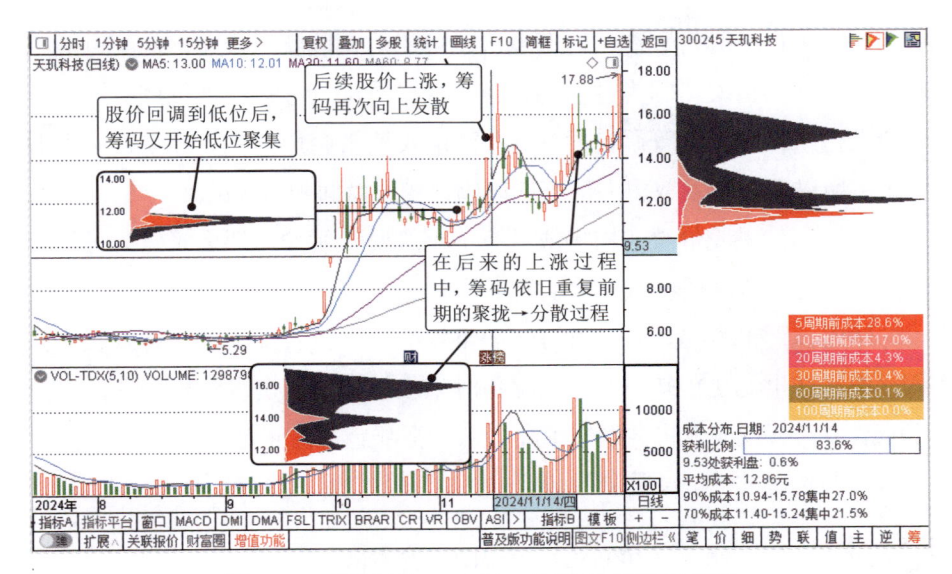

图 2-13 天玑科技 2024 年 7 月至 12 月的 K 线图

再来看后续表现，股价在 18.00 元价位线附近受阻后又一次回调到 30 日均线附近，并走出了与前期极为相似的回升步伐。而此次回调后再拉升的筹码表现与前期的表现非常相近，投资者可以根据前期经验来进行操作，但要注意高位持股的风险。

2.2.2 筹码自上而下发散

筹码自上而下发散往往意味着股价出现了下跌，投资者开始以低价交易撤离，如图 2-14 所示。

技术图示 筹码自上而下发散形态

图 2-14 形态示意图

筹码分布应用——起涨见顶买卖点分析

一般来说，股价下跌的速度越快，筹码的发散就越极端，甚至可能出现两极分化的情况。因为过快的跌速可能导致部分亏损盘被彻底套牢，上方会滞留一部分远期筹码；而一些果断的投资者会选择在大幅下跌中立即卖出，所以下方将发散出大量近期筹码，导致盘面中筹码散乱。

相反，如果股价跌速较慢或是有一定的反弹缓冲，那么筹码更可能会以相对恒定的速度缓慢且整体地向下移动。

然而，无论筹码是以何种方式向下发散，投资者都不能在场内长久停留，毕竟谁也无法预知下一波上涨何时来临。如果投资者的被套仓位迟迟不能清掉，沉没成本将会越来越高，怎么看都是百害而无一利的。

接下来通过案例进行分析。

实例分析 乐心医疗（300562）筹码向下的发散

图 2-15 为乐心医疗 2023 年 8 月至 2024 年 2 月的 K 线图（1）。

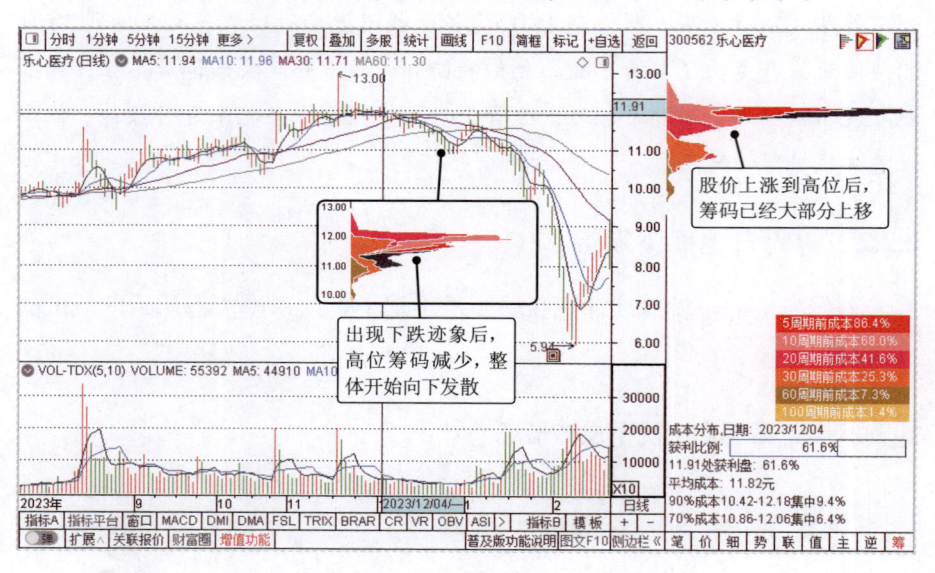

图 2-15　乐心医疗 2023 年 8 月至 2024 年 2 月的 K 线图（1）

2023 年 8 月到 11 月期间，乐心医疗的股价正处于上涨阶段中，且越到后期涨速越快。在此期间，大量投资者被吸引入场，分别在不同的位置留下了交易痕迹。

而随着股价上涨到 12.00 元价位线附近后横盘走势的形成，以往较为分散的筹码逐渐向上转移，获利盘集中兑利及继续看多该股的场外资金持续注入，导致筹码大量高位聚集。

这时，由于两条中长期均线都在持续上移，且股价没有明显的下跌迹象，投资者还不能准确判断出后市的发展轨迹，因此只能等待时机，必要时可以先行卖出观望。

进入 2023 年 12 月后，该股开始明显下降并击穿 30 日均线和 60 日均线。当其跌落到 11.00 元价位线附近后，再来观察这段时间的筹码分布图，可以发现原本在 12.00 元价位线附近呈针形一样聚集的筹码开始明显向下转移，且整体有一定的发散，说明部分获利盘还是比较理智的，这时候就已经开始止损撤离了。

但由于该股在 11.00 元价位线上得到支撑后再次反弹的走势，又有大量投资者受到吸引，认为下一波拉升即将来临进而再次跟进。这种心理又会对筹码造成怎样的影响呢？下面来看后续的走势。

图 2-16 为乐心医疗 2023 年 8 月至 2024 年 2 月的 K 线图（2）。

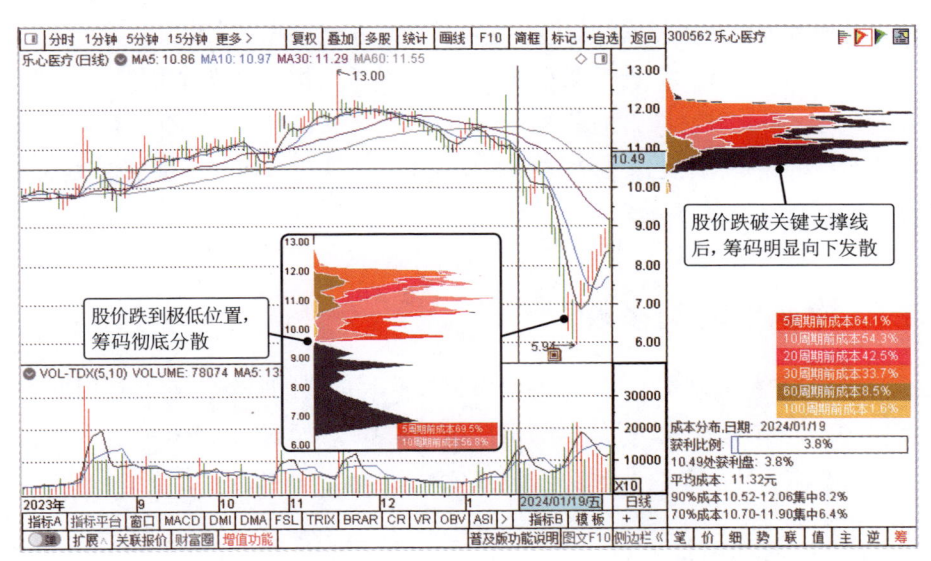

图 2-16　乐心医疗 2023 年 8 月至 2024 年 2 月的 K 线图（2）

在 2024 年 1 月期间，股价的反弹很快结束，在 12.00 元价位线上遗憾受阻后继续下跌，并彻底带动两条中长期均线向下扭转形成压制。

这种压制是强而有力的，如果市场不能给出更有力的资金支撑或是主力不入场护盘的话，价格将很难向上突破这两条压力线。

当其下跌到 10.50 元价位线附近后，观察这个时候的筹码分布图，可以看到筹码已经大量向下发散到该价位线附近。周期相对较远的筹码处于高位，越往下筹码周期越近，整体呈现出一个密集锯齿的状态。这说明意识到一波下跌即将来临进而撤离的投资者很多，但前期受损后不肯收手的被套盘也不少。

此时理智的场内投资者应当立即跟随卖出，毕竟从后续的走势也可以看到，在短短半个月的时间内，股价就从 11.00 元价位线附近跌到了 6.00 元的位置，造成的损失不可估量。

而在最低位置的筹码分布图中，上方和下方出现了明显的两极分化，一部分筹码因为股价跌速过快，不愿意撤离而被高位套牢。另一部分则是及时卖出，使得筹码重心逐步分散到下方，并在股价跌势减缓时聚集起来，清晰反映了市场中持股投资者的不同心理。

实际上，这种短期的快速下跌往往是主力刻意压价造成的，目的是使股价快速回落，进而获得低位筹码，后续可能会有一波强势拉升。

但这也只是推测，并不是每一次快速下跌后价格都能给出反转回应，即便有，也不一定能突破前期高点。因此，投资者在高位死死抓住筹码不放的行为，很可能会为自己累积极高的时间成本，性价比不高，这里不建议普通投资者采用这种操作方法。

2.3 筹码单峰与多峰

筹码单峰与多峰其实就是筹码聚集在一起形成的特殊形态，在前面的案例中已经有所表现。其中，最具分析价值的是单峰、双峰和密集多峰，下面就来看一下它们各自的形态特点及应用方式。

2.3.1 单峰的表现与应用

筹码单峰是指在股票交易中，某一特定价格区域的筹码高度集中，形成一个明显的、独立的山峰形态，表明该股票持有者的建仓成本大部分集中在同一价格区间内。

筹码单峰的形成通常是因为市场内的投资者或主力的预测方向一致或大致相似，比如统一看涨而低位吸筹，或统一看跌而高位抛售，从而使筹码大量集中在某一价格区域。

这种情况通常出现在股票价格达到相对平衡状态时，如在低位横盘、中位整理、高位筑顶过程中，筹码更可能逐渐聚集成山峰，如图 2-17 所示。

技术图示 筹码的单峰形态

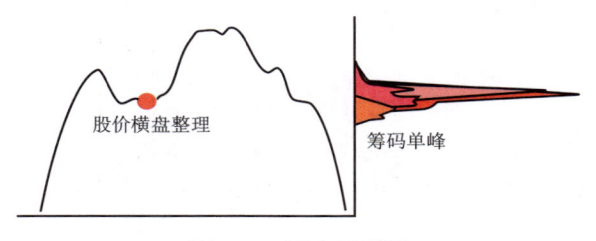

图 2-17　形态示意图

注意，标准的筹码单峰需要筹码分布图中只呈现出一个显著的高峰，若其上下方存在明显的散乱筹码，那么单峰形态所传达出的信号将被削弱。

按形成位置来划分，筹码单峰主要有底部单峰、顶部单峰和上升中途的单峰。其中，底部单峰和上升中途的单峰都是股价整理、主力吸筹，并预备后市拉升的积极形态。顶部单峰则是主力可能开始出货，或是新主力入场吸筹的表现，具有较大的危险性，投资者需根据自身情况决定如何操作。

下面直接以一个案例进行深入解析。

实例分析 诚益通（300430）筹码单峰的应用

图 2-18 为诚益通 2024 年 6 月至 12 月的 K 线图。

来看诚益通在低位的股价走势，可以发现，该股在 11.00 元价位线附近横盘了近两个月时间，其间价格波动幅度不大。

因此，由于前期股价下跌而被套的远期筹码都开始逐步下移到该价位线附近，形成了一个显著的低位单峰。上方只留有少量的被套远期筹码，不过并不影响筹码单峰的认定。根据理论来看，这可能是市场在低位积聚力量，预备后市拉升的表现，投资者可对该股保持高度关注。

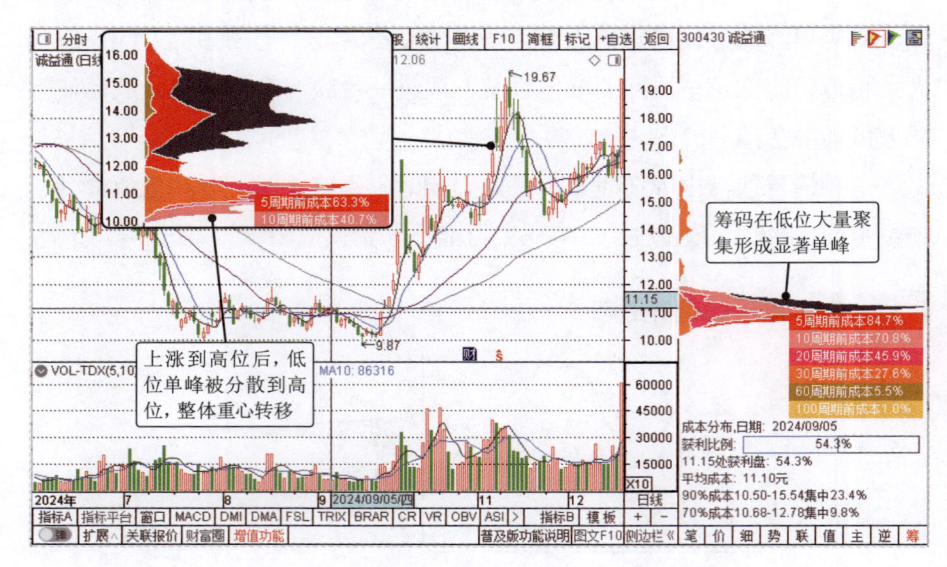

图 2-18　诚益通 2024 年 6 月至 12 月的 K 线图

进入 2024 年 9 月后不久，股价向下跌了一段距离，但很快便在 10.00 元价位线上方得到支撑并迅速上冲，短短数日就成功突破两条中长期均线，并带动其向上扭转。

由于短期涨速太快，低位单峰筹码很快开始向上转移到各个回调节点。待到股价在 11 月初上涨到 17.00 元价位线附近时，筹码分布图中显示低位单峰仍未彻底消失，但已经转移不少，且高位有许多超近期筹码聚集，说明市场中的抛压还是比较大的。

这种情况下的股价走势可能会不太稳定，比如产生多次震荡或是深度回调，这时投资者可以采用短线操作策略，在回调的高位分批卖出，以降低长久持股的风险。

2.3.2　特殊的双峰形态

筹码双峰形态是指在筹码分布图上，筹码聚集在两个不同的价位区域，形成两个显著的山峰。其中，上密集峰（也称高位峰）一般会被当作股价的阻力位置，而下密集峰（也称低位峰）一般会对股价形成非常明显的支撑作用。

筹码的双峰形态反映了市场参与者之间的意见分歧，高位峰意味着一部分投资者仍旧看多或是单纯惜售，不愿撤离；低位峰则意味着另一部分投资者早已看跌卖出或是趁机低吸，形成成本聚集。而有些时候，筹码双峰也可以反映出主力资金的分歧，即一部分投资者高抛，另一部分投资者仍旧在低位等待时机。

筹码双峰主要分为自上而下的双峰和自下而上的双峰。前者的低位峰由被套盘止损后向下移动形成，后市上涨时机未知，若上峰不移，股价很难突破前期高点，因此整体看跌。后者是投资者需要关注的重点，如图 2-19 所示。

技术图示 自下而上的筹码双峰

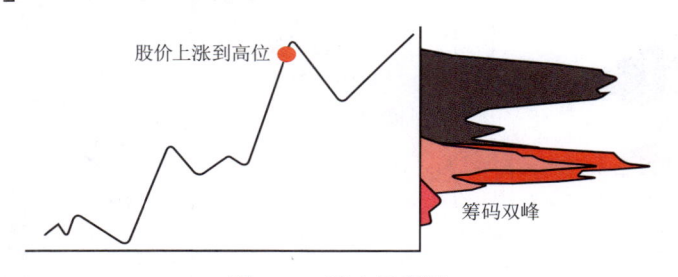

图 2-19　形态示意图

高位峰由获利盘兑利后向上移动形成，当股价上涨受阻并开始回调或是横盘整理时，大概率要开始承受市场上来自获利盘和被套盘集体抛售而形成的夹板抛压，进而暂停上涨。

如果股价持续下跌，投资者可先行卖出观望；但如果股价在跌到一定位置后受到低位峰支撑而横盘整理，则说明场内大概率有主力资金在维持价格，后市仍有上涨机会。

如果股价横盘的时间足够长，那么由于外场资金持续介入，内场抛压依旧存在，前期形成的双峰可能会逐渐消失，峡谷被填平并隆起，形成新的峰顶，这个过程就被称为"双峰填谷"。

双峰填谷完成后，股价就可能迎来一波新的行情，但上涨高度不可知，具体还要看主力的出货点设置和市场的注资力度，投资者要学会根据实际情况调整操盘策略。

注意，双峰填谷并不是开启上涨的必经之路，它只是股价受阻横盘形成的特殊状态。在很多时候，股价更可能会在回调结束后不久就继续拉升，使得低位峰中的筹码逐步向上转移到高位峰中，最终形成高位单峰，这时投资者就可以卖出了。

下面来看一个实际案例。

实例分析 **中科美菱（835892）筹码的特殊双峰**

图 2-20 为中科美菱 2024 年 7 月至 12 月的 K 线图（1）。

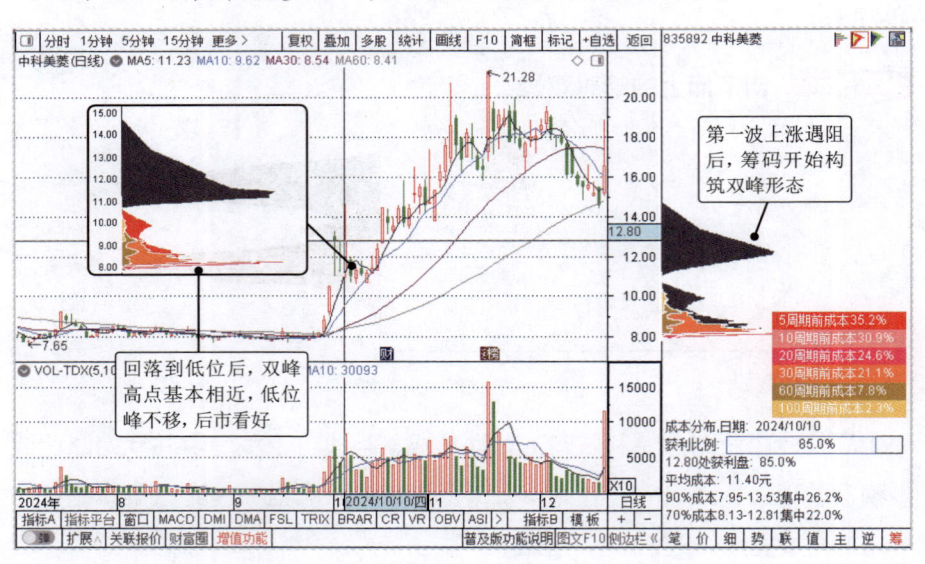

图 2-20　中科美菱 2024 年 7 月至 12 月的 K 线图（1）

从图 2-20 中可以看到，在 2024 年 10 月之前，中科美菱的股价几乎一直在 8.00 元价位线附近横盘震荡，其间波动幅度极小，这种情况很容易导致筹码大量聚集。

而从经验来看，该股未来不久可能有上涨机会，激进型投资者可以开始建仓了，但不能重仓介入，毕竟价格尚未出现明显上涨。

9月底，股价已经开始大幅收阳拉升，三日后突破12.00元价位线，短期涨幅极大。不过在后续接近14.00元价位线时，股价涨速开始减缓，这也意味着一波回调可能即将到来。

观察此时的筹码分布图，可以发现，在低位建仓的远期筹码没有完全上移。而在股价即将回调的位置大量高位筹码集聚，与低位筹码结合形成了双峰形态。这时投资者需特别注意股价是否会跌破低位峰的支撑，如果是，那就要及时卖出。

在数日之后，筹码双峰形态更为清晰，且股价没有跌破低位峰，而是在11.00元价位线附近得到支撑后继续上涨，说明后市还有获利空间，投资者可继续持有，甚至在低位加仓。

下面来看股价上涨后的筹码表现如何。

图2-21为中科美菱2024年7月至12月的K线图（2）。

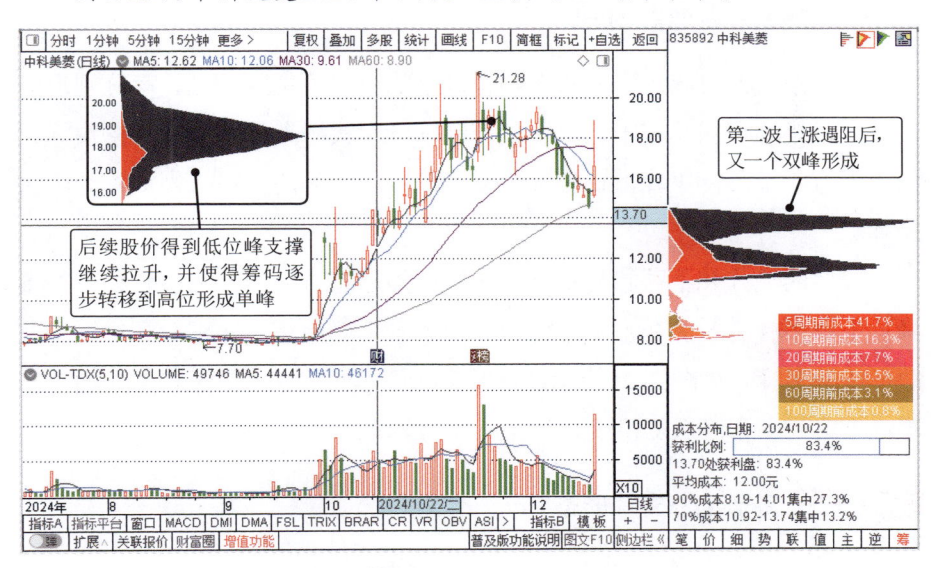

图2-21　中科美菱2024年7月至12月的K线图（2）

10月中旬，在股价接近14.00元价位线，也就是前期压力线附近时，观察右侧的筹码分布图可以发现，又有一个双峰形成。虽然由于8.00元价位线附近的筹码尚未完全上移，这个双峰形态并不特别标准，但投资者也可以据此进行相应分析。

这时候的低位筹码峰在 12.00 元价位线附近，也就是前期股价回调的位置。高位峰则在 14.00 元价位线附近，其成因大概率是股价在此受阻后横盘，没能第一时间突破的走势导致许多投资者认为风险较大，进而迅速卖出。但也有另一部分场外投资者看到股价没有立即下跌，进而认为有机可乘，于是大量买进，导致筹码在此价位线附近大量聚集。

在这种情况下，其实只要股价不回落跌破 12.00 元价位线的支撑，投资者就还有盈利的机会。

事实也确实如此，该股一直持续拉升到了 20.00 元价位线上方才出现明显的滞涨现象。在滞涨期间的筹码分布图中，低位峰几乎已经全部上移，且在震荡区域内形成了明显的单峰聚集，与前期形成鲜明对比。这才是股价可能即将下跌的警示信号，投资者这时就可以卖出了。

2.3.3 多峰密集把握时机

当股票流通筹码主要分布在两个以上的密集价位区域时，就分别形成了多个密集峰形状。其中，位于上方的部分密集峰形状被称为上密集峰，位于下方的部分密集峰形状被称为下密集峰，中间的密集峰则被称为中密集峰。

股票的上升和下跌趋势不同，多峰密集形态可分为上涨多峰和下跌多峰。上涨多峰是股价在上涨过程中，由下密集峰上行，在相对高位逐步发散形成的多峰，如图 2-22 所示；下跌多峰则是股价在下跌过程中，由上密集峰下行，在相对低位持续震荡而形成的多峰。

技术图示 筹码上涨多峰形态

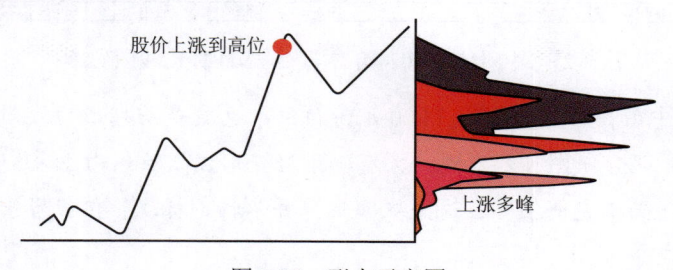

图 2-22 形态示意图

筹码上涨多峰形态其实就是低位密集筹码向上发散形成的，但与普通的发散不同，在上涨多峰形成过程中，明显的下密集峰始终存在，不会彻底转移到上方。这意味着市场中依旧有不少投资者低位持有，对该股高度看好，其中就可能包含主力的筹码，因此上涨多峰相较于普通的发散来说更具看涨价值。

下面来看一个上涨多峰案例。

实例分析 中科蓝讯（688332）筹码上涨多峰用法

图2-23为中科蓝讯2024年6月至12月的K线图（1）。

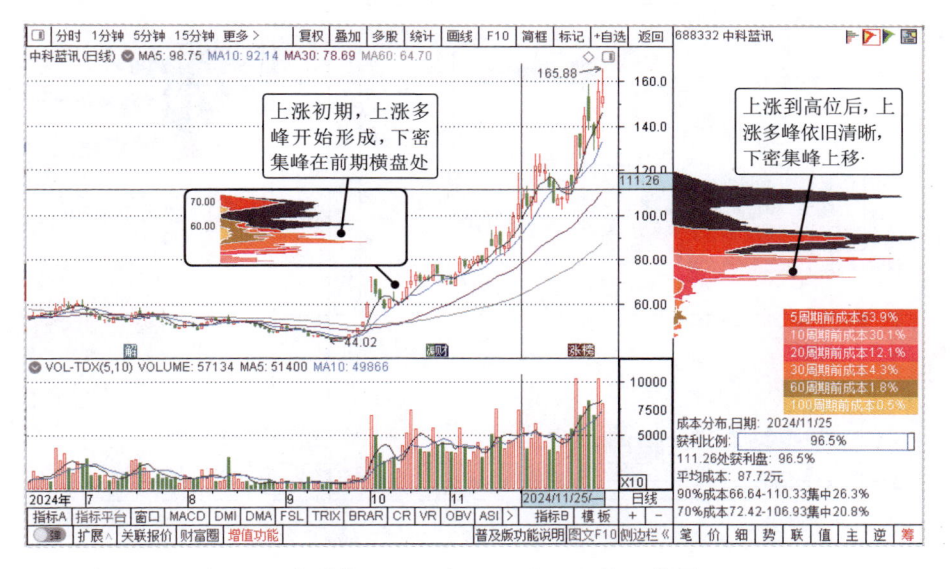

图2-23　中科蓝讯2024年6月至12月的K线图（1）

在图2-23中，中科蓝讯的股价从9月底开始上涨。而在此之前，价格几乎都在60.00元价位线下方持续且缓慢地下滑，因此当时在该价位线下方聚集了不少低位筹码。

而当其开启第一波上涨，来到70.00元价位线附近受阻后回调期间，筹码就已经开始向上发散，但是前期低位建仓的下密集峰没有完全上移，因此整体呈现出一个上涨多峰的状态，这说明后市依旧看涨，投资者可在此介入或加仓。

筹码分布应用——起涨见顶买卖点分析

　　随着价格的持续上移，低位筹码峰也逐渐向上发散。当时间来到 11 月底时，筹码分布图中依旧显示为上涨多峰状态，且多峰形态清晰，但是在 60.00 元价位线下方的低位峰已经基本消失了，现在的下密集峰主要聚集在 70.00 元到 80.00 元的区间内。

　　这种情况在实战中十分常见，但只要上涨多峰没有完全聚拢成一个高位单峰，投资者就还有获利机会。

　　下面继续观察股价下一波上涨的筹码多峰形态。

　　图 2-24 为中科蓝讯 2024 年 6 月至 12 月的 K 线图（2）。

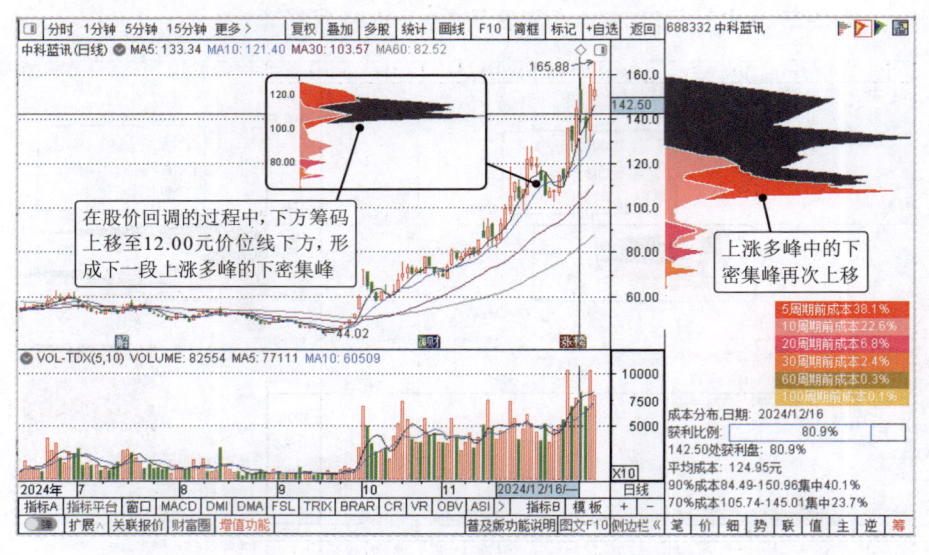

图 2-24　中科蓝讯 2024 年 6 月至 12 月的 K 线图（2）

　　在 12 月上旬，股价在 120.00 元价位线上受到阻碍后回调数日，随后继续拉升并突破前期关键压力线。在股价上涨至 140.00 元价位线附近时，观察筹码分布图可以发现，上涨多峰依旧存在，但是下密集峰再次上移，这次是聚集在 100.00 元到 120.00 元的区间内。

　　根据前期股价在此附近回调震荡的筹码分布图来看，这些下密集峰确实是在当时聚集形成，因此股价依旧能够在这些筹码的支撑下维持上升。不过，由于当前位置过高，投资者要注意长期持有的风险，必要时可先行卖出兑利。

接下来再看一个下跌多峰案例。

实例分析 **创业黑马（300688）筹码下跌多峰警告**

图2-25为创业黑马2023年10月至2024年2月的K线图。

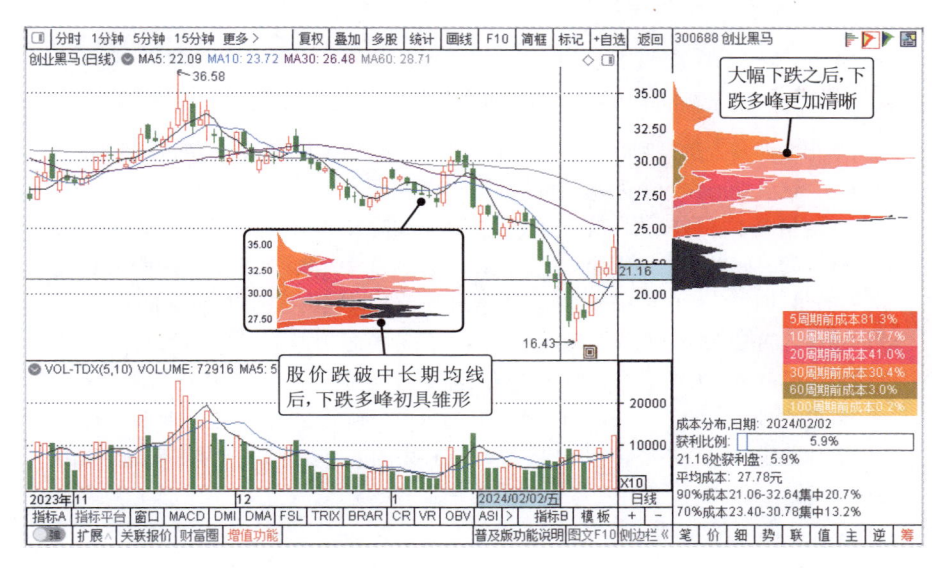

图2-25 创业黑马2023年10月至2024年2月的K线图

从图2-25中的股价表现可知，该股从2023年11月下旬开始转折向下，这个时候的筹码大多集中在上位。而从价格的持续下移并跌穿中长期均线的表现来看，下跌趋势难以扭转，这时候的大量筹码就应当开始下移。

在2024年1月上旬，观察筹码分布图可以发现，最高价35.00元价位线附近的远期筹码已经大量下移，并聚集在当前股价震荡的区间内，呈现出下跌多峰的形态，上密集峰主要聚集在30.00元到32.50元的区间内，看跌信号清晰，足够果断的投资者早已在股价反弹小幅突破中长期均线的同时卖出。

随着时间的推移，股价跌速越来越快，到2024年1月底时开始连续收阴大跌，一路下滑至20.00元价位线附近。

这个时候再看筹码分布图，下跌多峰形态更加清晰，且由于跌速过快，上方远期筹码还没有完全下移，可见场内被套盘还是比较牢固的。上密集峰没有下移太多，下方的近期筹码则在不同的节点大量聚集，说明市场活跃度较高,有大量的投机者在吸纳低位抛出的筹码。

原因也很简单,股价短期跌幅过大往往是主力刻意压价形成的,后市可能会有一波强势反弹,因此会有大量资金在此介入等待机会,但风险承受能力较低的投资者最好不要在此买进,以免被套在半山腰。

> **知识拓展** 关于案例中炒股软件窗口时间轴显示问题的说明
>
> 本书会涉及大量案例的解析,关于案例截图中软件 K 线图下方的时间轴显示的问题,这里提前作一个大致说明。
>
> 一般情况下,炒股软件窗口大小发生调整或对 K 线图进行缩放时,都会造成软件底部的时间轴发生相应的变化,所以,书中的案例截图可能存在时间轴上显示的起止日期与分析内容描述的起止日期不一致,或案例截图中的时间间隔不连续的情况。这是软件自身原因造成的,本着客观陈述的原则,为了让读者能够更准确地查阅,本书在进行分析时仍然以实际 K 线走势的起止日期进行描述。
>
> 除此之外,A 股沪深两市的交易时间为每周一到周五,周六、周日及国家规定的其他法定节假日不交易,所以,炒股软件中的 K 线图时间轴仅显示交易日的股价走势。

第3章
筹码分布波段买卖分析

在学习了众多筹码分布的基础知识后，投资者还要了解如何在股价运行的不同波段中应用这些理论，以及在对应的涨跌中及时作出买卖决策，以更好地达成投资目的。

3.1 上涨趋势借筹码买卖

上涨趋势可能是大多数投资者最喜欢看到的走势，它代表着收获和希望，而且操作的风险也相对较低。不过要想实现收益扩大化，学会充分利用K线图中的信息和筹码分布图是前提之一，本节针对上涨行情中的筹码分布看多形态进行解析。

3.1.1 低位单峰突破找起涨

低位单峰在前面的案例中已经有过详细说明了，这里不再赘述。需要注意的是，在股价向上突破低位单峰的聚集区域时，必须是有效的穿越，回踩也最好能够得到支撑，如图3-1所示。

技术图示 股价突破筹码低位单峰

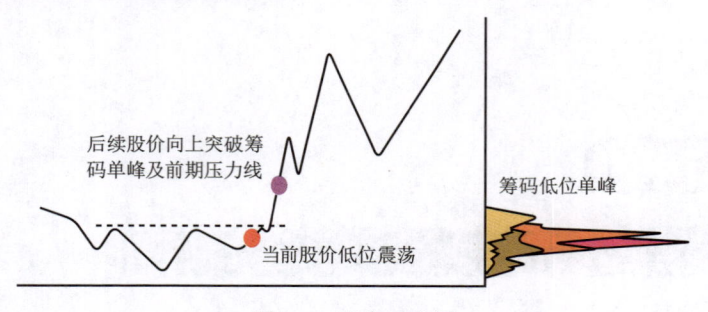

图3-1　形态示意图

一般来说，清晰的起涨点主要集中在股价突破前期关键压力线的位置，并且在突破当时，场内成交量最好有明显的放大支撑，这样才能体现出市场集中注资推涨的可靠性。

在突破完成后，随着价格的持续攀升，筹码分布可能会呈现出多种不同的样貌，比如低位单峰向上发散或筹码低位锁定等。投资者只需结合前面所学的知识逐一对应分析即可，遇到把握不准的情况，可以先行卖出观望，避免踏入陷阱被套。

第3章 筹码分布波段买卖分析

接下来直接进入案例进行实战解析。

实例分析 光云科技（688365）上涨初期突破筹码低位单峰

图3-2为光云科技2022年11月至2023年4月的K线图（1）。

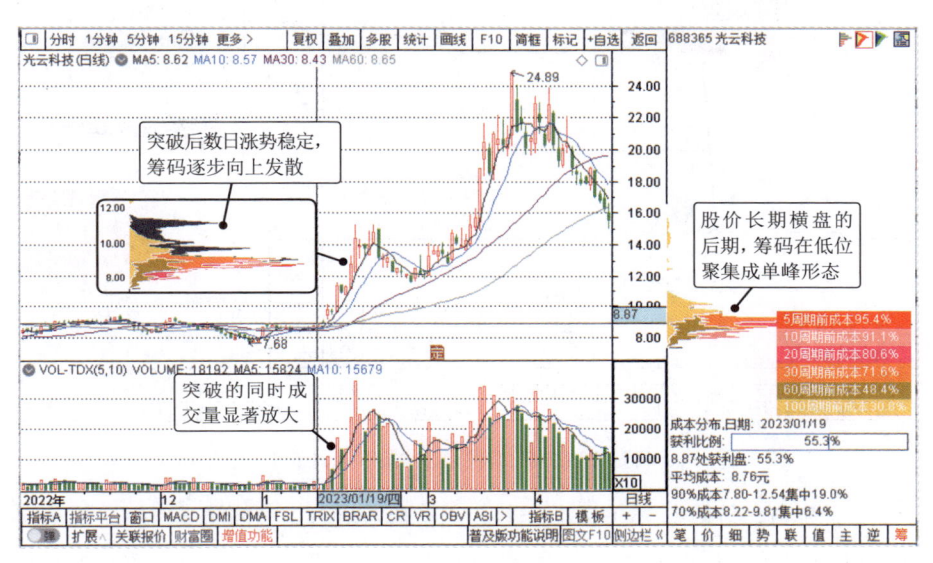

图中标注：
- 突破后数日涨势稳定，筹码逐步向上发散
- 突破的同时成交量显著放大
- 股价长期横盘的后期，筹码在低位聚集成单峰形态

图3-2 光云科技2022年11月至2023年4月的K线图（1）

在2022年11月到2023年1月中旬这段时间内，光云科技的股价长期位于9.00元价位线附近横盘震荡。这使得大量筹码开始聚集到该价位线附近，并形成了一个显著的山峰，且山峰的上边缘大致在10.00元价位线附近，下边缘则在8.00元价位线附近。

如果后续价格能够向上实现突破，那么后市看涨概率非常大。不过在此期间的成交量表现并不是特别好，市场活跃度较低，如果投资者想要抓住低位建仓的机会，可以适当买进，但不可以重仓介入。

2023年1月下旬，成交量突然开始放大并迅速推动股价向上攀升，短短数日价格就冲上了12.00元价位线。观察这时的筹码分布图不难看出，筹码已经开始逐步向上发散。下方的部分远期筹码目前比较稳固，后市依旧看涨，已经买进的投资者可以适当加仓，尚未介入的投资者可以迅速跟进。

下面来看股价回调后重归上涨期间的筹码分布图。

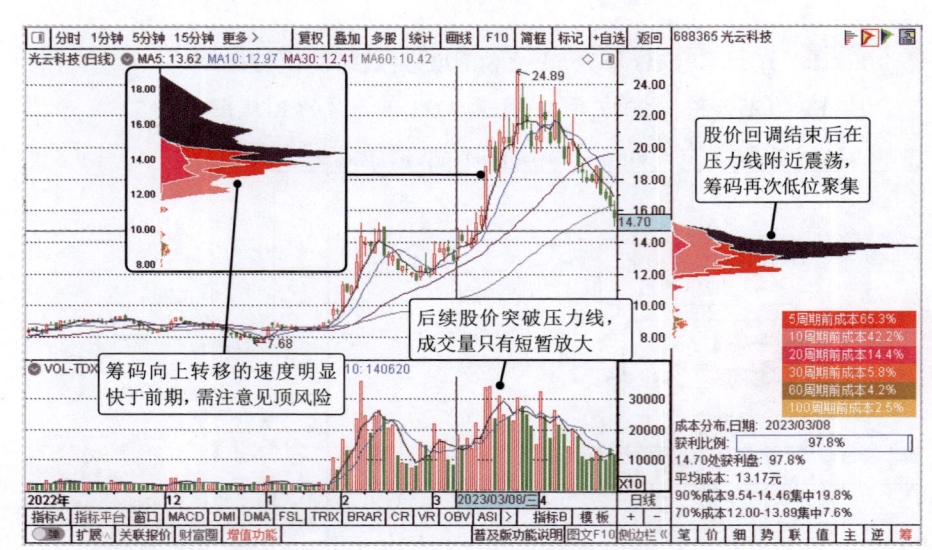

筹码分布应用——起涨见顶买卖点分析

图 3-3 为光云科技 2022 年 11 月至 2023 年 4 月的 K 线图（2）。

图 3-3　光云科技 2022 年 11 月至 2023 年 4 月的 K 线图（2）

2 月中旬，该股在 15.00 元价位线附近受阻后进行了一波深度回调，低点已经落到 12.00 元价位线下方，好在股价很快便受到 30 日均线的支撑而重归上涨。

但在股价靠近前期压力线附近时，并未直接突破，而是横盘震荡了一段时间。在此期间的筹码分布图中，由于价格的震荡，大量筹码又一次聚集到了前期压力线附近，而原来在 9.00 元价位线附近聚集的筹码基本上移。

这时投资者就可以将其视作一个低位单峰，上边缘自然就是 15.00 元价位线。后续该股是否能给投资者带来更多的收益，关键在于股价对该压力线的突破，投资者可静观其变。

进入 3 月后不久，价格成功向上越过了前期压力线并成功突破筹码单峰上边缘，这预示着下一波拉升在即，投资者可迅速介入。

从数日后的筹码表现可以看出，在前期回调压力线附近聚集的筹码上移速度明显快于 2 月初。而成交量也只是短暂地放大，在后续股价持续上涨的过程中，量能甚至开始缩减，与之形成量缩价涨的背离形态。

这种背离出现在股价高位，是市场推动力不足、价格即将反转向下的警示信号。加之筹码上移速度加快，市场中抛压越来越大，可能会导致价格形成深度回调或直接下跌，投资者要注意风险，必要时提前卖出。

3.1.2 上涨双峰把握时机

在上涨双峰形成之时，股价往往正处于回调或是滞涨横盘的初期，投资者买进的关键节点就在于回调在低位峰处得到支撑后再次上攻的位置，以及价格正式突破关键压力线的位置，如图 3-4 所示。

技术图示 筹码上涨双峰的买点

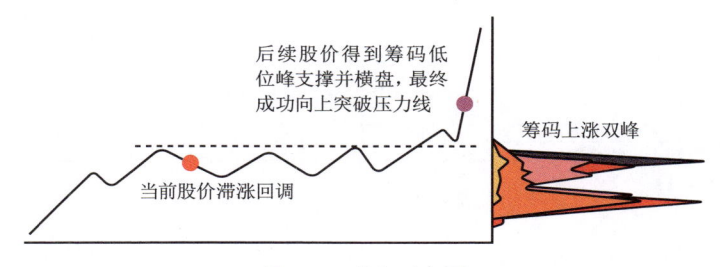

图 3-4　形态示意图

在股价回调得到低位峰支撑后，可能会直接转势向上形成突破，也可能继续横盘震荡。而随着横盘的进行，筹码双峰又会面临两种可能性。一种是中间峡谷被填满，二次上涨开启；另一种是双峰形态持续构筑，股价开始上升，低位峰筹码逐渐向高位峰转移。

无论出现的是何种情况，投资者都最好在成交量明显放大，并推动股价突破关键压力线之后再跟进，这样较为稳妥。

当然，投资者也不能排除上涨双峰形成后股价转势下跌的可能性，毕竟市场中影响价格变动的因素极多，技术分析手段只能窥见一二。因此，投资者切忌只根据技术面形态来断定后市发展，而是要结合多方信息综合判断，谨慎操作。

下面来看一个真实的案例。

实例分析 电声股份（300805）筹码上涨双峰的买点分析

图 3-5 为电声股份 2023 年 9 月至 2024 年 1 月的 K 线图（1）。

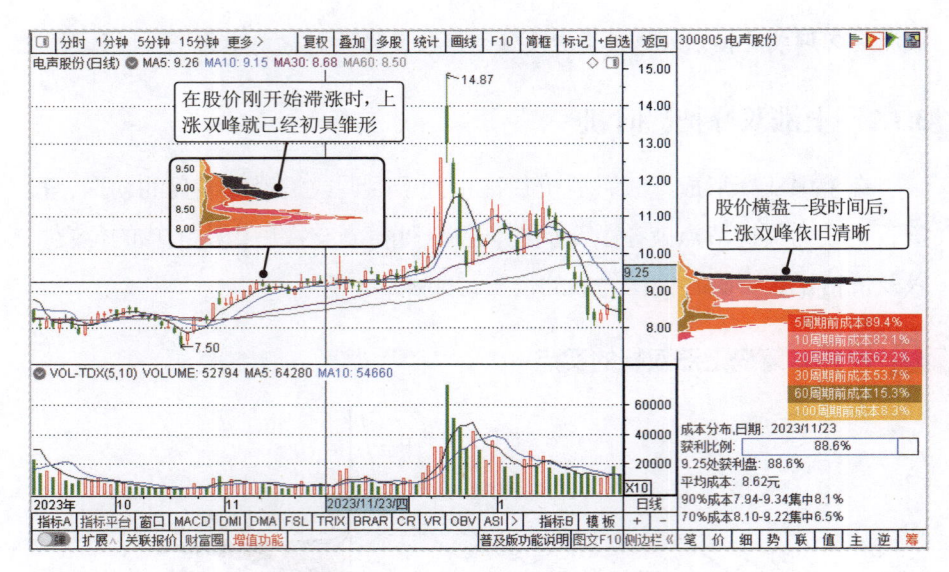

筹码分布应用——起涨见顶买卖点分析

图 3-5　电声股份 2023 年 9 月至 2024 年 1 月的 K 线图（1）

从 2023 年 10 月底开始，该股在 7.50 元的位置触底后就开始了一波上涨。价格在突破两条中长期均线后持续上移，来到 9.00 元价位线上方后开始出现明显的滞涨。

在滞涨初期的筹码分布图中，投资者可以看到有大量筹码聚集在 8.00 元到 8.50 元的区间内，形成了一个显著的单峰。而另一批筹码则大量集中在当前价位线附近，同样也呈现为单峰形态，二者结合形成了一个上涨双峰的雏形。

而随着时间的推移，股价不断横向震荡，波动幅度极小，上涨双峰形态却越来越清晰，进一步证实了该股后市还有上涨机会，投资者可耐心等待。

接下来看一下股价进入上涨后的筹码分布表现。

图 3-6 为电声股份 2023 年 9 月至 2024 年 1 月的 K 线图（2）。

进入 2023 年 12 月后，随着 30 日均线的向上移动，K 线开始沿着该支撑线缓慢向上，并在 12 月下旬成功突破了 10.00 元价位线。与此同时，成交量大幅放大，迅速推动股价上涨，短短数日就来到了最高 14.87 元的位置，短期涨幅惊人。

但这样的上涨后往往是同样快速的下跌，就在见顶的当日，K 线开始收阴，后续数日更是急转直下，跌到了 30 日均线上，随后形成一波反弹，距离前期高点甚远。

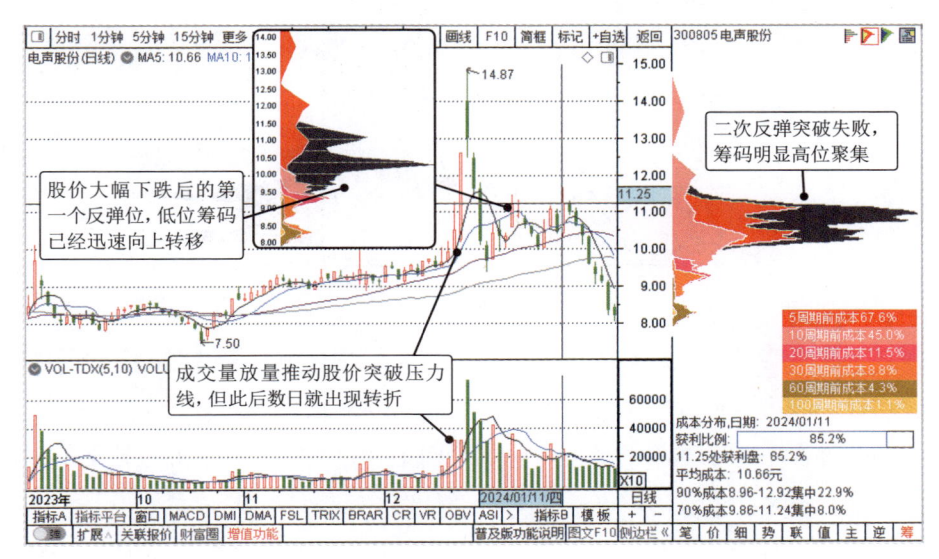

图 3-6　电声股份 2023 年 9 月至 2024 年 1 月的 K 线图（2）

在反弹高点观察筹码分布图可以发现，筹码双峰早已消失不见，上方留有不少被套盘，下方的部分远期筹码也没有全部上移，中间则有大量超近期筹码聚集。

这说明价格变动太快，市场中有许多低位吸筹或是高位被套的投资者还在犹豫，尚未作出决定，而另一些更加果断的投资者则趁着此次反弹的机会迅速出手止损。

随着下一次反弹突破的失败，还未卖出的投资者也应当迅速意识到后市可能会面临的境况。毕竟从筹码分布图中也可以看到，上下方筹码已经不多，都在大量向中间转移，在如此强大的抛压之下，股价要上涨是非常困难的。再加上下方成交量始终无法给出强势的回应，因此，投资者还是以卖出为佳，以避开后市下跌。

3.1.3　上涨多峰耐心持股

上涨多峰往往出现在股价持续上涨的过程中，或是回调结束后的第二波拉升之中，如图 3-7 所示。

技术图示 筹码上涨多峰形态

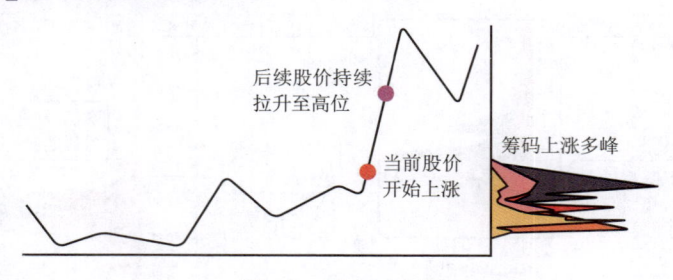

图 3-7 形态示意图

上涨多峰的形成意味着下方仍有不少获利盘在持股等待时机，市场情绪向好，股价有很大的上涨空间，投资者可以继续耐心持有。不过在股价回调的过程中，原本的下密集峰可能会向上转移到当前整理的位置形成一个单峰，同时在下方留存少量筹码。

遇到这种情况，其实投资者很难单凭筹码分布图判断后市走向，毕竟股价下跌的前兆也是筹码高位转移并形成密集形态。此时，市场中的其他信息就很重要了，比如成交量的表现、中长期均线的支撑作用甚至 K 线的特殊形态等，具体还需根据实战来分析。

通过这些信息判断出后市依旧有上涨机会后，投资者就可以将当前的单峰当作下一次上涨多峰的下密集峰来看待，进而据此观察市场中低位筹码的转移情况，做好下一次决策的准备。

实例分析 美之高（834765）筹码上涨多峰继续持股

图 3-8 为美之高 2024 年 7 月至 12 月的 K 线图（1）。

从图 3-8 中可以看到，在前期低位横盘的过程中，美之高市场中的筹码基本都聚集在横盘区间内。而随着 9 月底成交量的放大及股价的迅速上涨，筹码也开始向上分散。

到了 10 月底，股价已经上涨到 15.00 元价位线附近。这时候观察筹码分布图可以发现，低位入场的远期筹码尚未完全转移，但上方出现了大量超近期筹码，组合形成了多峰形态。这说明还是有不少投资者在上涨过程中抛售兑利，但低位持仓的投资者依旧坚定看好。

第3章 筹码分布波段买卖分析

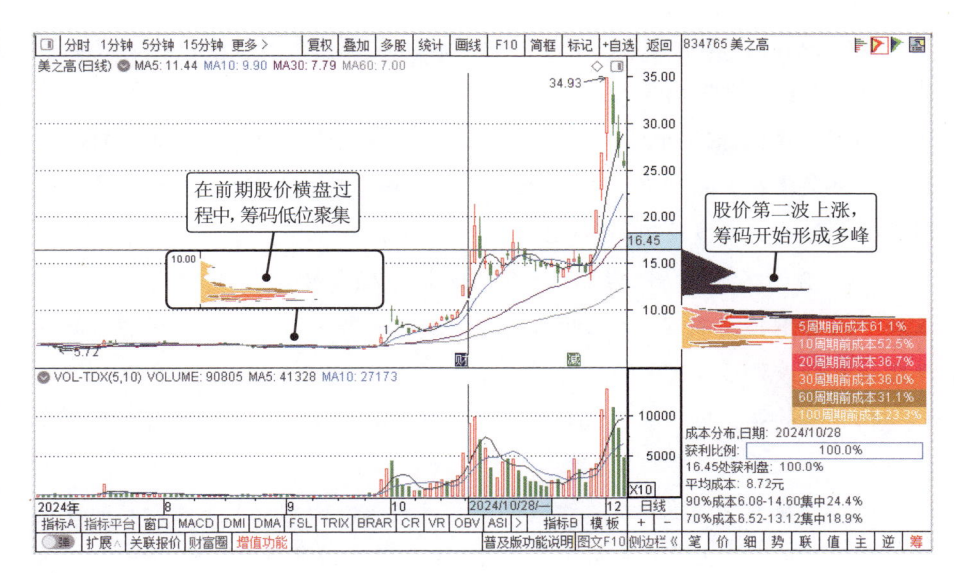

图3-8 美之高2024年7月至12月的K线图（1）

数日后，股价在20.00元价位线上受阻小幅回调，低点落到30日均线附近。在经历了一段时间的震荡后，该股开始了第三波快速拉升。

下面来看一下这段拉升中的筹码表现。

图3-9为美之高2024年7月至12月的K线图（2）。

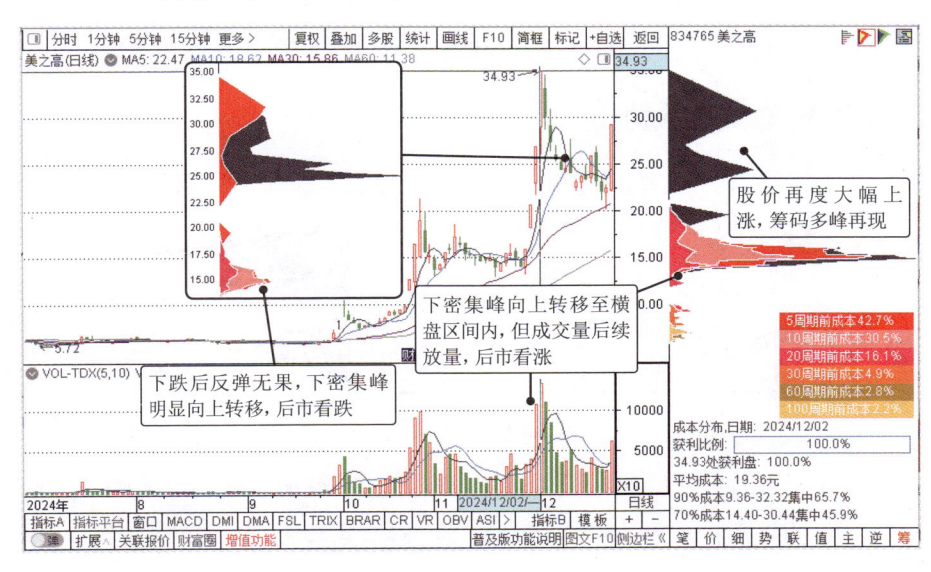

图3-9 美之高2024年7月至12月的K线图（2）

59.

观察图 3-9，在该股第三波上涨的同时，成交量大批放量，推动 K 线多次跳空向上，短期涨幅惊人。

而当价格上涨到 30.00 元价位线上方后，观察此时的筹码分布图可以发现，原来聚集在 8.00 元价位线附近的低位筹码已基本上移到 15.00 元价位线附近，也就是前期该股回调的低位。

根据前面多个案例的经验来看，这是筹码多峰中的下密峰上移的表现。而当价格突破 30.00 元价位线时，这部分筹码依旧坚定，说明市场还是比较看好该股后市发展的。

但可惜的是，股价很快就转势下跌，并且幅度较大，推翻了前面投资者的猜测，这也属于正常现象。

价格的快速转向说明这次该股面临的不是深度回调就是下跌开启，在这种下跌的影响下，大量筹码开始在 25.00 元价位线附近集中交易，15.00 元价位线附近的下密集峰也快速上移，市场获利盘迅速兑利，被套盘也开始止损，投资者可先行出局观望。

3.1.4　下峰锁定，行情未止

下峰锁定指的是在低位形成的单峰并未随着股价的上涨而转移向上，而是一直锁定在低价位区域，如图 3-10 所示。

技术图示 筹码的低位锁定

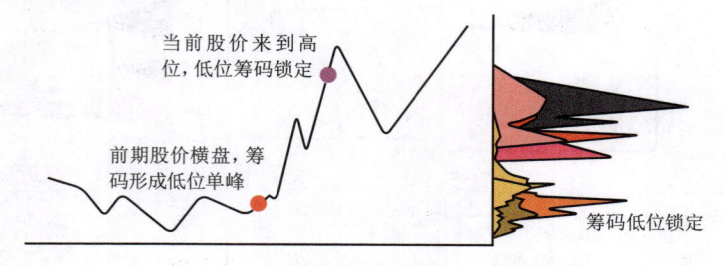

图 3-10　形态示意图

在大多数时候，筹码的低位锁定都是主力前期压价建仓形成的，而价格的持续抬升也在主力的预期之内。当价格达到其出货目标价位时，这部分锁定的筹码才会彻底转移到顶部，预示着下跌到来。

显然，在股价上涨的过程中，投资者如果发现低位区留有那么一批远期筹码锁定不动，是完全可以推断出市场中有主力在参与的，且当前价位尚未达到最高，短期依旧看涨。

不过在上涨行情的回调过程中，低位锁定的部分筹码也可能因为主力回笼资金或分批出货的操作而上移，但不会是全部。虽然后市依旧大概率看涨，但投资者仍旧要保持警惕，必要时适当减仓，避免主力突然清仓导致价格急转直下。

下面通过案例进行实战解析。

实例分析 新莱应材（300260）低位锁定后市看涨

图 3-11 为新莱应材 2022 年 3 月至 8 月的 K 线图。

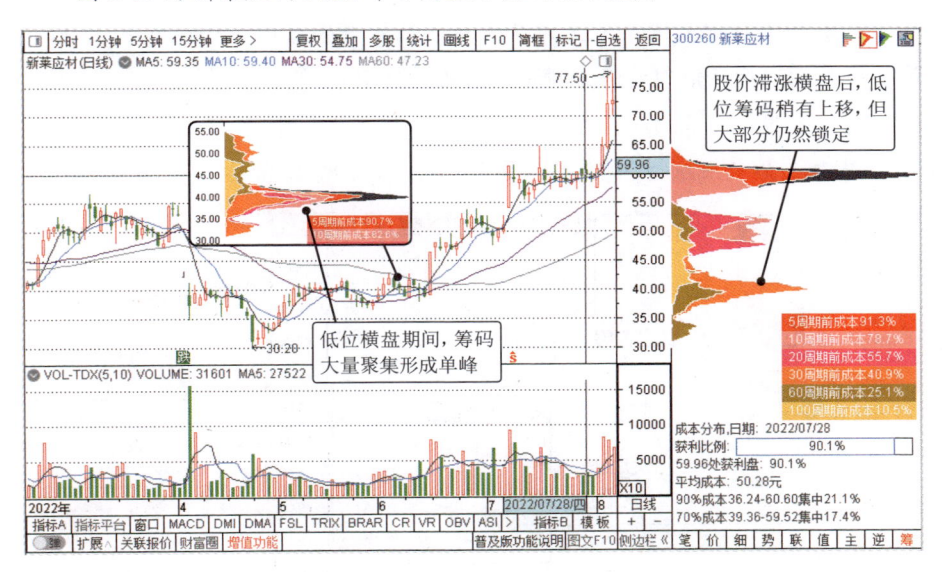

图 3-11　新莱应材 2022 年 3 月至 8 月的 K 线图

从中长期均线的表现可以看出，新莱应材的股价在 2022 年 3 月前期其实是处于上涨的，在 4 月初的下跌应该是一次大幅回调，因此市场中的筹码还是比较活跃的。

在股价低位横盘的过程中，除了在 40.00 元价位线附近聚集起来的近期

筹码分布应用——起涨见顶买卖点分析

筹码外，还有不少来自上方被套的远期筹码，不过这并不影响低位筹码的显著单峰形态。

根据股价回升后突破 30 日均线并带动其扭转向上，以及接近 60 日均线后横盘震荡的表现来看，后市还是有很大上涨机会的，投资者可以先行建仓，等待一波上涨。

6 月中旬，该股收出一根超长阳线，自下而上突破了整个均线组合。最高点甚至也突破了 45.00 元价位线，宣告着一波强势拉升的到来，这时一直处于观望的投资者可以介入。

后续随着股价的持续上涨，低位筹码开始不断向上转移。当价格上涨到 60.00 元价位线附近受阻后横盘的后期，在筹码分布图中显示，尽管有大量筹码已经上移到当前价位线附近，但是在 40.00 元价位线附近依旧锁定着大量的远期筹码。

这说明市场中大概率有主力在参与，且其筹码有不少就集中在 40.00 元价位线附近，后市依旧看涨，投资者可继续持有。

接下来观察该股后期走势。

图 3-12 为新莱应材 2022 年 5 月至 11 月的 K 线图。

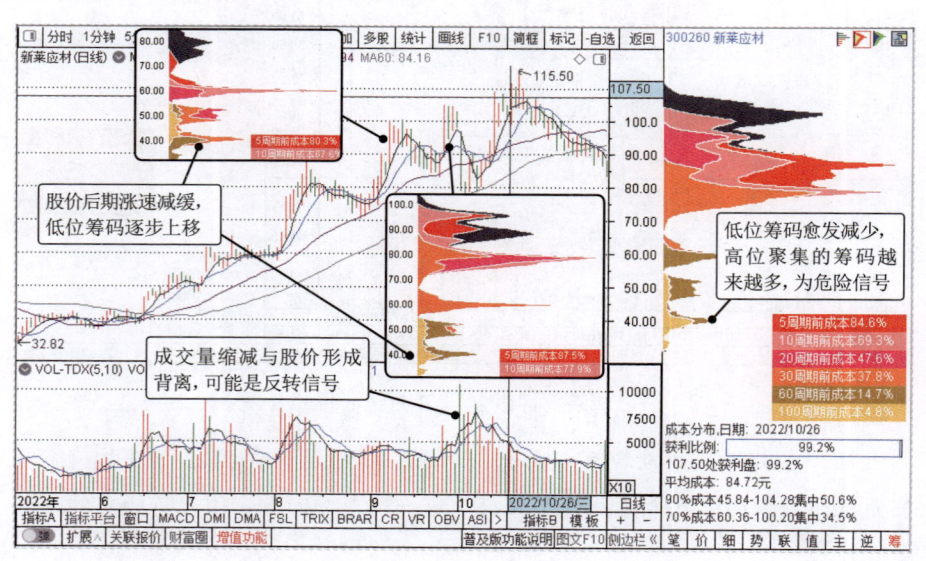

图 3-12　新莱应材 2022 年 5 月至 11 月的 K 线图

从图 3-12 中可以看到，在进入 8 月后不久股价就回归上涨，且涨速较快，一直到 90.00 元价位线附近才受阻回调。

8 月底，股价踩在 30 日均线上得到支撑后形成了又一波拉升，这一次的高点形成在 100.00 元价位线附近。在价格滞涨的同时，观察筹码分布图可以发现，在 40.00 元附近聚集的低位筹码依旧处于锁定状态，只有少部分上移，因此投资者还是可以继续看涨。

到了 9 月底，该股形成的又一波上涨成功突破了 100.00 元价位线，但也只是小幅突破而已，说明 100.00 元价位线是一条关键压力线，且股价上涨动力稍有不足。

这时再来观察筹码分布图，在 40.00 元价位线附近聚集的低位筹码有了更明显的上移，说明主力可能已经开始出货。再加上此时的成交量表现不佳，市场支撑动力不足，后市比较危险，投资者要保持警惕。

进入 10 月后，股价进行了又一波拉升，这一次虽然成功突破了 110.00 元价位线，但筹码分布图中的低位筹码愈发减少，反而上方的筹码聚集得越来越多，且有不少黑色近期筹码在 110.00 元价位线附近交易。说明这大概率是主力出货导致的，察觉到危险的投资者要尽快卖出，以免高位被套。

3.2 下跌趋势止损与抢反弹

下跌趋势的开启意味着出货和止损时机的到来，不过其间的一些反弹也能够帮助投资者冲抵部分损失，甚至实现反向盈利。但在这种走势中操作的风险就大多了，投资者即便在充分利用筹码分布信息和其他市场信号的前提下，也务必小心谨慎。

3.2.1 高位单峰跌破需止损

高位单峰是股价上涨到高位出现滞涨后形成的，筹码会聚集在当前价位线附近形成一个显著的山峰，如图 3-13 所示。

一般来说，筹码高位单峰的成因都是股价回调或震荡，导致投资者集中在此区域内交易。至于后市股价是会踩在该单峰的基础上继续拉升，让

筹码分布应用——起涨见顶买卖点分析

这一高位单峰转变为下一波上涨的支撑，还是在不久之后跌破单峰的下边线进入下跌，都要根据实际情况来进行具体分析。

技术图示 股价跌破筹码高位单峰

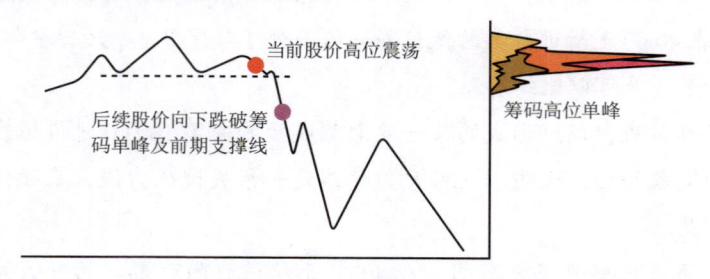

图 3-13　形态示意图

具体分析什么呢？投资者需要重点关注的就是成交量的表现及其他指标的涨跌情况，借此来配合筹码分布图，综合得出结论后再进行决策更佳。

下面通过案例进行实战解析。

实例分析 金刚光伏（300093）跌破高位单峰需卖出

图 3-14 为金刚光伏 2023 年 10 月至 2024 年 2 月的 K 线图。

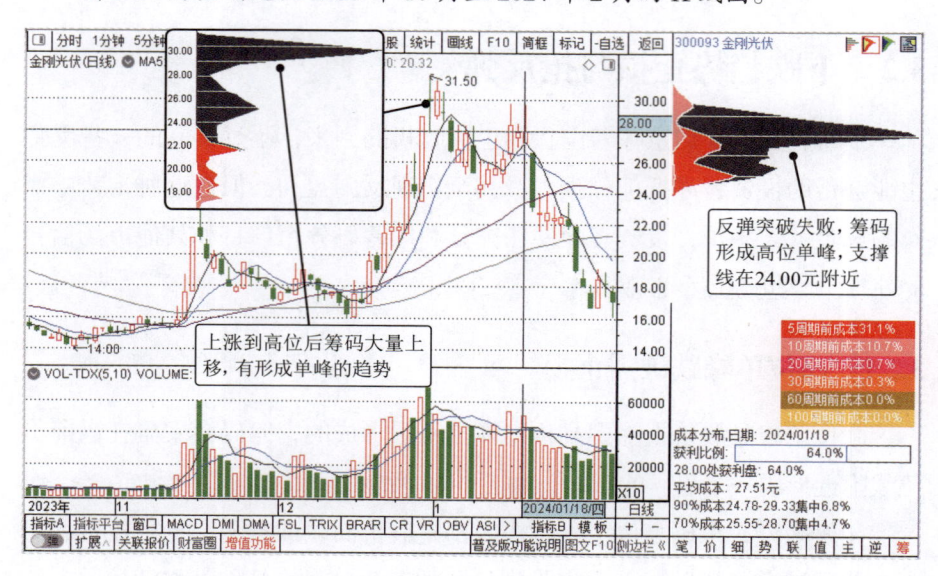

图 3-14　金刚光伏 2023 年 10 月至 2024 年 2 月的 K 线图

接下来看一下金刚光伏的股价走势，价格于 2023 年 10 月底在 14.00 元价位线上触底后进入上涨，并在 11 月中旬左右成功突破两条中长期均线，扭转向上，形成一波强势拉升，催促场外投资者迅速跟进。

虽然在小幅突破 22.00 元价位线后，股价又一次深度回调，但是低点没有跌破前期低点，而是踩在 60 日均线上得到支撑后重拾升势，一鼓作气冲上了 30.00 元价位线。

在股价创出新高的当日，筹码分布图中显示有大量近期筹码聚集在当前价格附近，有形成高位显著单峰的趋势，投资者要注意抛压集中导致股价转势下跌的风险。

在后续数日中，股价确实开始转势下跌，跌速比较快。同时，成交量明显缩减，说明该股可能会进行一波深度回调甚至是直接结束此次上涨，机警的投资者已经开始卖出止损。

在 2024 年 1 月上旬，股价落到 24.00 元价位线附近后形成了一波快速反弹，高点甚至已经接近 30.00 元价位线。然而也并没能突破成功，该股后续很快回归到下跌走势中。

观察这个时候的筹码分布图可以发现，前期的低位筹码几乎已经全部消失不见，转而在 28.00 元价位线附近聚集成了一个显著的单峰，下边缘大致在 24.00 元价位线附近。

若后续该股跌破该支撑线，将是极为危险的看跌信号。而在次日，股价就以一根长阴线跌破该支撑线，警告着市场中的投资者及时撤离，以免遭受更重的损失。

接下来观察股价下跌到后期的筹码表现。

图 3-15 为金刚光伏 2023 年 12 月至 2024 年 4 月的 K 线图。

从图 3-15 中可以看到，股价下跌到 22.00 元价位线附近后，筹码分布图中显示大量筹码已经开始向下发散。在强大抛压的限制下，股价很难形成有效的上涨，投资者不能继续停留了。

该股在后续一直下跌到 16.00 元价位线附近才止跌横盘，在成交量小幅放大的支撑下形成一波反弹，但高点也没能突破 22.00 元价位线。

此时观察筹码分布图中的情况可以看到，有大量筹码聚集到当前价格附

筹码分布应用——起涨见顶买卖点分析

近，说明借反弹机会止损的投资者不少，前期尚未卖出的投资者也可以抓住此次机会。

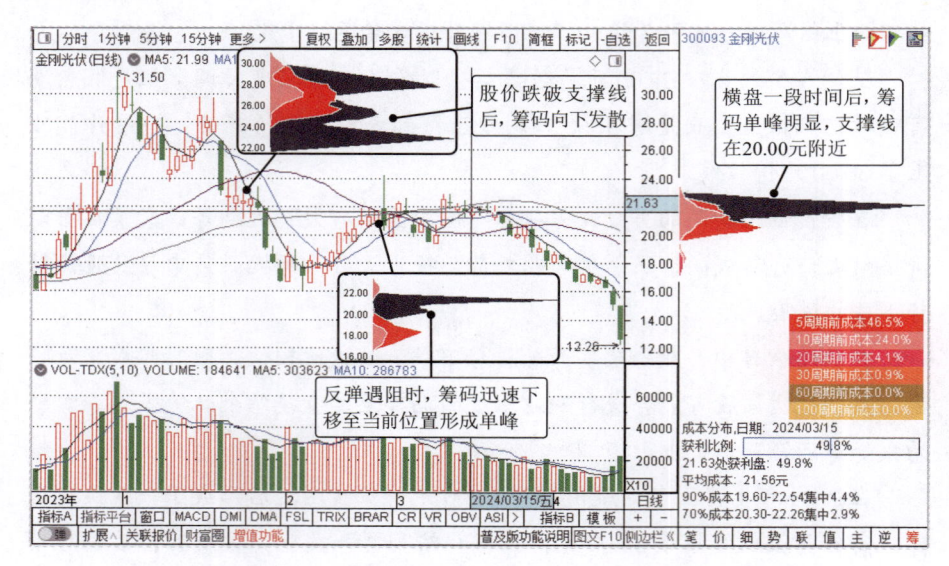

图3-15　金刚光伏2023年12月至2024年4月的K线图

随着横盘的持续进行，再看筹码分布图可以发现，在前期股价反弹上涨的过程中买进的低位筹码也基本转移向上，高位单峰更加明显，且下边缘在20.00元价位线附近。

这说明兑利盘出货完毕，前期被套盘也大量抛售，变盘时机即将来临，投资者要注意观察方向。不过从成交量的持续缩减表现来看，该股变盘向上的可能性不大。

若是股价向下跌破了20.00元价位线的支撑，基本就可以确定后市的下跌行情了，场外投资者没有必要再介入。

3.2.2　下跌双峰迅速撤离

筹码下跌双峰是在股价下跌过程中形成的特殊形态，在分布图中会显示为两座显著的单峰，如图3-16所示。

筹码下跌双峰的出现意味着随着价格的下跌，有很大一部分被套筹码仍旧留在高处不肯出手。那么当价格落到某一位置止跌横盘或是反弹时，这部分筹码就很可能借机迅速出逃，导致场内出现巨大的抛压，股价很难形成有效的突破，因此整体信号看跌。

技术图示 筹码下跌双峰的卖点

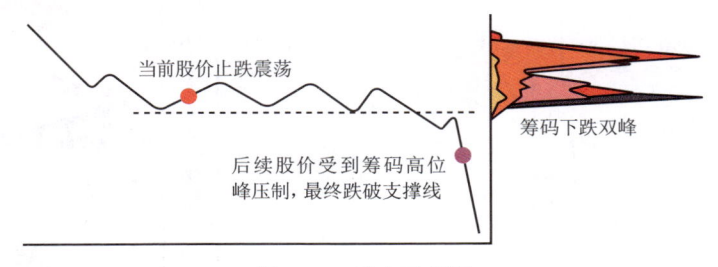

图3-16 形态示意图

不过在这种下跌走势中，就算投资者不依靠筹码下跌双峰来分析，也应当及时认识到跌势的严峻，进而迅速卖出止损。

筹码下跌双峰更多起到的是对被套投资者的深度警示作用，当价格向下跌破低位峰的下边缘时，还没有离场的投资者就必须抓紧时间了，否则可能将面临更大的损失。

下面通过案例进行分析。

实例分析 创维数字（000810）筹码下跌双峰的卖点分析

图3-17为创维数字2023年1月至5月的K线图。

来看创维数字的这段走势，在2023年4月之前，该股长期处于上涨走势中，只是震荡幅度比较大。但是投资者可以明显看出，其低点是在逐步上移的，因此涨势比较稳定，大量投资者受到吸引进入场内。

4月上旬，股价在22.20元的位置触顶后开始反转下跌，并且刚开始下跌的跌速就非常快。在一路向下击穿30日均线和60日均线后，股价来到了16.00元价位线附近横盘震荡。

观察震荡初期的筹码分布图可以发现，由于股价下跌速度过快，大部分的上方筹码都没有向下转移，市场中的亏损比例非常大。不过也有一些反应快的投资者已经在止跌横盘的过程中迅速卖出股票，因此，在16.00元价位线附近聚集起了一个近期黑色筹码峰，与前期高点附近的筹码结合形成了下

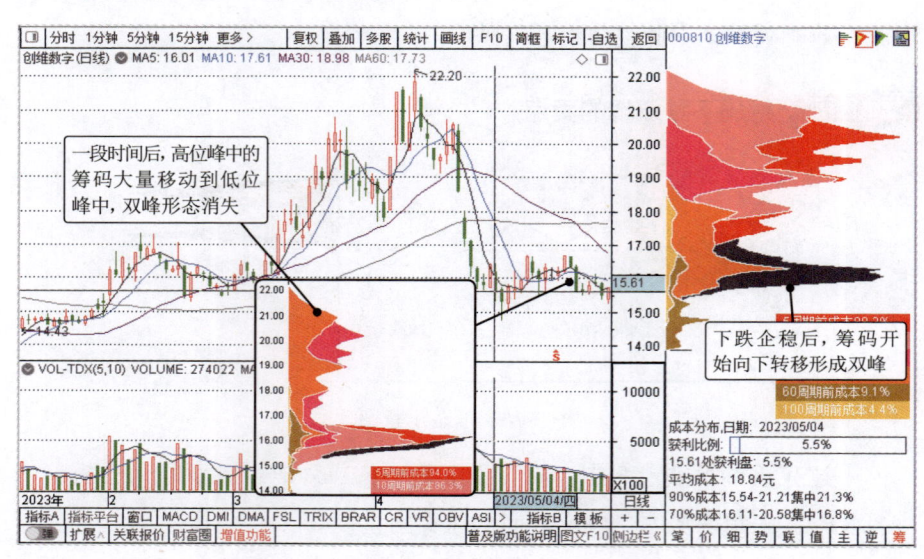

跌双峰形态，传递出清晰的看跌信号。

图3-17 创维数字2023年1月至5月的K线图

而在股价震荡一段时间后再来看筹码分布图可以发现，上方被套的筹码开始大量向下转移到当前价位线附近。这说明市场中的抛压在急剧增大，受此影响，股价将很难有更好的表现，投资者最好先行离场观望。

下面再来看后续走势。

图3-18为创维数字2023年5月至9月的K线图。

横盘震荡一直持续到6月初，随着市场中的成交量大幅放大，股价毫无预兆地上涨，并成功突破了两条中长期均线。

股价在下跌后能有如此的涨势，基本可以断定是主力在操作。而在距离前期高点如此近的位置推涨，很有可能是其二次推高出货的手段。因此，投资者需要保持警惕，并且观察筹码分布图的表现。

在价格突破20.00元价位线之后，筹码分布图中出现了一个清晰的双峰形态。但这明显不是前期的下跌双峰，因为前面的下跌双峰早已经消失不见。这里的双峰，高位峰是最近形成的，说明有大量筹码在高处交易。结合投资者前期对主力出货的推算来看，很可能就是主力大量卖出造成的。

因此，这个双峰既不是上涨双峰，也不是一般情况下因股价下跌形成的下跌双峰，而是一种在特殊位置形成的特殊形态，传递的是股价短期拉升后即将再次急跌的警示信号。

从这里投资者也可以看出，不同的形态出现在不同的行情中时，可能会有不同的分析结果，投资者要注意灵活应用。

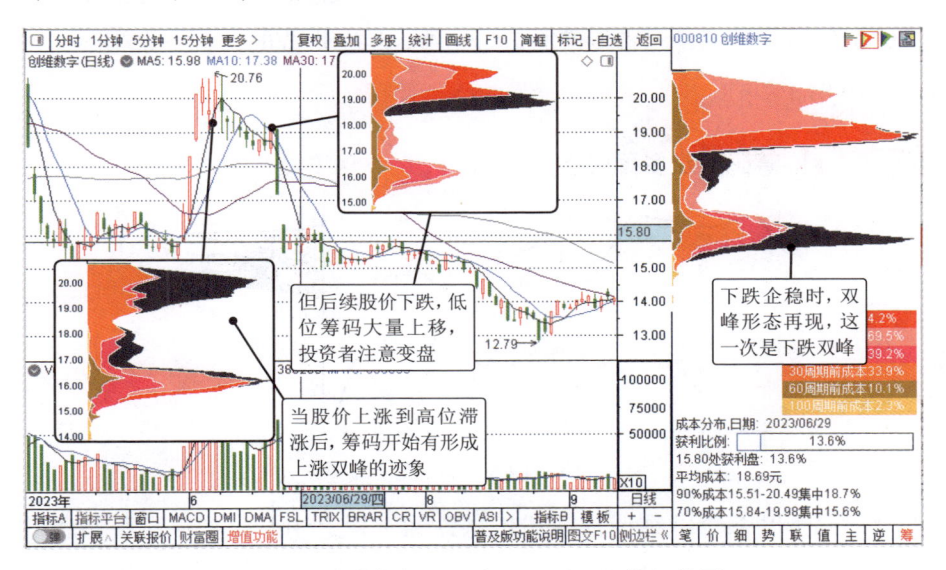

图 3-18　创维数字 2023 年 5 月至 9 月的 K 线图

再回到 K 线图中看后期的走势。6 月下旬，股价下跌到 19.00 元价位线附近后再次横盘。观察这时的筹码分布图可以发现，下方的筹码开始大量向上转移，双峰逐渐消失。

如果放到上涨行情中，这可能是市场正在积蓄力量，股价即将向上变盘的征兆。但是经过前面的分析，投资者应该明白主力可能已经出货完毕，后续股价即将大幅下跌，因此需要及时卖出。就算判断失误，股价能够继续上涨，投资者也可以在后续重新买进。

不过从后市的表现来看，该股确实是出现了急跌，并且在数日后落到了 16.00 元价位线附近。这时再看筹码分布图可以发现，又出现了一个双峰，并且其中的低位峰是新形成的，说明上方筹码又开始大量向下转移。

这可能是市场中的部分投资者开始反应过来自己踩中了主力的陷阱，于是迅速卖出，降低一些损失。而该股后续行情短时间内大概率也不太值得参与，投资者可另寻他股对冲损失。

3.2.3 下跌多峰持续走弱

筹码的下跌多峰与下跌双峰一样，都是在股价持续下滑的过程中形成的特殊预警形态，二者传递的信号一致，只是形成的位置不太相同，如图 3-19 所示。

技术图示 筹码下跌多峰形态

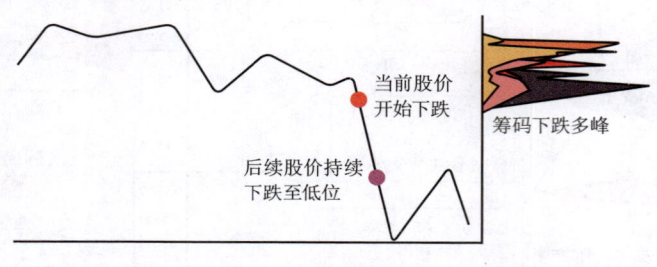

图 3-19 形态示意图

筹码下跌多峰往往出现在股价下跌的过程之中，比如横盘震荡后期向下的跌破，或是股价顶部反转之后。在这些位置，高位还聚集着不少筹码，另一些筹码则随着价格的下行而逐步向下发散，进而形成锯齿状的下跌密集多峰形态。

而其中高位聚集的筹码峰会对股价形成与下跌双峰中的高位峰一样的压制效果，导致价格很难形成有效突破。因此，投资者在遇到这种形态时，最好迅速撤离，等到有足够好的投资机会时再跟进。

实例分析 大港股份（002077）筹码下跌多峰早日离场

图 3-20 为大港股份 2022 年 11 月至 2023 年 4 月的 K 线图（1）。

从图 3-20 中可以看到，大港股份的股价正处于涨跌趋势转变的过程中。在 2022 年 12 月中旬，股价创出 24.00 元的最高价后迅速反转向下，落到 30 日均线附近得到支撑，随后形成了一波小幅反弹。

但可惜的是，这次反弹没能有效突破前期高点，甚至连 22.00 元价位线都没能接近，而且成交量也没有放大，可见该股上涨还是比较困难的。这个时候投资者就要开始注意借高卖出了，场外投资者则不能立即介入，毕竟还不清楚该股后市表现如何。

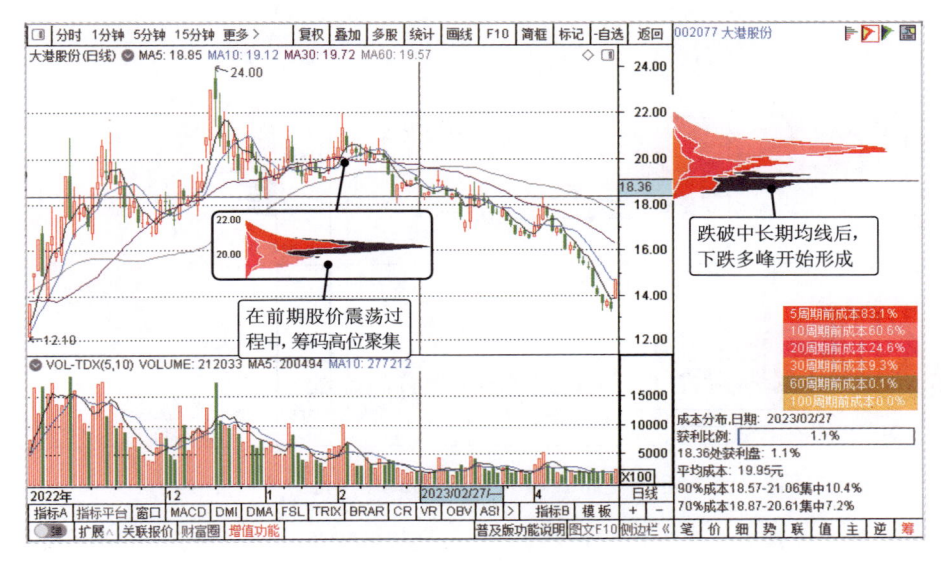

图 3-20　大港股份 2022 年 11 月至 2023 年 4 月的 K 线图（1）

2023 年 1 月底，股价再次向下落到了 60 日均线上形成了又一波反弹，但这一次也没能接近前期高点。而随着 30 日均线的走平及 60 日均线的向上靠近，股价很有可能在不久之后就出现变盘，选择一个方向前进。而这个方向根据下方成交量表现来看，很有可能是向下的。

再看这个时候的筹码分布图可以发现，市场中的大部分筹码都已经聚集到当前震荡区间内，形成一个显著的高位单峰。结合前期股价数次反弹无果的表现来看，价格很有可能会沿着前期投资者推测的方向向下运行，因此谨慎型投资者要注意卖出了。

2 月下旬，该股凭借两根长实体阴线向下击穿两条中长期均线后，落到 18.00 元价位线附近，并且短期形成的反弹没能突破这两条压力线。观察这个时候的筹码分布图可以发现，上方筹码有部分开始向下转移，下跌多峰逐渐形成。

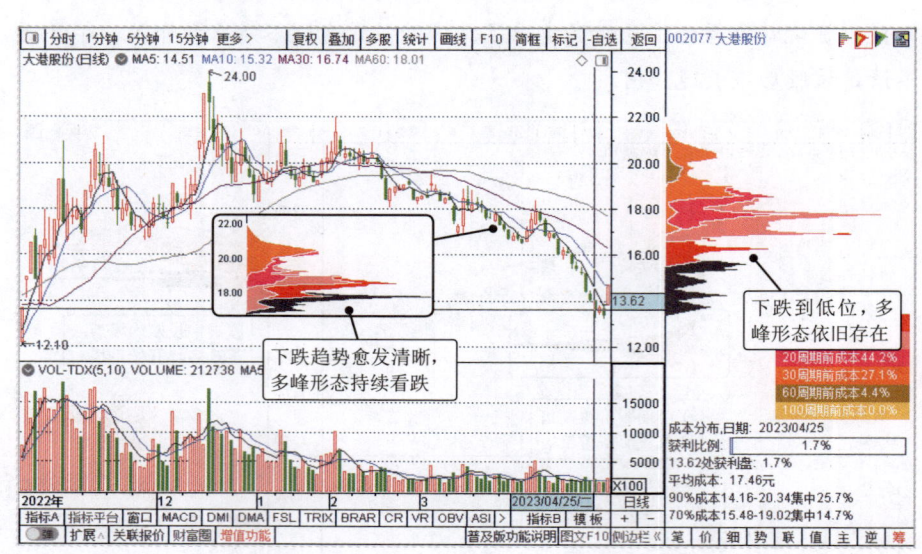

图 3-21 为大港股份 2022 年 11 月至 2023 年 4 月的 K 线图（2）。

图 3-21　大港股份 2022 年 11 月至 2023 年 4 月的 K 线图（2）

到了 3 月底，股价已经跌到 17.00 元价位线附近。这个时候的筹码分布图中，上方震荡区间内的高位筹码向下转移了不少，但也没有在下方聚集起来，而是随着股价的多次反弹形成锯齿状的下跌多峰。

再来看后续走势，当时间来到 4 月底，股价已经跌破 14.00 元价位线，相较于前期 24.00 元的高点来说，造成的损失还是非常大的。

这个时候的筹码分布图中上方依旧有不少筹码被套不愿意出手，而下方的多峰形态依旧存在，短时间内跌势可能还是会继续下去，即便有反弹也不会突破前期高点。

3.2.4　上峰锁定，下跌未止

筹码上峰锁定很好理解，就是在股价下跌的过程中，在高位聚集起来的筹码没有及时向下发散，而是保留在原处，对下方价格形成长期压制，如图 3-22 所示。

这些锁定起来的筹码只要长期存在，就会限制股价的发展，尤其是当股价反弹到接近前期高点附近时，上方止损撤离和下方获利卖出的抛压聚集起来会对价格形成夹板压制，突破将变得更加困难。

技术图示 高位筹码不移

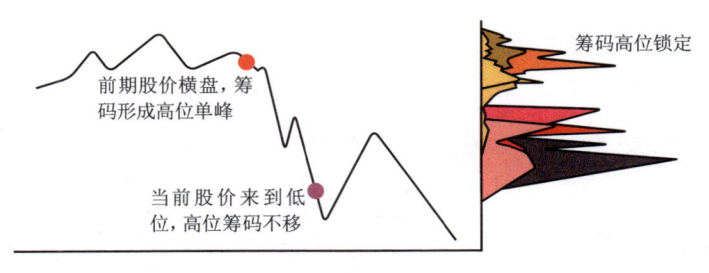

图 3-22　形态示意图

因此，对于中长线投资者来说，筹码上峰锁定造成的威胁更大，而短线投资者还是有机会在其中抢反弹的，只是要注意风险。

实例分析 创维数字（000810）下跌期间筹码高位锁定

图 3-23 为创维数字 2023 年 11 月至 2024 年 3 月的 K 线图。

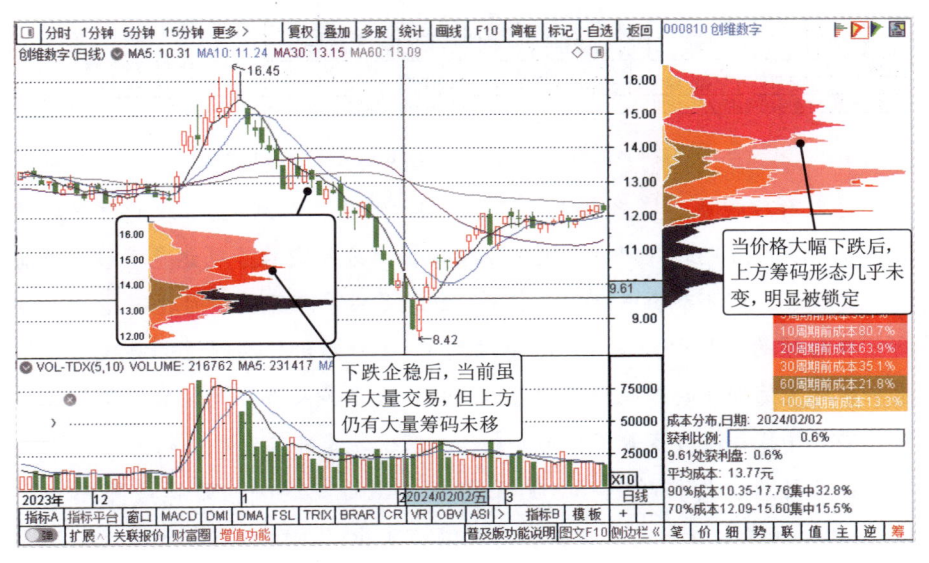

图 3-23　创维数字 2023 年 11 月至 2024 年 3 月的 K 线图

在创维数字的这段走势中，股价从 16.45 元的最高处向下滑落，下跌趋势十分稳定，且速度也比较快。

筹码分布应用——起涨见顶买卖点分析

当其下跌到 13.00 元价位线附近时，筹码分布图中显示在高位聚集着大量筹码。而当价格落到 10.00 元价位线附近时再看筹码分布图，发现这部分被套的高位筹码几乎没有移动，说明这部分筹码处于高位锁定状态，后市股价反弹的高度可能受限。

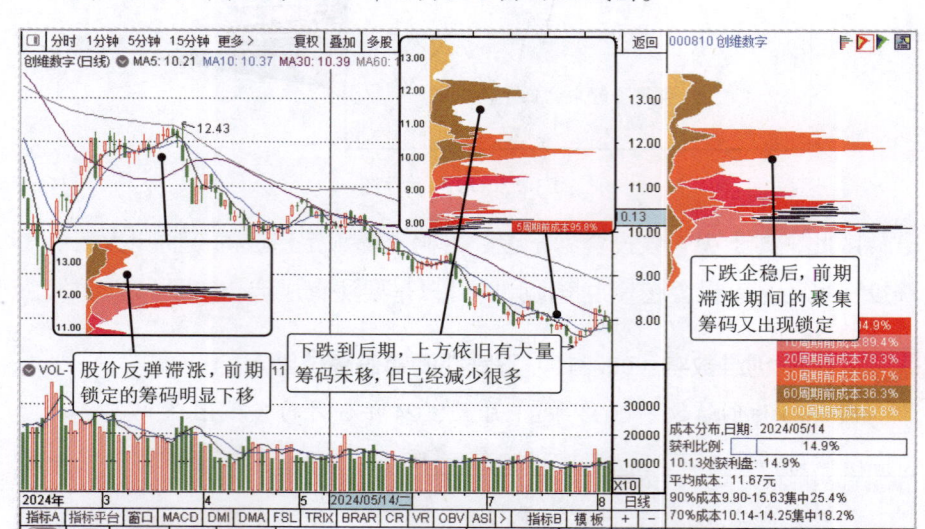

图 3-24 为创维数字 2024 年 2 月至 8 月的 K 线图。

图 3-24　创维数字 2024 年 2 月至 8 月的 K 线图

再来看后面的走势，2024 年 3 月中旬，股价上涨到 12.43 元的位置后停滞不前。观察近期的筹码分布图可以发现，上方锁定的筹码大量下移到当前价位线附近，可见市场中抛压非常大，这也是股价滞涨的原因之一。

在后续的走势中，股价一路下滑到了 10.00 元价位线附近并再次横盘震荡。观察震荡期间的筹码分布图可以发现，在前期反弹的高位又聚集起了一批筹码，并且并没有随着下跌而分散，说明这还是一批锁定筹码。

在 7 月底，价格跌到了 8.00 元价位线附近。这时的筹码分布图中，12.00 元价位线上依旧有许多被套筹码没有卖出，该股后市表现堪忧，投资者不用再停留。

第4章
借筹码分布看K线形态

K线图中的特殊K线形态是投资者在实战中需要特别关注的分析对象，若能将其与筹码分布图结合起来，投资者对市场中主力仓位情况和买卖力量对比的判断将会更加准确，盈利可能性也会随之提高。

4.1 底部K线形态与筹码分布

利用位于底部的K线形态寻找买入时机是非常关键的一环，这关系到投资者的初始成本。当然，在寻找抄底机会的同时，也不能忘了筹码分布的作用。下面选择一些常见的底部K线形态来与筹码结合进行分析。

4.1.1 底部多方炮，上涨双峰

多方炮形态也叫两阳夹一阴，由三根K线构成，前后两根分别是实体较长的阳线，中间一根则是实体相对较短的阴线，且阴线实体的上下两端需要与前后两根阳线的实体至少有一端齐平。

而当多方炮出现在下跌底部或者阶段底部时，往往意味着股价回调或者下跌暂缓，即将转入下一波上涨之中。若是筹码能在这时形成上涨双峰形态，或是有形成上涨双峰的趋势，就说明下方仍有大量获利盘保持看涨，投资者可以尝试跟进，如图4-1所示。

技术图示 多方炮与上涨双峰的看涨点

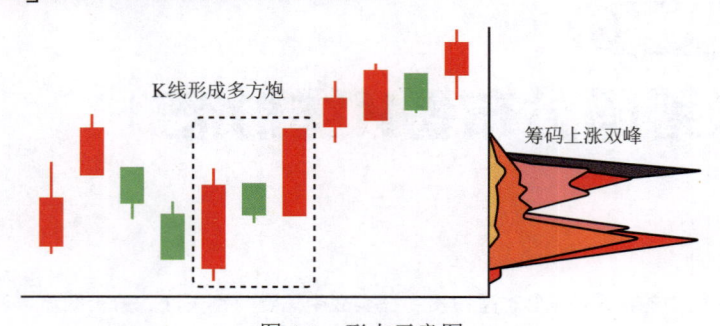

图4-1　形态示意图

一般来说，要形成这种状态，股价往往是处于上涨行情之中，且前期已经在某一位置横盘过，这才能使得一部分筹码聚集在较低的位置形成密集峰。

待到价格回调完毕二次上涨时，其中一部分筹码会开始向上转移交易，由此形成上涨双峰形态。随着后续价格的上涨，形态中的下密集峰可能会

第 4 章 借筹码分布看 K 线形态

逐步向上发散，在下一次回调期间形成又一个上涨双峰。

当然这也不是绝对的，如果低位密集峰持续锁定，那么当下一次回调结束时，这部分筹码可能还是不会上移，下一次的上涨双峰也就无从谈起。但这种形态反而更能证实投资者的看涨推测，说明下方可能有大量的主力筹码在等待出货时机，投资者可继续持有，但一定要注意高位风险。

接下来通过一个案例进入实战演练。

实例分析 海澜之家（600398）底部多方炮 + 上涨双峰

图 4-2 为海澜之家 2023 年 4 月至 7 月的 K 线图。

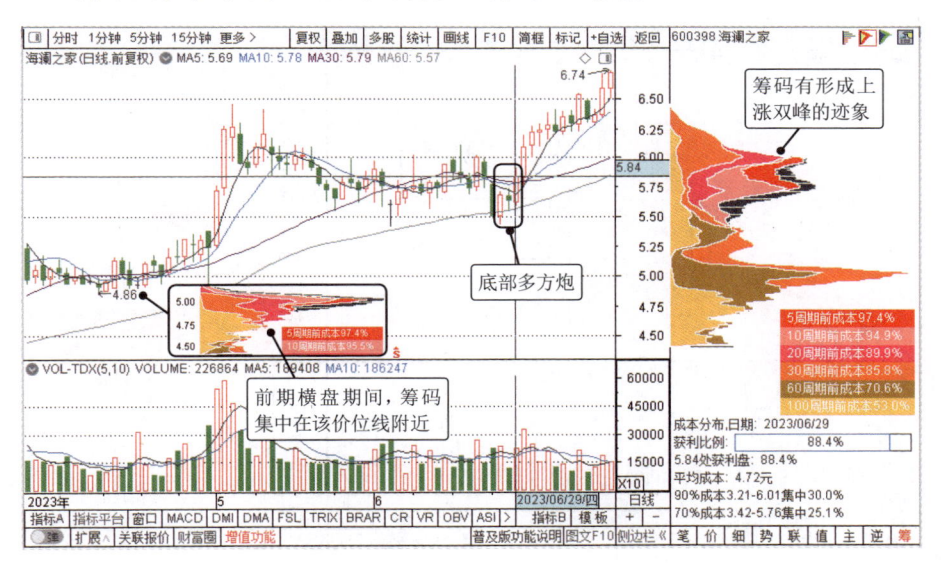

图 4-2　海澜之家 2023 年 4 月至 7 月的 K 线图

来看海澜之家前期的股价走势，在 2023 年 4 月期间，该股上涨到了 5.00 元价位线附近后开始回调横盘整理。在整理期间，筹码大量聚集到当前价位线附近，不过下方也还是有部分获利盘尚未完全转移，后市仍旧看好，投资者可保持观望。

在 4 月底，该股开始上涨，并于 5 月初形成两次突兀地拉升，价格一路上冲到 6.50 元价位线下方不远处。不过后续股价也没能立即实现突破，而是很快回落到 30 日均线附近，并在 5.75 元价位线附近横盘震荡。

当时间来到6月底，持续上移的60日均线离K线已经非常近了，且在两者产生接触之后，K线开始收阳上升，并在底部形成了一个多方炮形态。

观察形态中第三根K线形成时的筹码分布情况可以发现，前期5.00元价位线附近的低位筹码依旧保持聚集，且数量较多。而随着价格的上涨，在当前价位线附近聚集的筹码也不少，二者结合形成了一个上涨双峰的形态。

很明显这是一个看涨信号，再加上股价在后续有连续收阳向上突破前期压力线的趋势，投资者完全可以在上涨过程中迅速介入或是加仓。

下面来看后市发展如何。

图4-3为海澜之家2023年5月至10月的K线图。

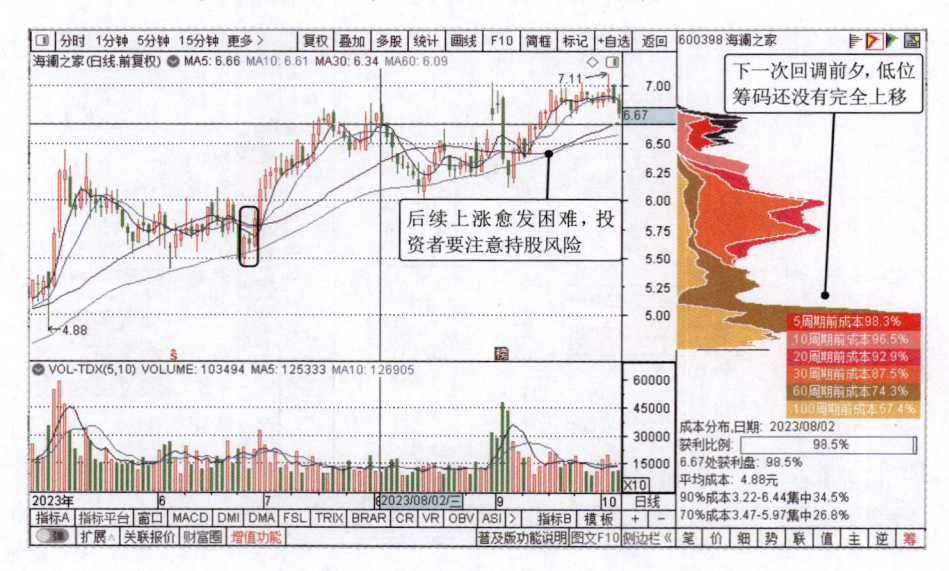

图4-3　海澜之家2023年5月至10月的K线图

7月中旬，股价来到6.75元价位线附近受阻后横盘震荡。在第二次向上突破失败后，观察筹码分布图可以发现，这时在5.00元价位线附近聚集的低位筹码仍旧保持着原来的形态，几乎没有改变。

而在5.75元价位线附近聚集的密集峰也没有上移太多，说明市场中有大量高度看好该股后市发展的获利盘存在。根据其数量来看，很有可能就是主力，甚至是多个主力。

再加上中长期均线长期上移，对价格保持支撑，中长线投资者完全可以不理会这种小幅回调。而短线投资者也可以根据每一次的波动来进行分段操作，将收益相对安全地收入囊中。

4.1.2 曙光初现，上峰下移

曙光初现形态由两根 K 线构成，前一根是持续下跌的长实体阴线，后一根则是开始转势上涨的长实体阳线，并且阳线的开盘价需要低于阴线的收盘价，上端则需要深入阴线实体一半以上，仿佛阳光透过乌云。

此时，股价一般都没有表现出明显的转折信号，只是形成了一个预兆而已，因此，在筹码分布图中，上方可能仍旧留存有大量的被套盘。不过，随着价格在当前位置的止跌企稳，甚至是后续的反弹上涨，上方的远期筹码可能会很快向下转移，聚集到当前位置，如图 4-4 所示。

技术图示 曙光初现形成，上峰逐步下移

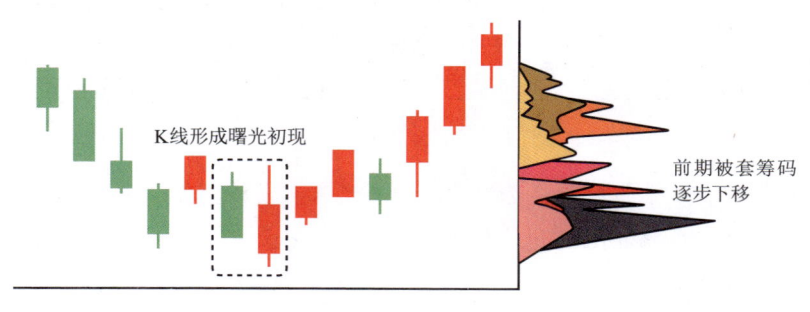

图 4-4　形态示意图

若股价在后续立即出现快速上升，那么筹码还是会向上发散，但是原本处于上方的被套远期筹码会转变为近期交易的筹码。

若股价在上涨一段时间后开始横盘震荡，那么原本处于上方的被套远期筹码就可能会向下转移到震荡区间内，并聚集为一个单峰。而在下方入场的筹码则不会完全上移，毕竟还会有一部分坚定的获利盘会低位持有，等待价格再一次拉升。

此时，激进型投资者已经可以开始买进了，而谨慎型投资者则可以等待股价突破横盘区间之后再跟进，这样会更加安全。

筹码分布应用——起涨见顶买卖点分析

下面通过一个实战案例进行解析。

实例分析 浙江自然（605080）曙光初现+筹码下移

图 4-5 为浙江自然 2024 年 6 月至 9 月的 K 线图。

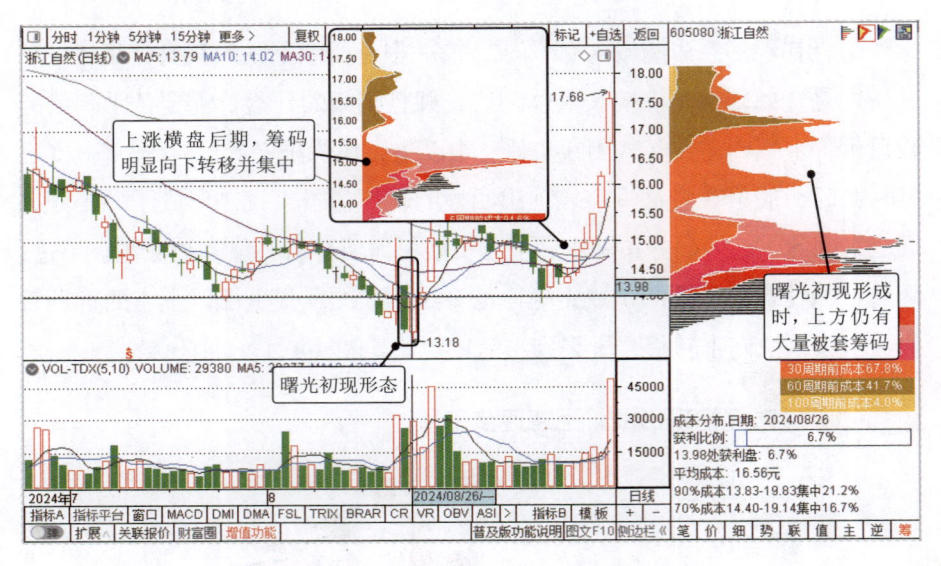

图 4-5　浙江自然 2024 年 6 月至 9 月的 K 线图

从浙江自然前期股价走势中均线的表现来看，该股已经经历了较长时间的下跌，且下跌幅度比较大。在这种熊市中，上方可能有大量被套盘没有来得及卖出或是不甘心卖出。

这对于股价的反弹或是转势来说是很不利的，在自然交易情况下，价格不知何时才能回转。但如果主力介入，时机随时可能到来，投资者要注意观察 K 线特殊形态及筹码的转变。

在 8 月底，该股反弹失败，跌破 14.00 元价位线后先是收出一根实体极长的阴线，次日反转收阳，阳线的开盘价低于阴线收盘价，且阳线的实体上端深入阴线实体一大半，整体完全符合曙光初现形态的要求。

而且成交量在这几日有明显放大，说明市场中有一波大资金注入，很可能是主力，所以，投资者要格外注意这个时候的筹码分布表现。在右侧的筹码分布图中，上方仍有大量的被套盘没有向下转移，这是非常正常的情况，投资者需要观察后续走势才能确定市场中的主力参与程度。

数日之后，价格反弹至60日均线附近，虽然受到压制后再次下跌，但是低点并没有跌破前期，是一个很明显的回转预兆。

这时再看股价止跌企稳后的筹码分布图可以发现，上方的大量被套筹码已经下移到当前震荡位置，聚集形成了一个显著的单峰，且下方提前买进的筹码也没有完全上移，说明市场中已经聚集起了一批看涨力量。

此外，中长期均线也对价格形成了支撑，该股后市有很大可能转为上涨，投资者可根据自己的风险承受能力决定是否再次介入。

图4-6为浙江自然2024年7月至11月的K线图。

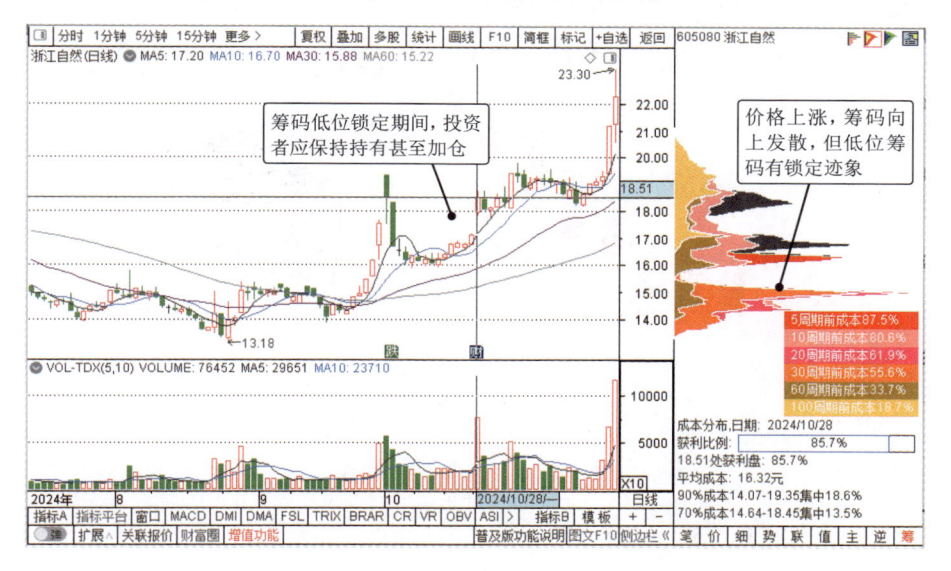

图4-6　浙江自然2024年7月至11月的K线图

来观察后续的走势。股价很快便在9月底出现拉升，第一波上涨冲到了20.00元价位线下方，后续大幅回调至16.00元价位线附近后横盘震荡，并于10月底形成了第二波拉升。

这个时候，在筹码分布图中，在15.00元价位线附近仍有大量筹码聚集并锁定，说明这里大概率有主力的仓位存在，且此次上涨还没有到达尽头，投资者可继续持有，有能力的投资者还可以在每一次回调的低位适当加仓，以抓住后续涨幅。

4.1.3 低位五连阳，筹码发散

低位五连阳的基础形态是五连阳，即五根连续的阳线。注意，这里的五根阳线需要是渐次上移或是整体上移的，在横盘期间出现的走平五连阳线不能称为五连阳。当五连阳形态出现在上涨初期时，就可以称为低位五连阳，它是价格即将进入拉升的看涨信号。

如果在五连阳之前，股价已经有过一段时间的筑底震荡，那么随着价格的上涨，这部分低位筹码可能会很快向上发散开来，如图4-7所示。

技术图示 低位五连阳形成时筹码向上发散

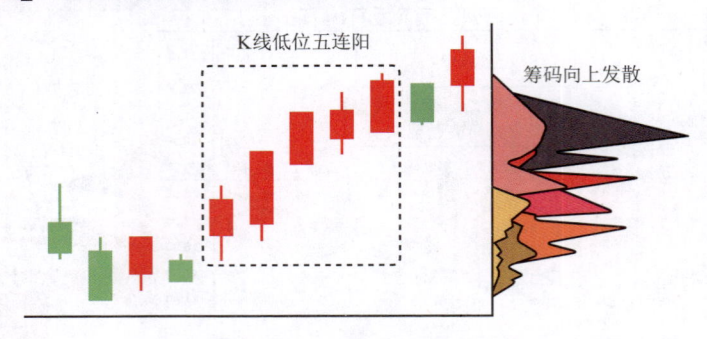

图 4-7　形态示意图

当然，股价也有可能在触底后立即反转向上，此时，筹码也不会这么快开始向上转移。这个时候筹码的具体位置可能就要根据前期股价下跌期间的横盘走势来确定了。

同时，这一个横盘区间及筹码聚集的价位线很可能就是未来股价能否形成强势上涨的判断标准。如果价格在未来能够成功突破这一价位线，且筹码也在后续向上发散，后市上涨空间可能就比较大，投资者也可以抓住时机买进。

下面来看一个真实的案例。

实例分析 德业股份（605117）低位五连阳＋筹码向上发散

图 4-8 为德业股份 2023 年 9 月至 2024 年 1 月的 K 线图。

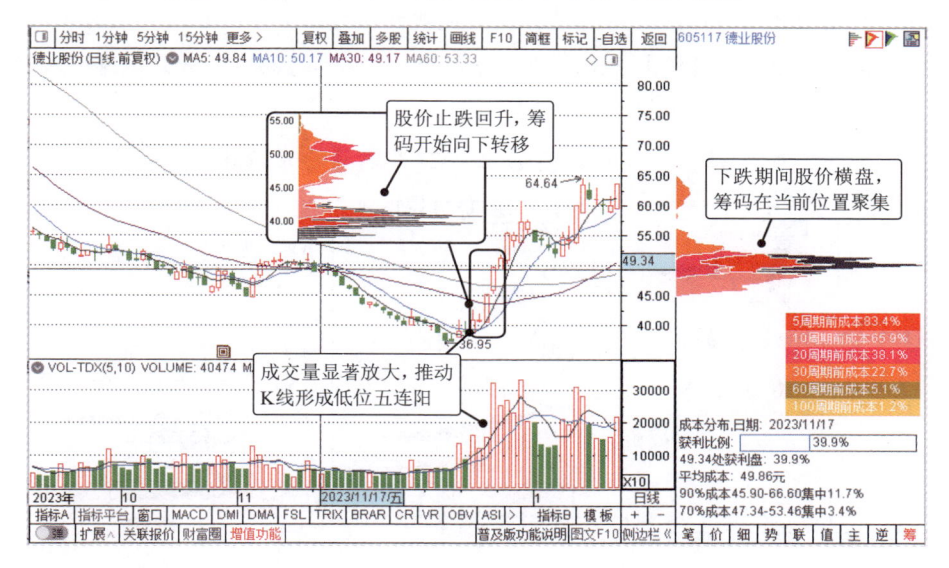

图 4-8　德业股份 2023 年 9 月至 2024 年 1 月的 K 线图

在 2023 年 9 月到 12 月中旬期间，德业股份的股价一直位于中长期均线下方震荡，其间形成的反弹较少。在 11 月上旬该股虽有过一次快速上涨，但最终也没能成功突破压力线，反而在后续形成了更加快速的下跌。

到了 12 月中旬，股价已经跌到 36.95 元的位置，不过好在后续该股在成交量的持续放大下形成了连续的多根阳线。当第五根阳线出现时，股价已然来到 50.00 元价位线处。

而这一价位线也正是前期股价反弹受阻的价位线，观察当时的筹码分布图可以发现，在股价反弹滞涨期间，筹码大量聚集在当前位置，形成一个显著的单峰。

而回看低位五连阳第一根阳线出现时筹码的表现可以发现，虽然在 50.00 元价位线附近聚集的筹码开始向下转移到 40.00 元价位线附近，但上方仍有大量留存。

当股价上涨到这一价位线附近时，可能会受到来自上下两方的夹板抛压限制进而停止上涨。这个时候，后续股价的表现及市场的推涨动力就是投资

筹码分布应用——起涨见顶买卖点分析

者是否能够介入盈利的关键。

值得庆幸的是，K线在突破该价位线之前就已经形成了低位五连阳，且在形态成型之后仍旧保持着上升，成功突破到压力线上方，后续回调时又得到支撑继续上涨，表现出了清晰的买进信号，还未参与的投资者需迅速进入。

下面来看后续的走势。

图4-9为德业股份2023年12月至2024年5月的K线图。

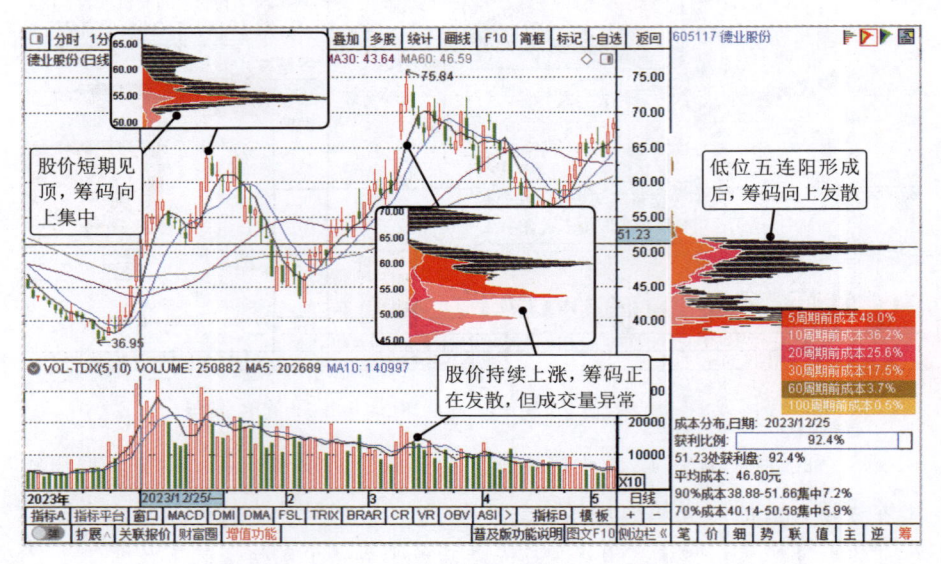

图4-9　德业股份2023年12月至2024年5月的K线图

可以看到，在低位五连阳出现后，筹码分布图中显示低位筹码逐步向上发散，市场活跃度较高，上涨动力充足，证实了投资者前期的猜测。

该股的第二波上涨在65.00元价位线附近受阻，这时在筹码分布图中，下方50.00元价位线附近的筹码大量上移到当前价位线附近，集中成了一个显著的单峰。

这一单峰既可能是推动股价未来拉升的看涨力量，也可能是阻碍股价进一步上涨的抛压，具体还需根据后市表现来分析。

数日之后，价格开始向下滑落，并在2月初跌到45.00元价位线下方。虽然短期跌幅较大，但好在没有跌破前期低点。

后续价格就形成了第三波上涨，这一波上涨是幅度最大的，价格一路抬升到 75.00 元价位线上方才反转向下。而在持续上涨期间的筹码分布图中，筹码大量向上分散，形成了密集多峰形态，说明当前市场交投十分活跃。

观察下方成交量可以发现，此时的量能表现明显不如前期，与价格形成了量缩价涨的背离。这说明市场推动力稍有不足，这一部分活跃交易的筹码不能再为股价提供更好的上涨支撑。再加上后续价格有回调迹象，已经赚取了足够收益的投资者最好先行卖出，避开这一波下跌。

4.1.4　V 形底，低位锁定

V 形底是一种比较特殊的低位筑底形态，它需要股价在短时间内快速下跌到某一位置后立即被拉起，回升到前期某一压力线附近后受阻横盘震荡，并于某一时期成功向上突破这一压力线，形成一个清晰的尖底。

一般来说，前期股价下跌速度越快，这种 V 形底就越可能是主力刻意压价形成的，目的是趁机吸取低位筹码，待到仓位足够后开启新的行情。因此，在后续的上涨过程中，筹码可能会出现低位锁定状态，这是主力仍旧在等待出货时机的表现，如图 4-10 所示。

技术图示 | V 形底出现，筹码低位锁定

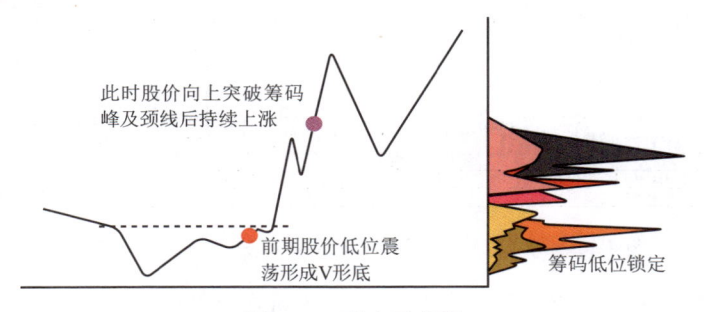

图 4-10　形态示意图

V 形底的压力线是它的颈线，也就是股价刚开始出现快速下跌的价位线。只有当后续价格成功突破这一压力线，V 形底才能宣告成型，投资者也才能利用这一形态进行分析。

虽然说主力会利用这种快速的下跌低位吸筹，但基本不可能在此期间

筹码分布应用——起涨见顶买卖点分析

建立全部的仓位。这只是一种补充，大量的筹码已经在前期股价下跌的过程中被吸纳完毕了。

因此，当V形底成型，价格开始上涨，低位锁定的筹码很可能是前期股价横盘期间聚集起来的筹码，投资者要注意分辨。不过，无论筹码锁定在何种位置，都不影响投资者的判断，只要这部分筹码没有快速向上转移，投资者就可以继续持有，跟随主力的步伐看涨盈利。

下面通过一个案例进行案例分析。

实例分析 新乡化纤（000949）V形底＋筹码低位锁定

图4-11为新乡化纤2023年12月至2024年4月的K线图。

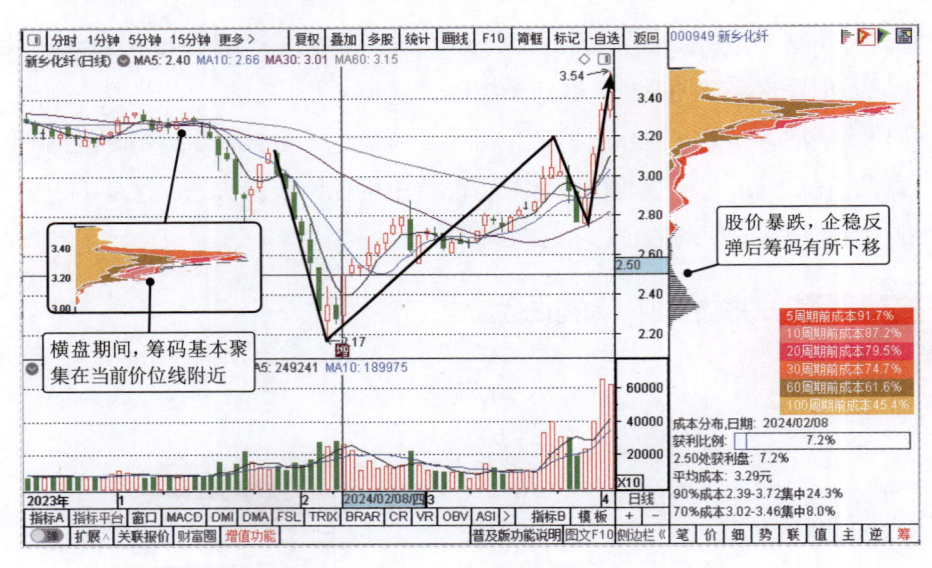

图4-11　新乡化纤2023年12月至2024年4月的K线图

从图4-11中可以看到，新乡化纤的股价在2023年12月到2024年1月中旬期间位于3.20元到3.40元的价格区间横盘震荡，中长期均线保持走平，说明价格已经整理了不短的时间。

这种小幅震荡就是主力吸筹的大好时机，观察此时的筹码分布图可以发现，大量筹码都聚集在当前价位线附近，包括可能存在的主力筹码。

在1月中旬之后，股价突然出现了短期急跌，在短短半个多月之后跌到了最低 2.17 元，跌幅极大。而在股价触底的当日，K 线开始收阳，后续更是被快速拉起。

在刚开始上涨时，筹码分布图中显示还是有大量筹码聚集在前期横盘价位线附近。下跌期间有一部分向下转移但不多，可能是由主力压价吸筹造成的，这一点从持续上涨的成交量也可以看出来。

后续股价一路上涨到 30 日均线附近才受阻横盘，并于 3 月初成功突破，一路攀升至 3.20 元价位线附近，也就是股价刚开始出现快速下跌的位置。

此时一个 V 形底形态已经非常清晰，其颈线大致就在 3.20 元价位线附近。然而价格并没有在 3 月下旬第一时间突破，而是回调至 30 日均线附近养精蓄锐，再次拉升才成功站到了上方，宣告 V 形底成立，投资者可尝试介入。

下面来看后续的筹码分布表现。

图 4-12 为新乡化纤 2024 年 1 月至 5 月的 K 线图。

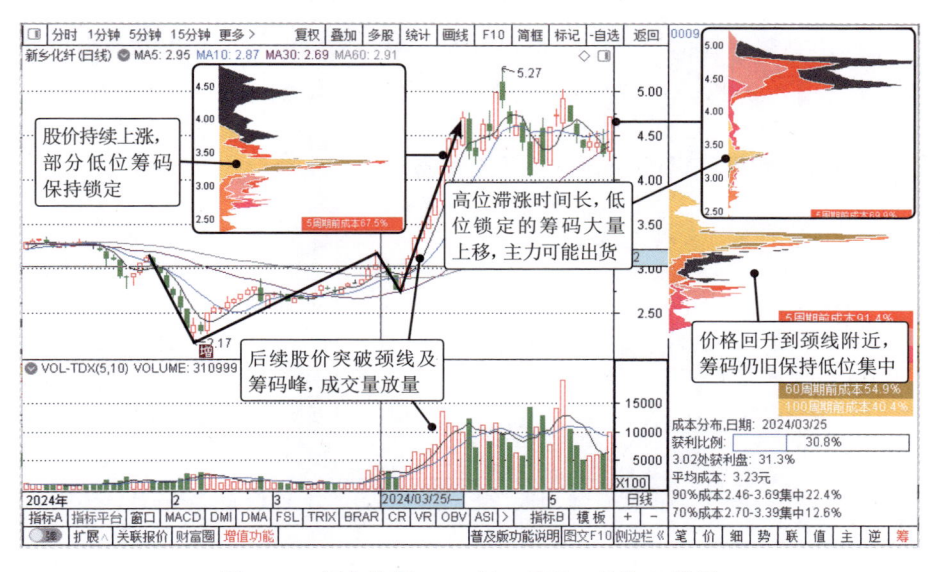

图 4-12 新乡化纤 2024 年 1 月至 5 月的 K 线图

在突破完成后，成交量持续放量，股价快速上涨，短短数日后就冲上了 4.50 元价位线。在上涨期间的筹码分布图中，上方虽有少量筹码开始发散，但 3.20 元价位线附近依旧锁定着大量的远期筹码，且与 3 月底股价突破颈线之前的集中形态十分相似。

因此，投资者基本上可以确定这是主力的仓位所在。而这个时候这部分筹码依旧处于锁定状态，证明后市依旧看涨，投资者可以不着急卖出。

后续股价在 5.00 元价位线附近受阻后开始横盘震荡。到了 5 月上旬，筹码分布图中显示原本处于锁定状态的低位远期筹码迅速向上转移至当前震荡价格区间内，说明主力仓位在大量缩减，也就是正在出货，后市价格有可能出现反转，投资者要注意风险，最好先行跟随卖出。

4.1.5 双重底，筹码密集

双重底其实就是股价连续在同一个位置触底两次的形态，只是下跌速度没有 V 形底那么快。当价格第二次在前期底部价位线附近得到支撑上涨并成功突破上一次反弹形成的高点，也就是双重底的颈线，那么这一形态就可以得到认定，投资者可采取与 V 形底同样的操作策略。

而由于价格在低位震荡的时间较长，筹码更可能低位密集到当前震荡区间内，形成一个单峰或是密集多峰，如图 4-13 所示。

技术图示 双重底筑底期间筹码低位密集

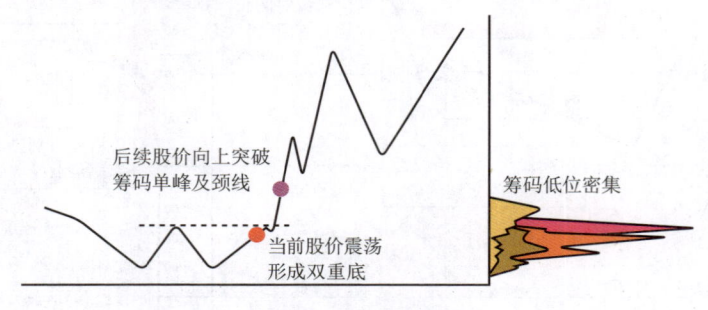

图 4-13　形态示意图

显然，股价能否突破双重底颈线及筹码低位密集的上边缘，是行情能否转入上涨的关键，而突破点也正是投资者的买点。

随着后续价格的持续上涨，低位密集的筹码可能会逐步向上发散，最终聚集到某一高位压制价格回调或是重归下跌，具体的操作手法就要看股票的实际情况了。

> **实例分析** 遥望科技（002291）双重底＋筹码低位密集

图 4-14 为遥望科技 2024 年 6 月至 9 月的 K 线图。

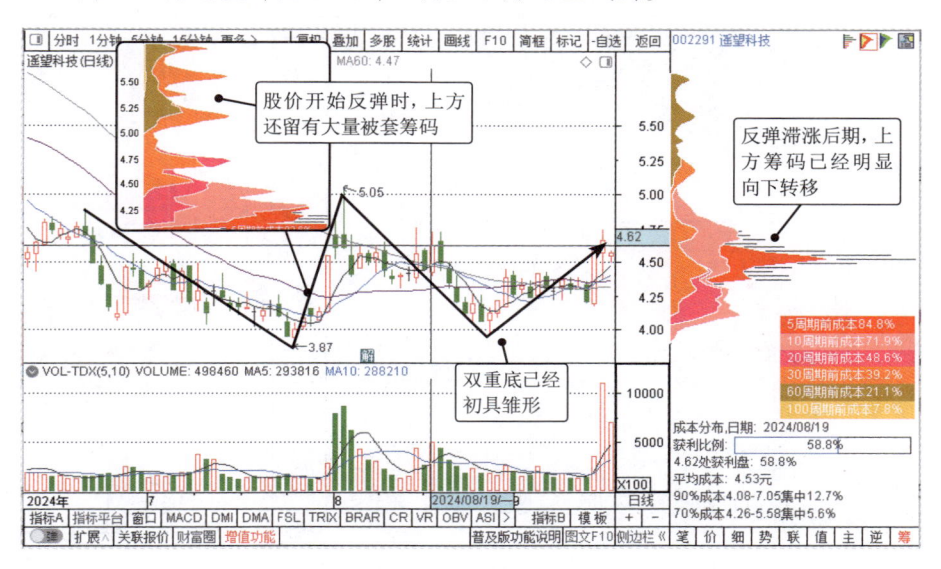

图 4-14　遥望科技 2024 年 6 月至 9 月的 K 线图

在 2024 年 6 月到 7 月期间，遥望科技的股价还处于下跌之中，并在 3.87 元的低点位置得到支撑后开始反弹。不过这一次反弹速度虽快，持续时间却不长，股价在 5.00 元价位线附近就受阻回调了。

此时来回顾股价反弹期间的筹码分布表现可发现，上方仍旧有大量被套筹码没有撤离，所以，股价反弹才会如此艰难。不过在 8 月下旬股价反弹滞涨的过程中，这部分被套筹码已经明显向下转移到当前震荡区间内，形成了一个密集单峰形态，上方压力减轻不少。

8 月底，股价继续向下跌落到前期低点附近后得到支撑再次反弹。这一次股价成功向上突破了两条中长期均线，但短时间没能越过前一次反弹的高点，也就是 5.00 元价位线。不过双重底的形态已经初具雏形，投资者可以继续观察后续走势，看价格能否突破 5.00 元的压力线。

图 4-15 为遥望科技 2024 年 6 月至 11 月的 K 线图。

先来看前期股价第二次回升后横盘震荡期间的筹码分布表现，在 9 月中旬，右侧筹码分布图中显示原本在上方留存的被套筹码已经基本转移到当前价位线附近，形成密集形态，上边缘位于 5.00 元价位线，也就是双重底的颈线附近。

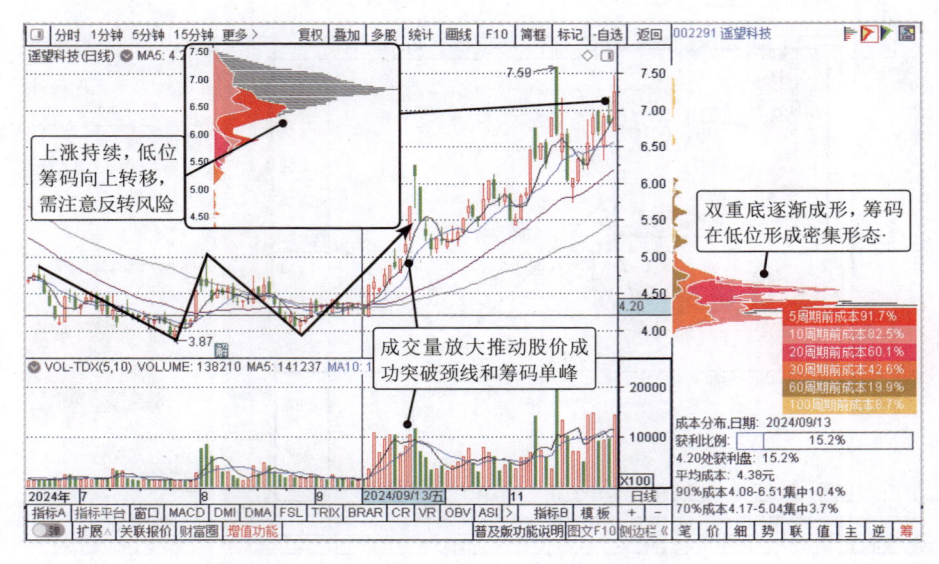

图 4-15 遥望科技 2024 年 6 月至 11 月的 K 线图

9 月上旬，随着成交量的持续放大，股价开始连续收阳上升，很快在 9 月底成功突破 5.00 元价位线，同时也突破了前期密集的筹码峰上边缘，形成一个清晰的买点。

虽然数日之后股价就在高位受阻并快速回落，但低点没有跌破颈线，说明下方支撑力依旧足够。那么当价格回归上涨时，投资者就可以继续加仓，还在观望的投资者也要迅速建仓，以抓住后续涨幅。

随着价格的持续震荡上涨，筹码开始逐步向上转移，并没有锁定在低位，投资者因此需要更加谨慎。当 11 月下旬股价上涨至 7.50 元价位线附近受阻后，筹码分布图中显示筹码已经大量向上移动，下方留存的获利盘不多。

再加上此时股价涨幅已高，投资者要注意反转风险，必要时先行卖出兑利，再根据后市走势决定是否继续投资。

4.1.6 头肩底，突破峰顶

头肩底形态是股价三次下跌后又三次被拉起形成的，中间会出现三个波谷和两个波峰。其中，左右两个波谷位置相近，中间一个波谷最深。两个波峰则不限定位置，连接两个波峰向右延伸即可形成头肩底的颈线。

比起双重底和V形底，头肩底的震荡时间更长，更有利于市场筹码聚集到低位，因此，可能会形成与双重底一样的形态，即股价突破头肩底颈线的同时也突破筹码低位单峰，形成清晰的买进信号，如图4-16所示。

技术图示 股价突破头肩底颈线与筹码单峰

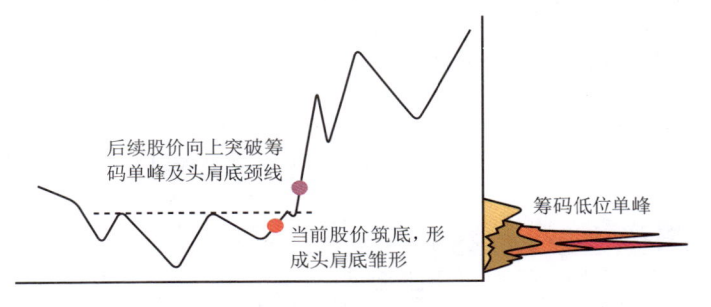

图 4-16　形态示意图

在这一形态中的买点很多，比如股价二次下跌后被拉起的位置、第三次下跌后上涨接近颈线的位置，以及最为稳妥的股价突破颈线和筹码低位单峰的位置。

不同操作风格和风险承受能力的投资者可根据自身情况决定在何处买进，但一定要注意在这种低位跟进中不能重仓，否则一旦判断失误就可能被套在半山腰。

下面通过一个案例进行实战演练。

实例分析 神雾节能（000820）（现 *ST 节能）头肩底 + 筹码突破单峰

图 4-17 为神雾节能 2024 年 5 月至 9 月的 K 线图。

观察神雾节能的这段 K 线走势。在 2024 年 5 月底到 6 月初这段时间，股价正从 3.00 元价位线附近向下极速坠落，越到后期跌速越快，一直落到 2.10 元价位线附近才得到支撑形成一次反弹。

可惜的是，这次反弹连 10 日均线都没有突破就再次下跌了，同时观察股价反弹滞涨位置的筹码分布图可以看到，由于股价下跌速度过快，上方仍

筹码分布应用——起涨见顶买卖点分析

旧留存着大量的被套盘。不过当前价位线附近也聚集起了一批筹码，后市价格能否企稳还要继续观察。

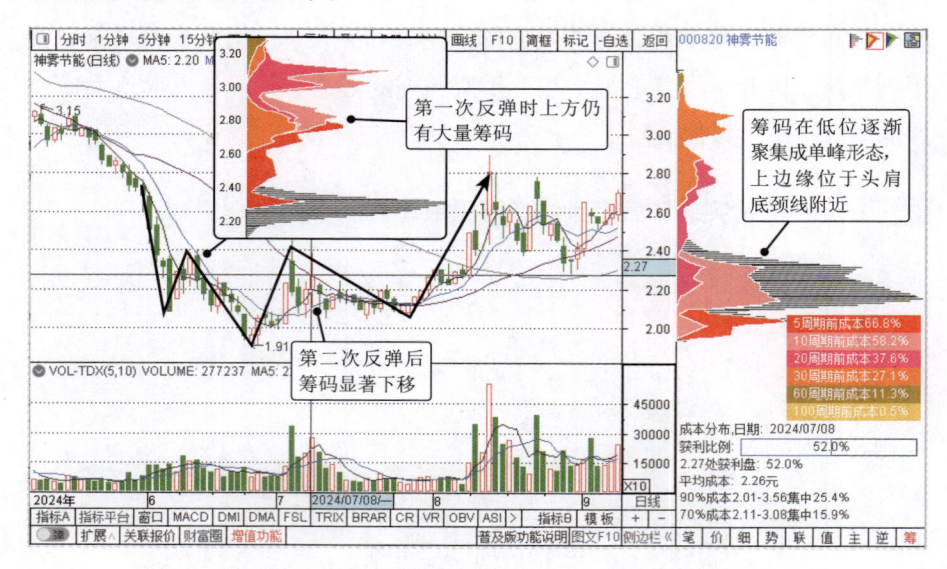

图 4-17 神雾节能 2024 年 5 月至 9 月的 K 线图

6 月底，股价一路落到 1.91 元的位置止跌，并形成第二次明显的反弹，然而数日后价格依然下跌到 2.10 元价位线附近横盘震荡。

此时再看筹码分布图可以发现，上方筹码已经大量下移，并聚集到当前震荡区间内，形成一个显著的单峰。

不仅如此，由于 K 线两次落到 2.10 元价位线附近得到支撑，且两次反弹的高度相近，整体连接起来形成了一个头肩底的雏形，只等价格在后续突破颈线便可宣告形态成立，买进信号也会更加可靠。其实这个时候投资者已经可以尝试介入了，但要注意仓位管理。

图 4-18 为神雾节能 2024 年 6 月至 11 月的 K 线图。

从图 4-18 中可以看到，股价在 7 月底开始出现明显上涨，K 线踩在 30 日均线上一路向上攀升至 60 日均线附近，但没能第一时间实现突破，而是横向震荡了一段时间。

此时的筹码分布图中显示上方被套盘已经基本下移，当前价位线附近的筹码单峰愈发清晰，说明市场正准备着穿越关键压力线。

进入 8 月后，股价终于向上成功突破 60 日均线和头肩底颈线的压制，同时也突破了前期的低位筹码单峰上边缘，意味着行情即将进入上涨阶段，投资者可迅速跟进。

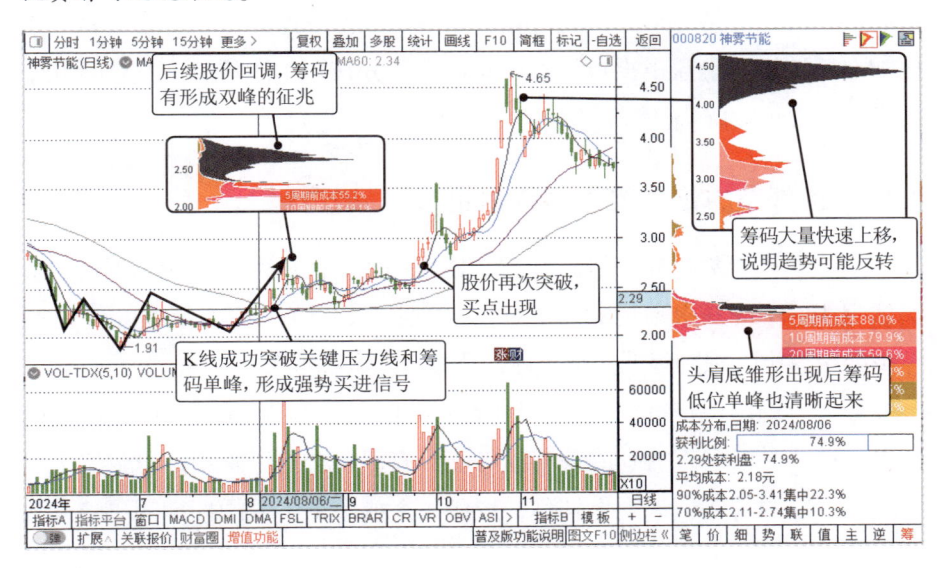

图 4-18　神雾节能 2024 年 6 月至 11 月的 K 线图

在后续的走势中，价格在 3.00 元价位线下方遇阻后回调，在回调的初始位置观察筹码分布图可以发现，下方聚集起来的筹码有上移并形成上涨双峰的征兆，说明市场活跃度很高，并且前期持仓盘高度看好后市，中长线投资者可继续持有。

8 月底，股价在 60 日均线上得到支撑后继续小幅震荡，并于 9 月底再次上涨，数日后成功突破前期高点，再次形成了一个买点，前期卖出的投资者可重新建仓。

后续随着价格的上涨，筹码开始出现向上发散的迹象。一直到 11 月初，股价在创出 4.65 元的新高后反转向下，筹码分布图中显示低位筹码大量上移，聚集为一个单峰，可能会对价格的上涨形成强力压制。再加上当前股价涨幅已高，投资者要注意反转风险，必要时先行卖出。

4.2 顶部 K 线形态与筹码分布

顶部 K 线形态与底部 K 线形态相对应，是指股价上涨到高位后反复震荡而形成的某些特殊形态。通过对这些特殊顶部形态的分析，投资者可以更加准确地抓住止盈止损点，同时配合筹码分布图中的信息，投资者完全有机会实现扩收降损。

4.2.1 顶部空方炮，筹码高位密集

空方炮也叫两阴夹一阳，由三根 K 线构成。前后两根是持续下跌的长实体阴线，中间一根则是实体相对较短的阳线，并且阳线实体的上下两端至少要与其中一根阴线的实体上端或下端处于相近位置。

当空方炮出现在行情顶部或是阶段顶部，往往意味着下跌或是回调的到来。这个时候一直持仓的获利盘可能会有很多会选择卖出，导致聚集或发散在下方的筹码快速向上转移，形成一个或多个尖锐的近期筹码峰，如图 4-19 所示。

技术图示 空方炮与筹码高位密集的卖点

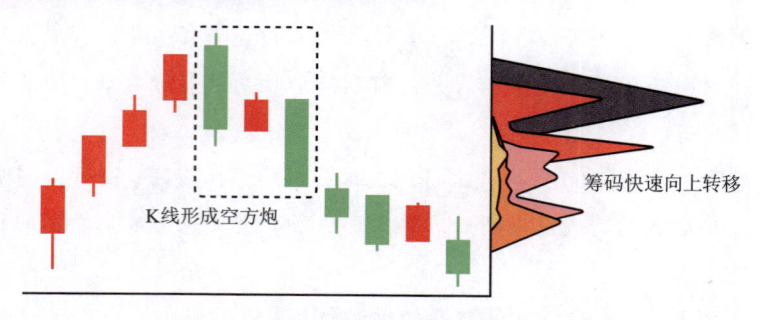

图 4-19 形态示意图

这时其实投资者很难判断后市价格是会彻底转入下跌，还是仅仅进行一次回调，因此，需要借助另一些市场信息来判断，比如前期股价的表现、场内其他技术指标的异动、中长期均线的走势及成交量与股价之间的背离情况等。

第 4 章 借筹码分布看K线形态

这些信息都是投资者在实战中需要重点关注的，切记不能单靠某一种指标来进行分析和决策。

接下来就通过一个案例进行实际分析。

实例分析 锦和商管（603682）顶部空方炮 + 筹码向上密集

图 4-20 为锦和商管 2023 年 6 月至 8 月的 K 线图。

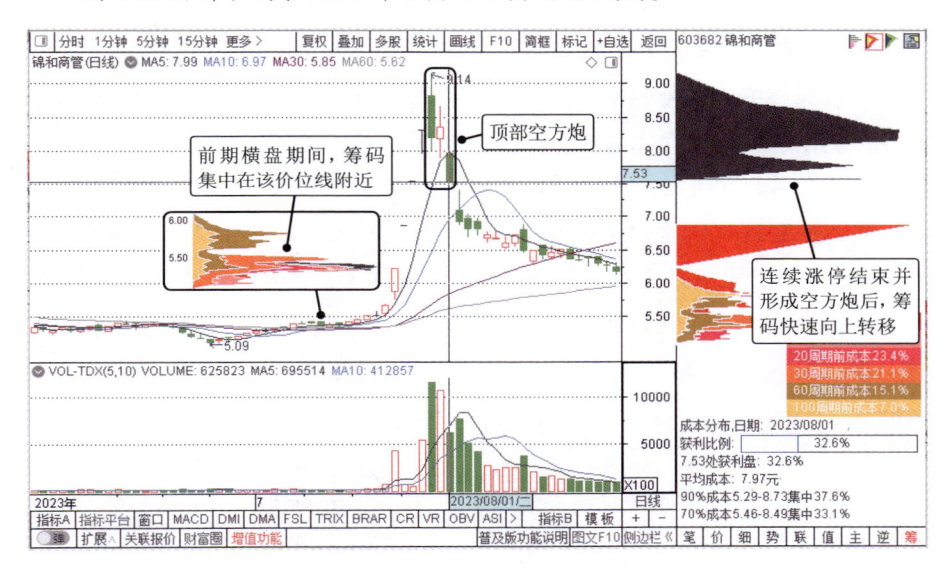

图 4-20 锦和商管 2023 年 6 月至 8 月的 K 线图

2023 年 6 月到 7 月中旬期间，锦和商管的股价一直位于 5.50 元价位线下方横盘震荡，这很容易导致筹码聚集到当前价位线附近。

事实也确实如此，观察 7 月上旬的筹码分布图投资者可以看到，在 6.00 元价位线下方聚集了两个比较明显的筹码峰。上密集峰是前期股价横盘集中形成的，下密集峰则是最近这一次横盘导致的。

这说明当前市场获利看涨的支撑力比较充足，价格只需稍有上涨就可能带动市场快速交易，吸引越来越多的资金注入并推涨。

实际的变动出现在 7 月下旬，股价先是小幅上涨突破两条中长期均线，在接近 5.50 元价位线后横盘数日，随后在成交量的突然放量下跳空大涨，连续形成数个涨停并冲到了 9.00 元价位线上方。

筹码分布应用——起涨见顶买卖点分析

但也就在创出新高的当日，K线大幅收阴下跌，低点落到8.00元价位线上，次日形成的一根阳线也没能向上突破前期高点。再往后一个交易日，股价又一次收出长阴线往下滑落，低点已经来到7.50元处。而且这三根K线联合形成了一个非常清晰的顶部空方炮形态。

此时不用分析其他信息，投资者都能知道反转可能即将来临。毕竟前期股价短期上涨幅度太大，几乎可以完全肯定是主力推动形成的。而价格在后续出现如此转折，也有可能是主力在出货。

通过观察右侧的筹码分布图，投资者可以确定这一点。在空方炮形成的当日，下方筹码高速向上转移形成了一个巨大的近期筹码峰，说明有大批获利盘在此交易，这会对后市价格的上涨形成强势阻碍。

根据一般规律来看，这种连续涨停式的上涨之后往往会接一波幅度不小的下跌，因此，无论是中长线投资者还是短线投资者，都建议跟随卖出观望。

下面来看一下后续的走势。

图4-21为锦和商管2023年8月至2024年1月的K线图。

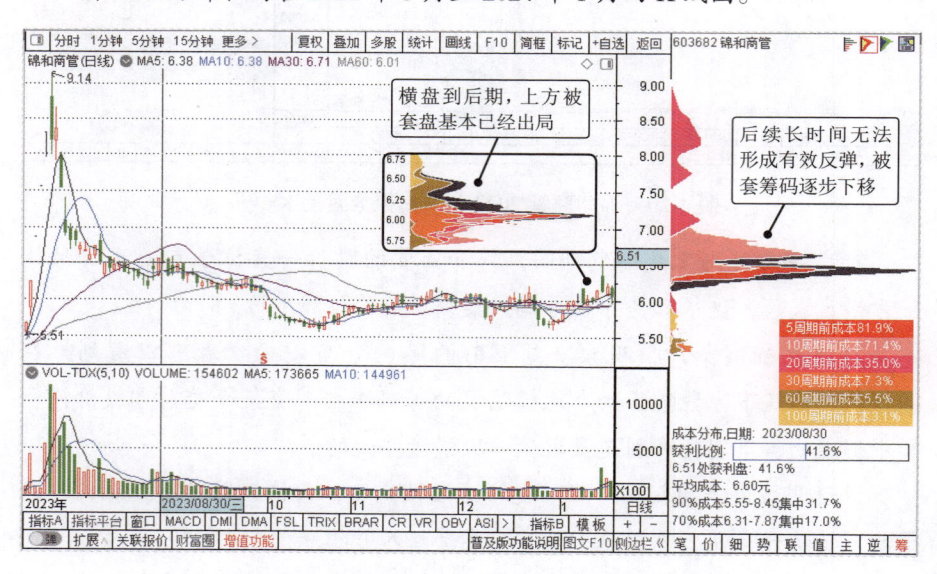

图4-21　锦和商管2023年8月至2024年1月的K线图

从图4-21中可以看到，股价此次下跌一直落到6.50元价位线下方才止跌反弹，但很明显没能越过中长期均线，30日均线还有向下扭转的迹象。

96

在反弹滞涨期间，筹码分布图中显示原先在下方聚集起来的获利盘几乎消失不见，上方被套盘仍有少量，更多的筹码被集中在当前震荡区间内，说明市场反应还是比较快的，有大部分投资者都选择在此处止损卖出。

而从中长期均线由支撑转为压制的表现，以及K线持续下滑的走势来看，后市该股反弹乃至回归上涨的可能性比较小，建议风险承受能力较低的投资者还是不要参与该股。

4.2.2 倾盆大雨，筹码上移

倾盆大雨是指在行情顶部或是阶段顶部形成的特殊看跌形态，前一根阳线依旧保持上涨，而后一根阴线则向下跌落，其收盘价需要低于阳线的开盘价，实体的上端则要深入阳线的一半以上，二者呈交错咬合状态，仿佛雨滴向下坠落。

在倾盆大雨的位置，筹码的表现可能与顶部空方炮非常相似，即市场积极交易，下方筹码大量向上转移，如图4-22所示。

技术图示 倾盆大雨形成，筹码逐步上移

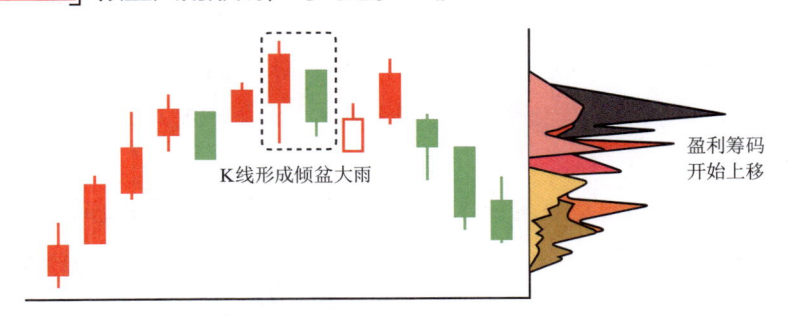

图4-22　形态示意图

倾盆大雨所传递出的看跌信息也与空方炮类似，股价既有可能立即转入下跌，也有可能在高位横盘一段时间，具体要看实际情况如何。

与此同时，筹码上移的速度越快，主力出货的可能性也就越大。投资者再结合市场中的其他信息，比如中长期均线和成交量的表现，就可以进一步确定主力意图，分析后市是否还有上涨机会，进而决定在何时止盈止损。

筹码分布应用——起涨见顶买卖点分析

接下来通过一个真实的案例进行分析。

实例分析 每日互动（300766）倾盆大雨+筹码上移

图4-23为每日互动2023年2月至5月的K线图。

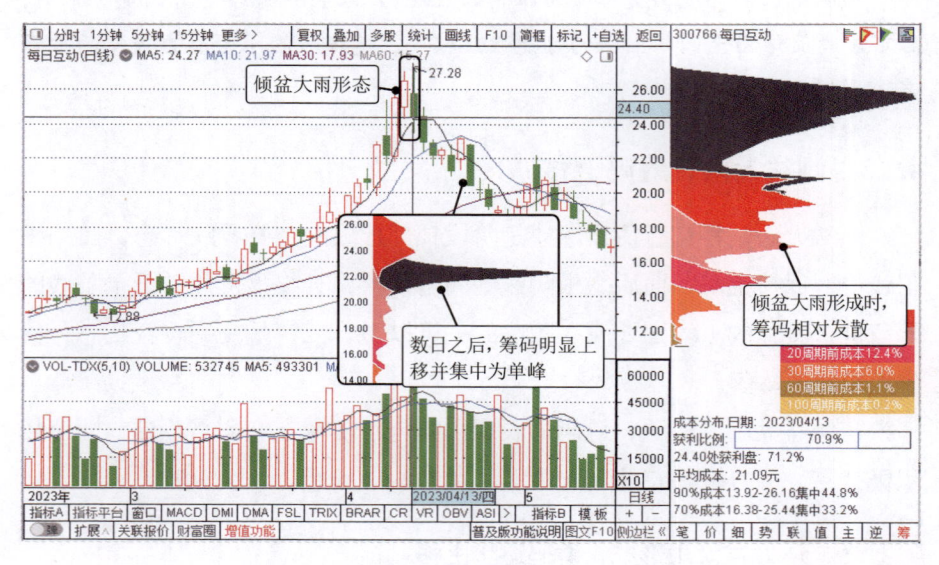

图4-23 每日互动2023年2月至5月的K线图

从图4-23中可以看到，每日互动的股价前期涨势相当稳定，尤其是在3月到4月上旬期间，股价几乎一直维持着弧线拉升，偶有几次小幅回调都没有跌破10日均线的支撑。

而且两条短期均线没有产生过接触，与两条中长期均线的距离也比较远，形成的是一种被称为多头排列的积极看涨形态。在这种走势中，大量场外资金会被吸引入场，导致筹码呈现出分散状态。

不过股价在4月上旬上涨到66.00元价位线上方后，形成的一根长实体阴线向下落到了24.00元价位线下方，并与前一根长实体阳线结合形成了倾盆大雨形态。

这个时候观察阴线当日的筹码分布表现可以发现，下方的筹码依旧处于相对分散状态。而在股价快速下跌时，上方聚集起了一个巨大的近期筹码单峰。这其实是一种比较常规的筹码表现，但结合K线的倾盆大雨形态来看就比较危险了。

数日之后，股价持续下移，导致5日均线跌破10日均线，多头排列形态被破坏，成交量也开始出现明显缩减。这时再来观察筹码分布图可以看到，下方分散的筹码已经大量上移到当前价位线附近，形成了一个针状单峰。

这是由市场大量交易造成的，下方获利盘急需卖出，上方被套盘也需要止损，给价格形成很大的抛压限制。再加上均线的看涨形态被破坏，投资者要注意反转风险，最好迅速止盈出局。

接下来再来看后续走势。

图4-24为每日互动2023年4月至7月的K线图。

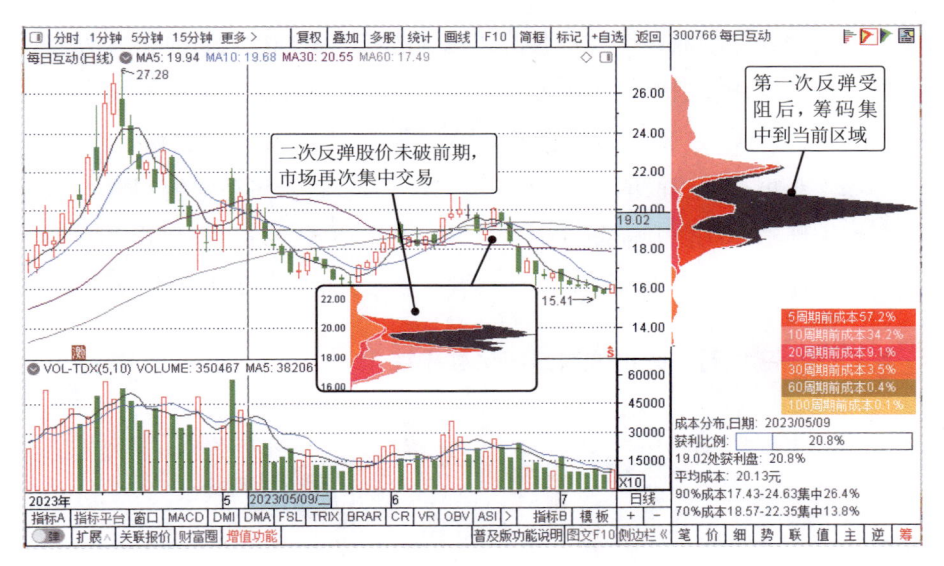

图4-24　每日互动2023年4月至7月的K线图

4月底，股价落到60日均线上得到支撑并形成一次快速反弹，然而反弹的高点仅接近22.00元价位线，与前期高点相差甚远，且不久之后就再次转入下跌。

此时的筹码分布图中显示当前价位线附近同样聚集大量近期筹码，意味着市场交投活跃，许多被套盘和获利盘都选择在此卖出，股价上涨非常困难。

5月上旬，股价一路收阴下跌并彻底跌破60日均线，后续虽然形成过又一次反弹，但反弹高点仅仅在20.00元价位线附近便横盘滞涨了。

在这一期间的筹码分布图中，又一个筹码单峰聚集在当前震荡区间内，市场中压制力依旧存在。若是成交量或主力不能给予充足的支撑，行情下跌的可能性是远远高于上涨的，毕竟中长期均线已经有了向下扭转的趋势。因此，场内投资者要注意及时止损，场外投资者则不要轻易参与。

4.2.3 高位五连阳，高位单峰

高位五连阳的基础形态五连阳与低位五连阳中的是一样的，即五根连续上涨的阳线。当其出现在相对高位时，将会传递出与低位五连阳截然相反的见顶信号。

这是因为主力很可能会在股价即将到达其出货预期位置时再一次大幅推涨股价向上，吸引场外资金入场来承接其分批散出的筹码，达到出货目的。因此，这属于一种推高出货的陷阱，投资者一定要注意分辨。

除了观察行情当前的位置和成交量异动外，投资者还需要观察筹码分布图的表现。在高位五连阳成型当时或是之后不久，筹码很可能会快速向上转移，并形成高位单峰聚集，对价格上涨形成阻障，如图 4-25 所示。

技术图示 高位五连阳形成时筹码形成单峰

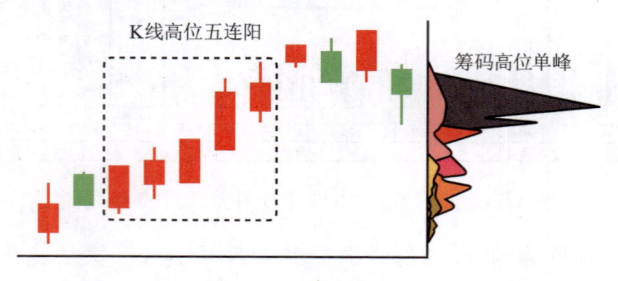

图 4-25　形态示意图

在这种情况下，如果成交量还出现了缩减，与价格形成量缩价涨的背离，而且五连阳的 K 线形态中基本上都带有较长的上影线，那么投资者就更可以确定后续见顶的可能性。

因为这说明在每一个交易日中，价格都有过冲高回落的走势，这意味着上方存在较大压力，股价可能出现滞涨甚至转折。此时，谨慎型投资者

就要注意止盈卖出了，而惜售型投资者在发现股价转折下跌后，也要立即卖出，以免在高位被套。

下面通过一个案例进行分析。

实例分析 **亿道信息（001314）高位五连阳＋筹码高位单峰**

图 4-26 为亿道信息 2023 年 11 月至 2024 年 1 月的 K 线图。

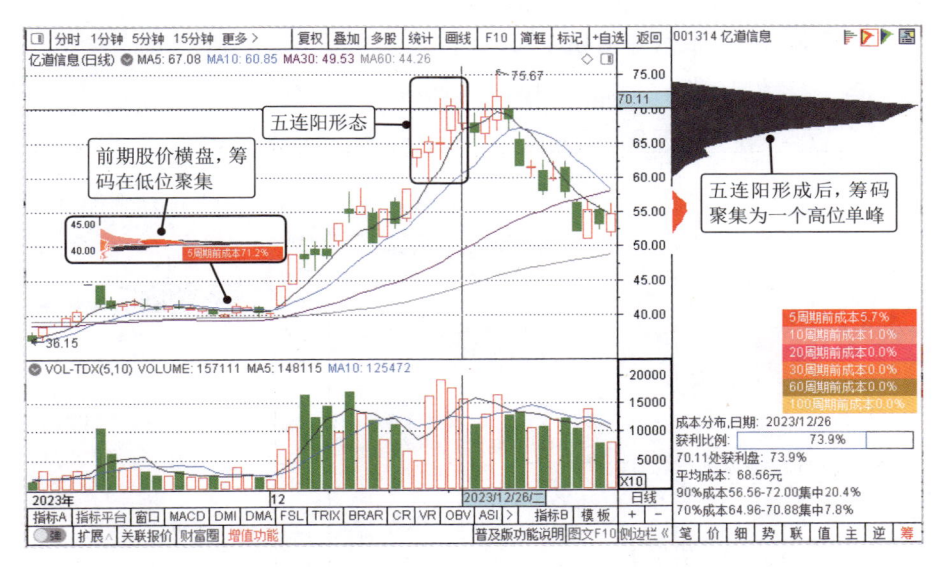

图 4-26　亿道信息 2023 年 11 月至 2024 年 1 月的 K 线图

2023 年 11 月期间，股价上涨至 45.00 元价位线上受阻后开始横盘整理，低点落到 40.00 元价位线附近。在此期间的筹码分布图中，有巨量筹码聚集在当前位置，且形成一个针状单峰，说明市场预期较为集中，都在等待变盘时机，投资者可静待后市发展。

进入 12 月后，股价立即在成交量突兀放量的支撑下跳空上涨，短短数日后就冲上了 50.00 元价位线，短期涨幅极大。这就向市场释放出了清晰的买进信号，在此之后，有大量投资者入场交易，并带动筹码向上发散转移。

经过一个月的上涨，股价来到了 60.00 元价位线上，并连续形成六根接连上涨的阳线。这其实可以判定为两个五连阳形态，但从 K 线的表现来看，后面五根阳线的实体明显较短，且其中四根都带有较长的上影线，说明上方

101

筹码分布应用——起涨见顶买卖点分析

已经开始出现了不小的阻力，这可能是一个高位五连阳。

这时再来观察成交量表现可以发现，在这一个五连阳形成的后期，成交量已经开始缩减，与之形成背离。在筹码分布图中，下方的筹码也基本上已经完全上移到五连阳后期受阻的位置，形成一个巨大的高位单峰。

多方信息都在预示后市股价可能会出现滞涨，甚至是转折下跌，那么在前期涨幅已大的情况下，谨慎型投资者就可以先行止盈卖出了。

下面再来观察后续的走势。

图4-27为亿道信息2023年12月至2024年3月的K线图。

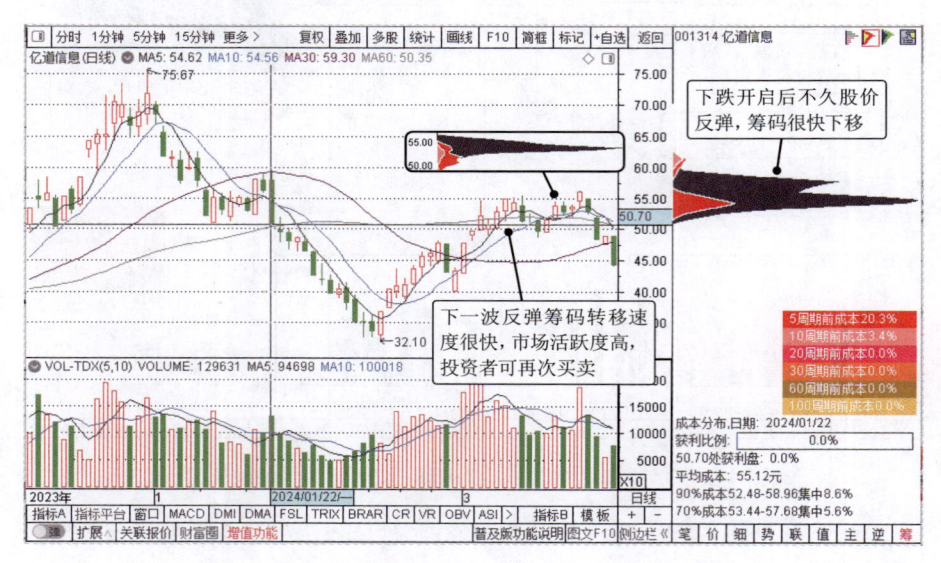

图4-27 亿道信息2023年12月至2024年3月的K线图

在2023年12月底，股价创出75.67元的新高，然而次日就开始收阴下跌，并且前期跌速还比较快。第一波下跌在50.00元价位线附近得到支撑后，形成过一次比较清晰的反弹，然而高点在30日均线上受阻，后续更是收出一根巨大的阴线向下滑落。

观察当时的筹码分布图可以发现，上方并没有留下太多的被套盘，而是基本上已经转移到当前震荡的位置，说明市场活跃度是非常高的，并且没有太多投资者选择惜售。

但这也从另外一个角度说明主力手中可能掌握着大量筹码，这才能让市场交易如此集中，不如前面某些案例中的散乱。

那么，当后续价格出现快速下滑且在32.10元的位置止跌后立刻被拉起，有形成V形底的趋势时，说明主力很可能会再一次拉高出货，该股短期是看涨的。场外投资者可以尝试着跟进抢反弹，但一定要注意在股价高位滞涨并形成又一次聚集单峰时迅速卖出，将这一波收益收入囊中。

4.2.4 倒V形顶，筹码下移

倒V形顶指的是股价在上升到某一高度后突然开始快速拉升，见顶的同时并未在高处停留太久，而是迅速反转向下，落到前期开始拉升的位置也就是颈线附近后短暂震荡，最终将其跌破。

这种形态就是标准的主力为了更好地出货而推高构造的陷阱，但也有可能是一次快速拉高的获利行为，具体还要根据实际情况来进行分析。

在这种急涨急跌的情况下，筹码会跟随价格的变动而快速上下转移，转移的速度越快，主力控盘的程度越高，投资者所面临的风险越大，如图4-28所示。

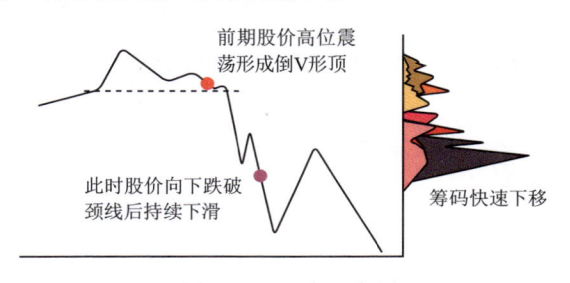

技术图示 倒V形顶出现，筹码快速下移

图4-28　形态示意图

一般来说，当价格上涨到顶部开始反转向下时，上方就会聚集起大批近期筹码，以证实主力正在出货。而随着后续的下跌，筹码会逐步向下转移到低位，但上方也可能因为跌速太快而留下一批惜售的被套筹码。

只要投资者分析出了倒V形顶的形态及主力的意图，就不能在场内停留，毕竟下一次反弹可能遥遥无期，完全无损解套会比较困难。

下面通过一个案例来看具体的操作。

实例分析 津投城开（600322）倒 V 形顶 + 筹码向下转移

图 4-29 为津投城开 2023 年 7 月至 10 月的 K 线图。

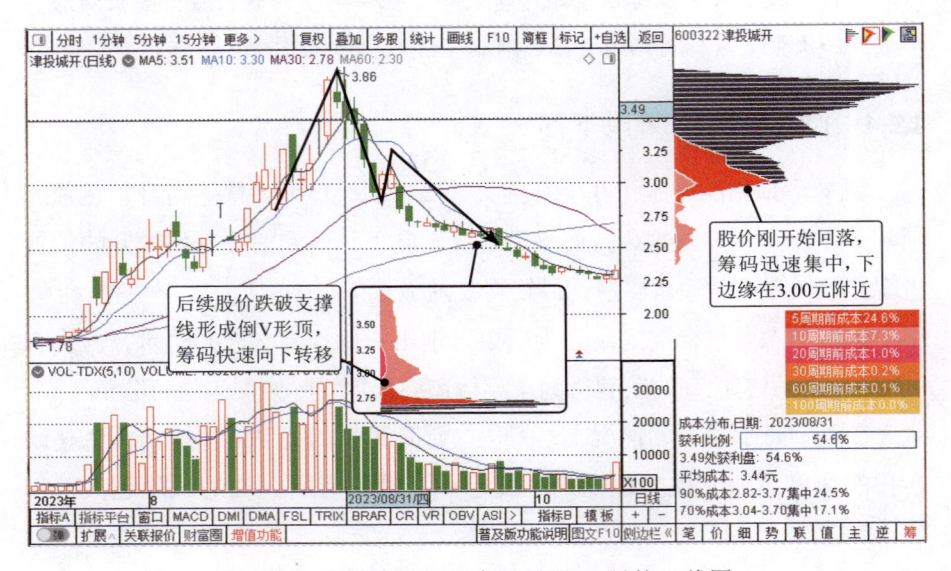

图 4-29 津投城开 2023 年 7 月至 10 月的 K 线图

2023 年 7 月下旬到 8 月期间，津投城开的股价上涨速度其实一直都比较快，中间还有几次比较明显的涨停。不过其震荡频率也很高，只是幅度不大而已。同时成交量也几乎一直保持着放量支撑的状态，说明当前上涨趋势还是比较健康的，投资者完全可以趁机介入盈利。

到了 8 月下旬，股价依旧在快速涨停，并冲到了最高 3.86 元的位置。观察成交量表现可以发现，虽然在这几日内量能是放大的，但相较于前期来看，成交量几乎走平，整体形成量平价涨的背离。

这说明市场推动力已经有些不足，价格却还能维持如此快速的上涨，甚至是涨停，其中大概率是有主力在推动，投资者要小心。

见顶之后，K 线迅速开始收阴下跌。观察当时的筹码分布图可以发现，有大量的黑色近期筹码聚集在当前位置，说明市场交易十分活跃，抛压还是比较大的。

由于前期股价震荡频率本身比较高，这一次的下跌很可能被部分投资者误认为是一次常规回调，因此，依旧有不少场外资金介入，正好符合主力推高出货的意图。但观察细致的投资者只要结合成交量表现综合分析，就可以发现异常，进而及时在高处卖出。

随着后续价格的持续下跌，股价直到落到 3.00 元价位线下方，才在 30 日均线上得到支撑后小幅反弹，但最终没能开启一波上涨，而是继续收阴向下，彻底跌破 30 日均线。

这时整体观察前期走势，可以清晰地看出一个倒 V 形顶形态，且其颈线大致就在 3.00 元价位线附近。此时倒 V 形顶完全成型，而且随着价格在后续 2.50 元价位线上方的横盘，筹码也已经大量向下转移到当前位置，上方则留存着一些被套盘。

这些被套盘大概率是在主力出货时入场，承接其筹码的那一部分。这些投资者此时出货还不迟，再晚一些会遭受更大的损失。

4.2.5 双重顶，筹码双峰

双重顶是指股价在高位反复震荡两次后，最终跌破关键支撑线进入下跌后构筑的顶部形态。从图形上看，它像是由两个倒 V 形顶组合而成，股价在第一次下跌得到支撑后回升到与前期高点相近的位置，随后再次下滑，最终击穿颈线，完成形态构筑。

在双重顶形成的前期，股价刚开始回调时，由于获利盘的卖出和持续看涨盘的坚定持有，场内可能会出现筹码双峰形态，如图 4-30 所示。

技术图示 双重顶筑顶期间筹码形成双峰

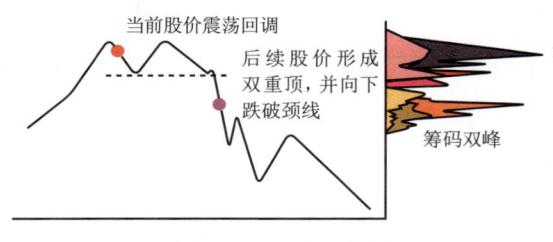

图 4-30　形态示意图

筹码分布应用——起涨见顶买卖点分析

这时的筹码双峰一般会被认为是上涨双峰，毕竟投资者无法确定股价在回调之后是否还能继续上涨。

此时成交量与股价之间的关系就成了关键分析对象，若量能出现了缩减或者走平的状态，则说明市场推动力已经开始降低，后续股价上涨比较困难。

而当价格第二次上升没能突破前期高点时，投资者基本也就可以确定这个筹码双峰运行到后期可能会聚集为高位单峰。再加上此时双重顶的形态可能也比较清晰了，股价一路下跌靠近颈线时，还没有离场的投资者就需要抓紧时间。

接下来通过一个实际案例来进一步分析。

实例分析 莲花控股（600186）双重底 + 筹码双峰

图 4-31 为莲花控股 2023 年 8 月至 11 月的 K 线图。

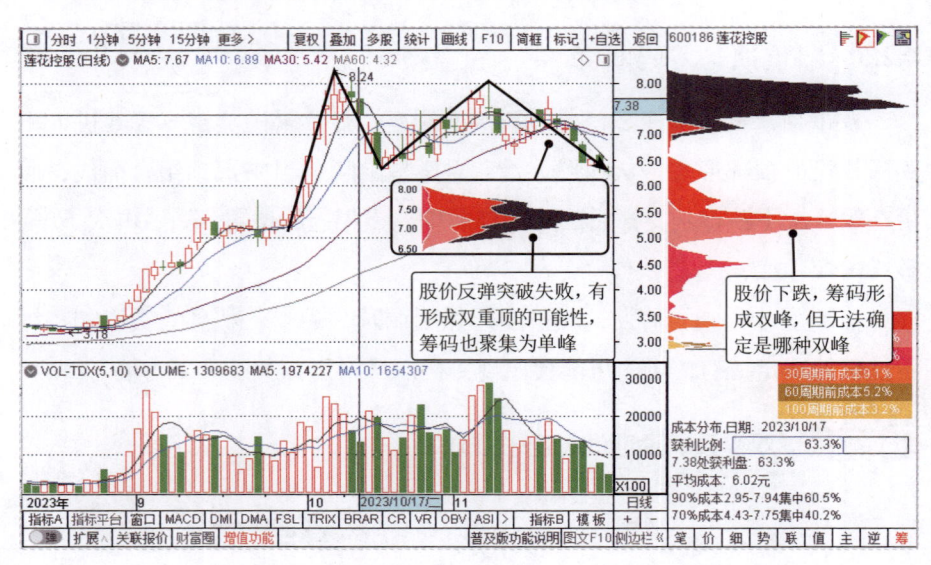

图 4-31　莲花控股 2023 年 8 月至 11 月的 K 线图

从图 4-31 中可以看到，莲花控股的股价从 2023 年 8 月底开始出现明显拉升，并带动均线组合向上形成了多头发散形态，这是投资者介入盈利的大好机会。

一段时间后，股价在5.00元价位线上方短暂横盘整理，不过很快便在成交量持续放大的支撑下继续上涨，涨速相对于前期来说还加快了不少，一路飙升至8.24元的位置才止涨回调。

在回调前几日，观察筹码分布图可以发现，有大量筹码聚集在5.00元价位线附近，也就是股价横盘整理预备二次拉升的位置。而有另一部分新鲜的近期筹码则在当前股价下跌的同时快速向上转移，二者配合形成了一个筹码双峰形态。

这时单凭筹码分布图，投资者还无法确定这到底是哪种双峰。但通过观察成交量可以发现，股价在10月初进行第二波快速上涨时，量能短期虽有放大，但是相较于9月初来说依旧是有些缩减的，与股价的高点上移形成了明显的背离。

根据前面多个案例的经验来看，这可能是股价即将反转的征兆。虽然价格尚未彻底跌破中长期均线的支撑，但部分谨慎型投资者和风险承受能力较低的投资者还是有必要先行卖出观望。

随着价格的持续波动，10月中旬，股价落到6.50元价位线附近后得到支撑回归上涨。但是在震荡半个月后，价格没能突破前期高点，而是在8.00元价位线附近受阻后再次下跌。

当其下跌靠近30日均线时，观察筹码分布图可以发现，原本在下方聚集起来的低位单峰已经大量向上转移到当前震荡区间内，形成了一个高位单峰。再结合成交量虽有小幅放大，但没能支撑价格实现突破的走势，以及K线可能即将形成一个双重顶形态的趋势来看，该股后续发展堪忧，投资者要注意风险。

下面来看一下下跌之后的情况。

图4-32为莲花控股2023年10月至2024年2月的K线图。

在图4-32中，2023年11月下旬，K线连续收阴向下彻底跌破了30日均线和6.50元价位线，也就是前期股价第一次下跌后得到支撑的位置，这也是双重顶的颈线。此时这个看跌形态彻底成型，成交量也出现了持续的缩减，警告投资者立即撤离止损。

再看筹码分布图，上方双重顶震荡期间聚集的筹码没有完全下移，只有一部分在股价暂时止跌的位置大量交易,形成了一个下跌双峰。随后一段时间价格持续下滑,在 12 月底左右跌到了 5.00 元价位线附近,随后再次形成一次小幅反弹,但终究没能突破 60 日均线的压制。

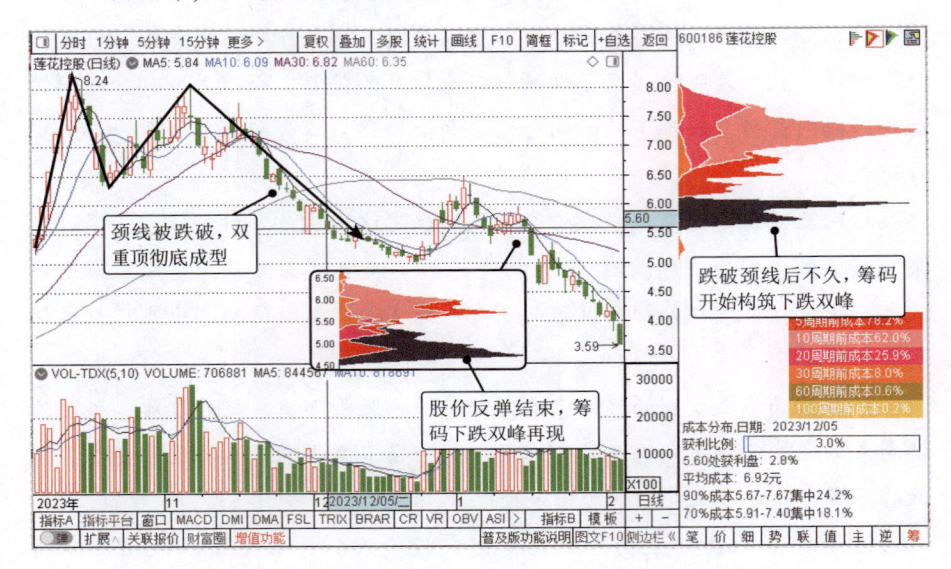

图 4-32　莲花控股 2023 年 10 月至 2024 年 2 月的 K 线图

当股价下跌到 30 日均线上时,观察筹码分布图可以看到,在股价反弹的过程中,上方的被套筹码大量向下转移到 6.00 元价位线附近。

而随着价格的持续下跌,大量被套盘也开始在 5.00 元价位线附近迅速交易,与 6.00 元处的筹码峰结合形成了又一个下跌双峰。这说明价格大概率会延续前期的下跌走势,投资者没有必要再参与该股。

4.2.6　头肩顶,跌破支撑

头肩顶形态是股价连续三次上涨又三次突破失败下跌形成的,其中左右两边的波峰位置相近,中间的最高,连接两个波谷向右延伸出的一条线就是头肩顶的颈线。

由于头肩顶期间股价长时间震荡,且始终无法向上突破,原本在下方稍显分散的筹码很可能会就此逐步向上转移,在高位形成一个显著的单峰,压制价格形成回落,如图 4-33 所示。

> **技术图示** 股价跌破头肩顶颈线与筹码下边缘

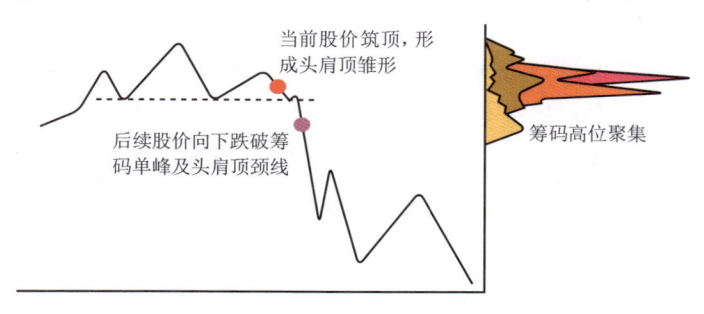

图 4-33　形态示意图

因此，当股价有向下跌破头肩顶颈线及筹码高位单峰下边缘的趋势时，投资者就要注意及时止损避让。当然，没能来得及在第一时间卖出的投资者，也需要根据筹码的表现及股价的反弹来确定下一波恰当的卖点。若价格迟迟无法形成反弹，最好果断撤离。

下面通过一个案例进行分析。

> **实例分析** 共进股份（603118）头肩顶 + 筹码跌破支撑线

图 4-34 为共进股份 2024 年 1 月至 4 月的 K 线图。

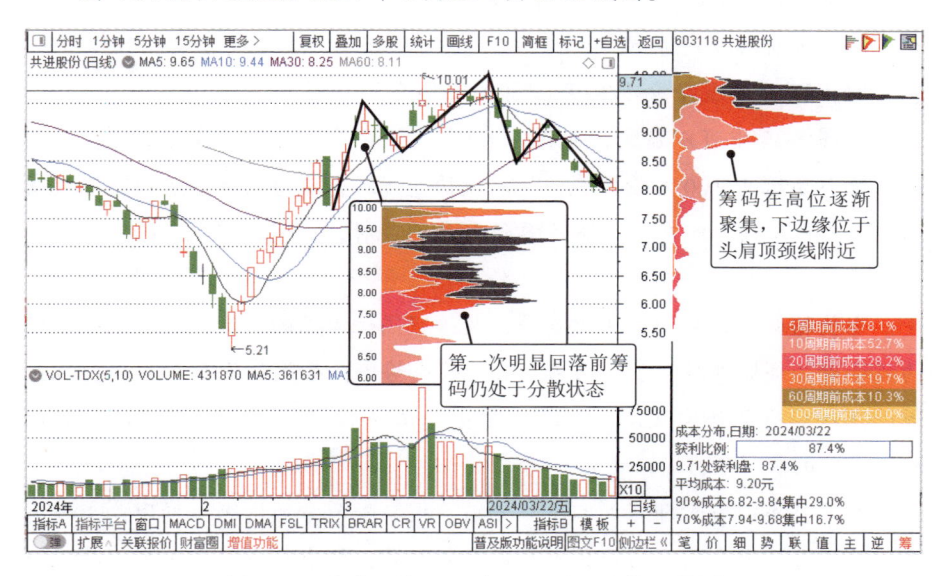

图 4-34　共进股份 2024 年 1 月至 4 月的 K 线图

在2024年1月期间，共进股份的股价跌速还是比较快的，尤其是到后期，股价在7.00元价位线上得到支撑后反弹数日，随后便开启了一波更加快速的下跌，一直落到5.21元的位置才被拉起，这个时候其实K线形成的是一个V形底形态，预示着后面会有一波强势上涨。

可惜的是，股价并没能上冲太多，第一波在9.50元的位置明显受阻后回落。在回落之前观察筹码分布图可以发现，这时的筹码还处于相对分散状态，上下方都有大量交易痕迹。

后续股价跌到8.50元价位线上方不远处得到支撑后再度向上突破，这一次创出了10.01元的新高，股价小幅回调后继续上涨，但第二次却没能突破前期高点。

此时的筹码分布图中显示下方分散的筹码已经大量向上聚集到当前震荡区间内，说明有大量交易在此进行。观察成交量投资者会发现，这时的量能相较于前期的拉升期间来说有明显缩减，说明该股很可能即将面临一波深度下跌，投资者要注意风险。

后续的发展也证实了投资者的推测，该股很快连续收出三根阴线，一路跌到8.50元价位线上，这也是3月初股价得到支撑的位置。将周期拉长来看，一个头肩顶的形态已经初具雏形，预示着后市发展堪忧。

下面来看后期走势。

图4-35为共进股份2024年3月至7月的K线图。

从图4-35中可以看到，股价在8.50元价位线上得到支撑后反弹，但高点只是小幅越过9.00元价位线，随后便快速下跌并直接击穿头肩顶的颈线及两条中长期均线。而在K线向下靠近颈线的同时，筹码分布图中的高位单峰更加清晰。

当价格向下跌破数条关键支撑线及筹码高位单峰的下边缘时，还未离场的投资者必须抓紧时间了。因为在后续的走势中，虽然股价在7.00元价位线附近止跌后有过一次反弹，但最终没能突破60日均线，可见短时间内其很难有更好的表现。

在5月下旬股价即将回归下跌之前，观察筹码分布图可以发现，上方有不少被套盘没有出局，当前位置则有大量交易，结合形成的是一个下跌双峰形态，可以预见的是，随着下跌的持续，上密集峰将逐步向下转移，对价格形成强力压制，场外投资者最好不要轻易介入。

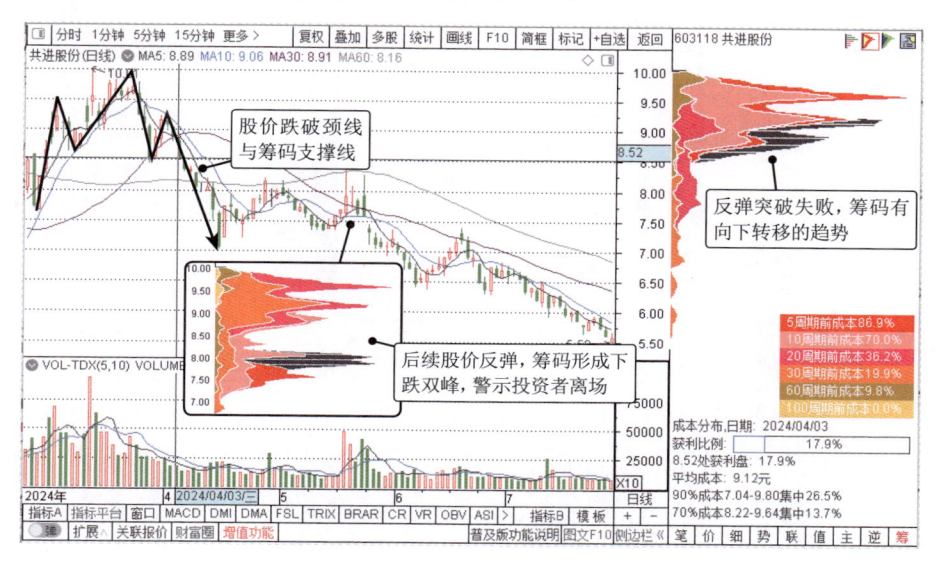

图 4-35 共进股份 2024 年 3 月至 7 月的 K 线图

4.3 涨跌期间的 K 线与筹码

除了顶底特殊位置的 K 线形态外，在股价持续上涨或下跌的过程中，也有一些值得投资者细致分析的形态，比如一些中继形态和延续形态等。在此期间，筹码分布图中的筹码移动轨迹能够帮助投资者获得更多的信息，进一步提升买卖成功率。

4.3.1 仙人指路，突破前期密集峰

仙人指路是一种中继形态，一般出现在上涨行情中的回调期间。当价格上涨到一定位置时，可能会因为抛压的限制而回转下跌，如果此时阶段顶部的 K 线带有较长的上影线且实体较短，那么其最高点就可能会指示出后市股价需要突破的关键压力线。

而在价格回调的过程中，市场筹码可能会逐步聚集到当前区间内形成

单峰，且上边缘与仙人指路的最高点相近，如图 4-36 所示。

技术图示 仙人指路与筹码密集峰的突破点

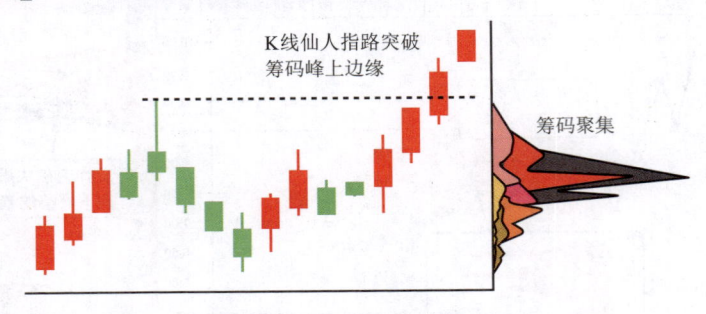

图 4-36　形态示意图

需要注意的是，仙人指路形态的出现并不意味着价格一定会完成突破，它只能够指示出股价后续可能会上涨的高度。若股价能够成功突破这一压力线及筹码单峰上边缘，投资者就可以继续跟进；若是突破失败，这一波上涨行情可能就此见顶，短时间内盈利困难。

这种形态在上涨行情中其实十分常见，有时候甚至会接连出现好几个，因此，投资者可根据实际情况来决定买卖时机，不一定频繁操作。

接下来通过一个具体案例进行分析。

实例分析 星光股份（002076）仙人指路+突破筹码单峰

图 4-37 为星光股份 2024 年 8 月至 12 月的 K 线图。

先来看星光股份前期横盘期间的筹码分布表现，在 2024 年 9 月中旬，该股还处于 1.50 元价位线上窄幅震荡。这时候筹码分布图中显示，在当前价位线附近有一个筹码单峰，不过上方仍有少部分的被套盘，后市发展尚不明朗，投资者还需等待时机。

在 9 月下旬，股价开始接连上涨，并来到 2.00 元价位线附近再次受阻后短暂回调整理。在此次回调整理的低点观察筹码分布图可以发现，原本聚集在 1.50 元价位线附近的筹码有不少出现了上移，形成上涨双峰形态。从前面多个案例的经验来看，这是一种后期看涨的积极形态。那么当价格再次收阳向上时，投资者就可以继续跟进。

第4章 借筹码分布看K线形态

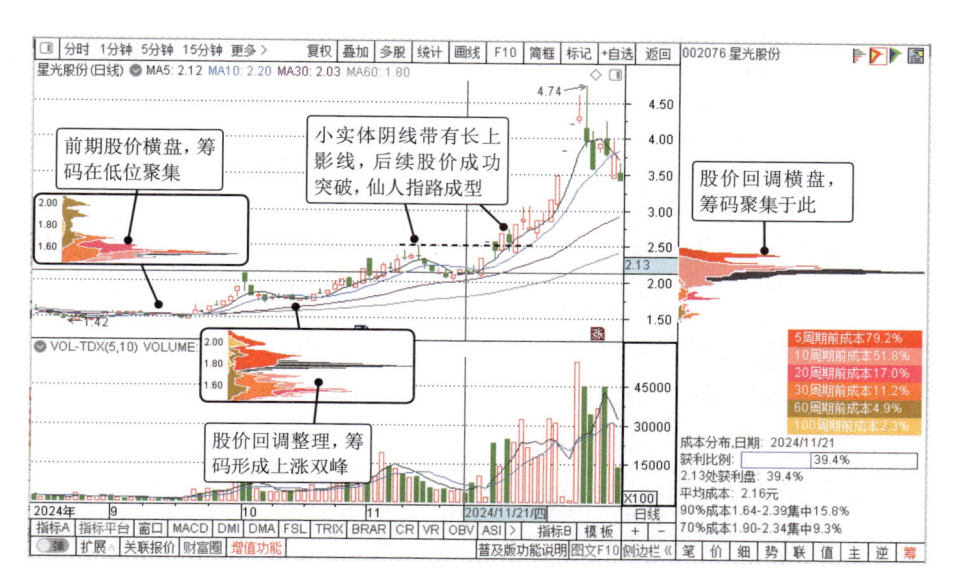

图4-37　星光股份2024年8月至12月的K线图

第二波上涨在2.50元的位置受阻，不过股价在回调的同时收出一根实体较小且带有较长上影线的阴线，其最高点指示着2.50元价位线，仙人指路形态初具雏形。

这时来观察市场中的其他信息，从中长期均线的表现来看，前期股价回调都没有向下接触过30日均线，且两条中长期均线上升的角度几乎没有产生变化，说明市场还是高度看涨的。

再看这时的筹码分布图可以发现，下方筹码基本已经上移到当前位置，形成一个尖锐的针形单峰，可为后市拉升提供看涨动力，因此，场内投资者可不着急卖出。

数日后，K线落到30日均线上得到支撑，并开始逐步收阳上升。11月底，股价成功向上突破2.50元价位线，这是前期仙人指路形态指出的关键压力线，同时也是筹码单峰的上边缘。当股价成功穿越，成交量也开始放量支撑时，投资者可以迅速加仓，前期卖出的也可以重新跟进。

4.3.2　持续性缺口，筹码飞速上移

持续性缺口是缺口理论中的一部分。其中缺口是指由于受到利好或者

113.

利空消息的影响，股价大幅上涨或者大幅下跌，导致当日的最低价高于前一交易日的最高价，或者当日最高价低于前一交易日的最低价的现象。

根据缺口的形成位置，可分为普通缺口、突破缺口、持续性缺口和消耗性缺口四类，其含义和形成位置分别如下：

①普通缺口一般是市场常规震荡导致的，本身并不具备太强的研判价值，对个股后市的走势也没有太多指示意义。

②突破缺口指的是股价在完成整理或震荡后，选择了确定的发展方向，大幅上涨或下跌突破盘整区间而形成的缺口，有向上和向下两个方向，是价格变盘开启下一波上涨或下跌的标志。

③持续性缺口是持续上涨或下跌过程中形成的，符合当前涨跌趋势的缺口，往往出现在股价突破压力线或跌破支撑线后。它同样分为上下两个方向，通常预示着积极看涨或消极看空的信号。

④消耗性缺口指的是在一段行情的末尾处形成的缺口，这里的"消耗"指的是上涨或下跌动能的消耗。当缺口出现后，股价会很快发生转势，信号方向也会因为缺口的类型而不同。

在缺口形成的同时，市场中的筹码可能会因为一段交易空白区域而形成短期断层，当价格回补缺口之后，这个断层也会消失。

如果股价是向上形成的持续性缺口，那么其涨速越快，单日涨幅越大，筹码在断层之后上移的速度可能就越快。因为有大量获利盘会着急在跳空结束后兑利，尤其是涨停形式的跳空，如图 4-38 所示。

技术图示 向上持续性缺口造成筹码断层

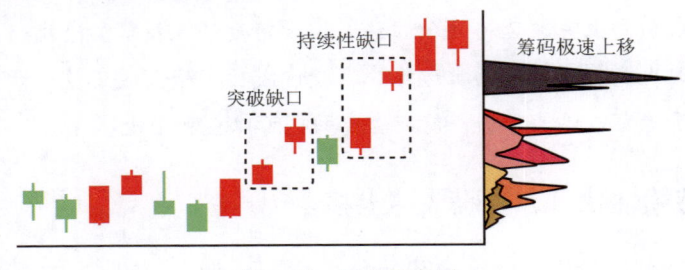

图 4-38 形态示意图

当然，并非只有持续性缺口会带动筹码形成这样的状态，突破缺口和部分变动幅度较大的普通缺口也会，只是效果没有持续性缺口明显。因此，在实战中投资者不必拘泥于缺口的类型，只要各类市场信息显示出看涨信号，投资者就可以趁机跟进，抓住后续涨幅。

下面通过一个案例来进一步学习。

实例分析 驰诚股份（834407）持续性缺口＋筹码快速上移

图4-39为驰诚股份2023年10月至2024年1月的K线图。

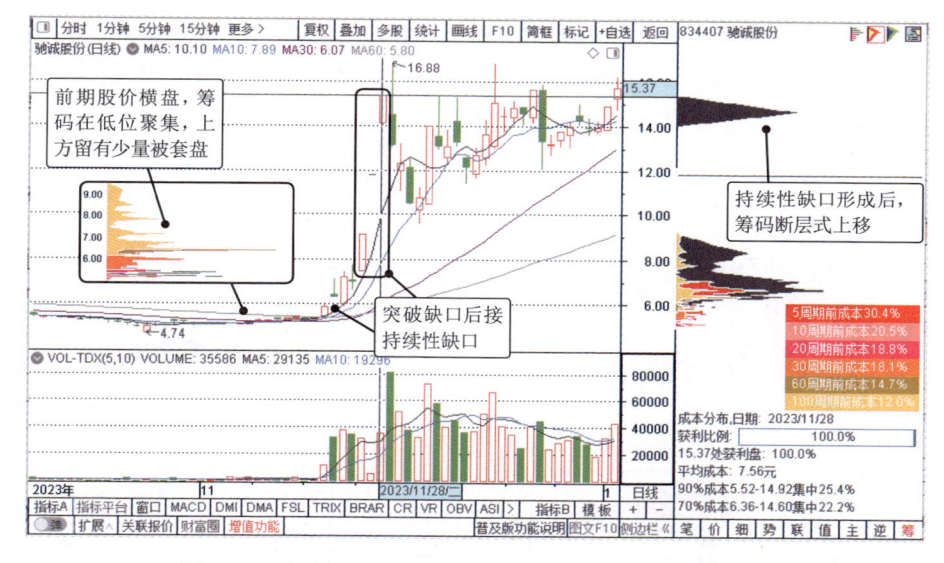

图4-39　驰诚股份2023年10月至2024年1月的K线图

先来看驰诚股份的前期走势，在2023年10月至11月期间，股价和中长期均线几乎都靠拢在一起横盘窄幅震荡。观察这一期间的筹码分布图可以发现，有许多筹码已经聚集到当前位置附近，但是上方还是留存了不少被套盘。这时候投资者不要轻易参与，需要等待反转时机。

11月下旬，成交量突然开始放大，并推动股价迅速向上，很快便形成了一个穿越6.00元压力线的突破缺口。而在此之后，股价持续上升，在突破8.00元价位线的同时收出了一根实体极长的阳线，次日更是一字涨停，再往后一个交易日被快速拉升到14.00元价位线之上，由此形成了两个持续性缺口。

筹码分布应用——起涨见顶买卖点分析

在第二个缺口形成之后，筹码分布图中显示下方筹码已经开始向上分散，而且由于短期内价格没有回补这两个巨大的持续性缺口，筹码分布图中的高位出现了断层式的上移单峰，说明有大量交易在一字涨停开板后迅速成型。

这可能会对价格的持续拉升造成一定的阻碍，而且从一般规律来看，在这种连续涨停之后，股价大概率会回调，以消化掉市场中的抛压。

事实也确实如此，次日价格创出 16.88 元的新高后开始快速收阴下跌，数日后落到 10 日均线上。好在价格没有将其彻底跌破，而是在后续震荡向上。

这原本是投资者在先行兑利卖出后重新介入的机会，但根据股价的表现来看，它始终难以突破 16.00 元价位线。同时成交量也开始出现缩减，说明后市有反转风险，场内投资者要保持警惕，必要时需跟随短期投资者撤离。

下面来看后续的走势。

图 4-40 为驰诚股份 2023 年 11 月至 2024 年 3 月的 K 线图。

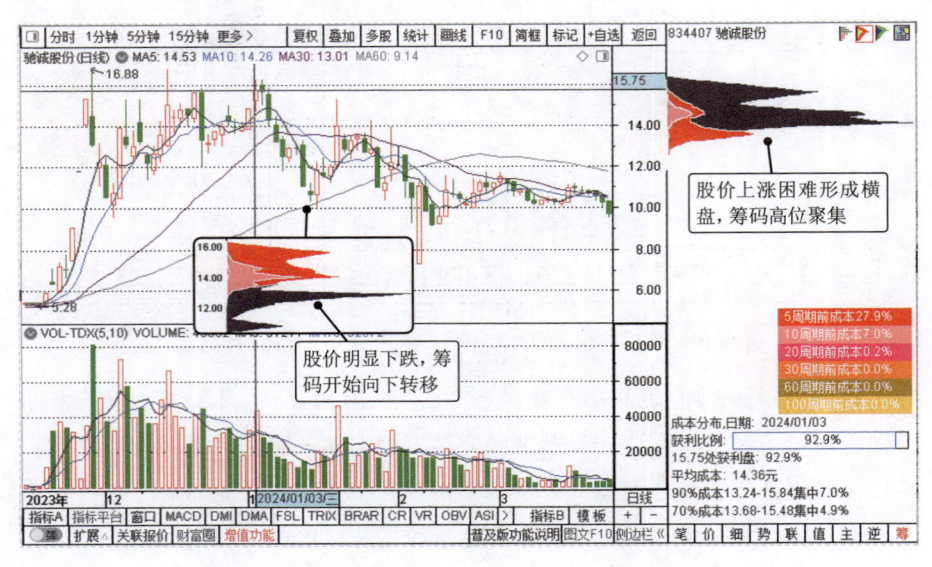

图 4-40　驰诚股份 2023 年 11 月至 2024 年 3 月的 K 线图

从图 4-40 中可以看到，一直到 2024 年 1 月初，该股都没能突破前期高点，而是长期在 16.00 元价位线下方震荡。观察这个时候的筹码分布图可以发现，大量下方的筹码已经转移到了当前的震荡区间内，形成了一个密集峰。结合成交量的持续缩减及股价走平难以突破的表现来看，投资者最好还是先行卖出观望。

数日之后，K 线连续收阴下跌并彻底跌破 30 日均线，到 1 月中旬时更是向下靠近 60 日均线。此时的筹码分布图中显示有大量筹码开始向下转移，不过上方仍旧有不少被套盘在坚持。

回过头来再看 K 线的表现，该股在 60 日均线上得到支撑后形成过一波反弹，但最终也只是小幅突破 14.00 元价位线，距离前期高点甚远。后续股价回归下跌，并在一段时间后跌破 60 日均线。这时候投资者就不应再犹豫，下跌趋势逐渐清晰，再不卖出可能会遭受更重的损失。

4.3.3　下降旗形，低位锁定

下降旗形是股价在上涨过程中回调形成的，当 K 线有规律地震荡下跌，高点和低点渐次下移，分别将关键点连接起来，如果上下两条线基本平行，个股形成的就是一个下降旗形形态。

在股价震荡回调期间，部分低位筹码可能会上移至当前区间内，而另一部分依旧看涨的筹码不会轻易交易，由此便形成一个低位锁定的状态，如图 4-41 所示。

技术图示　下降旗形后期筹码低位锁定

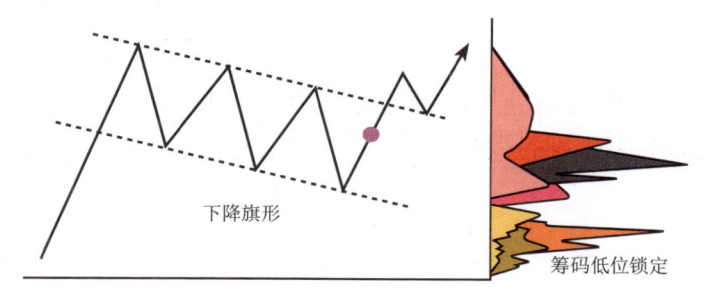

图 4-41　形态示意图

下降旗形构筑的时间可长可短，下跌幅度也各有不同，但最终股价还是会在中长期均线的支撑下止跌，并在一段时间后回归上涨。

筹码分布应用——起涨见顶买卖点分析

而筹码分布图中出现的低位锁定状态也更能证实这一推测，因此，对于中长线投资者来说，此处的回调一般无须卖出，短线投资者则可以先行撤离观望，等到价格重拾升势后再跟进。

当然，如果市场中出现了其他变动或者投资者无法预知的情况，股价也有可能在形成一段时间的规律震荡后彻底跌破中长期均线，进入下跌行情之中。这种情况也并不少见，投资者在发现判断出现失误后就要第一时间撤离止损，重整旗鼓准备进行下一场投资。

下面通过一个真实的案例来深入学习。

实例分析 神火股份（000933）下降旗形＋筹码低位锁定

图4-42为神火股份2023年5月至9月的K线图。

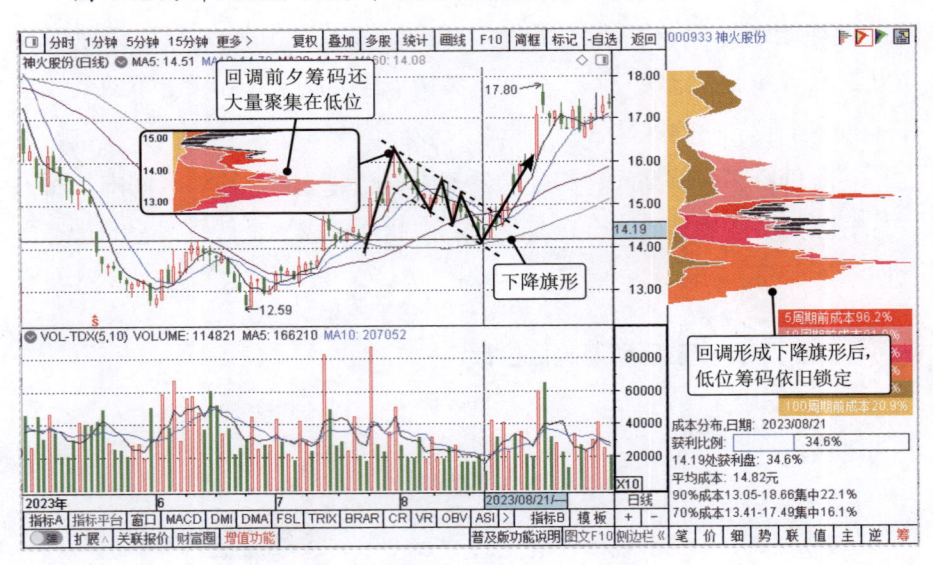

图4-42 神火股份2023年5月至9月的K线图

从图4-42中可以看到，神火股份的价格在2023年6月初跌到了13.00元价位线下方不远处后止跌反弹，但在30日均线上受阻后再次回落，低点落到12.59元的位置。

这与前面一个低点的位置非常相近，可见K线形成的是一个双重底形态。那么当后续股价成功向上突破前期高点，也就是14.00元价位线后，双重底就能够成型并传递出清晰的买进信号，投资者也可以在那时迅速介入做多。

突破时机出现在 7 月中旬，该股以一根长实体阳线向上穿越 14.00 元价位线后小幅回落，但没有跌破该压力线，后续更是接连上涨并成功突破 60 日均线，买进时机出现。

一段时间后，股价在 16.00 元价位线上受阻后回调。在此时的筹码分布图中，由于前期双重底震荡的时间较长，有不少筹码在 13.00 元到 14.00 元的价格区间内聚集起来形成了一个单峰。

不过，随着后续价格的成功突破，有不少筹码也在向上转移，只是这部分低位筹码仍旧处于锁定状态，说明市场高度看好该股。

继续来看后面的走势，在 8 月初到 8 月中旬这段时间，股价呈现出震荡下跌的走势，一路下滑到 14.00 元价位线上才止跌企稳。这时候观察下跌期间的 K 线表现可以发现，其高点和低点都在比较规律地渐次下移，分别连接关键点可得到一个斜向下方的平行四边形，也就是一个下降旗形形态。

而在下降旗形接触到 60 日均线的同时，在筹码分布图中可以看到，在前期双重底震荡期间聚集起来的低位筹码依旧处于锁定状态。而上方分散的筹码有一部分是由于价格突破双重底颈线后向上分散的筹码，另一部分则是前期下跌尚未来得及卖出的被套筹码。

这些筹码虽然会对股价的上涨造成一定的阻碍，比如这次回调，但是下方锁定的一个大单峰仍旧能够支撑个股继续向上突破，市场还是看好该股的。

在 8 月底，K 线连续收阳向上并成功突破 30 日均线及下降旗形的压力线，进入新一波的拉升之中，投资者可抓住机会再次建仓或是加仓。

下面来看后续的走势。

图 4-43 为神火股份 2023 年 7 月至 2024 年 2 月的 K 线图。

9 月初，股价上涨到 18.00 元价位线上后再一次受阻滞涨，于 17.00 元价位线附近横盘震荡到 10 月初，便进入了一波深度回调。

在回调初期，筹码分布图中显示在 13.00 元到 14.00 元的价格区间内锁定的筹码有部分向上转移到当前位置，说明有不少散户甚至是主力已经在此部分出货了。在这种强大抛压的压制下，后面价格回调的幅度可能会比较大，

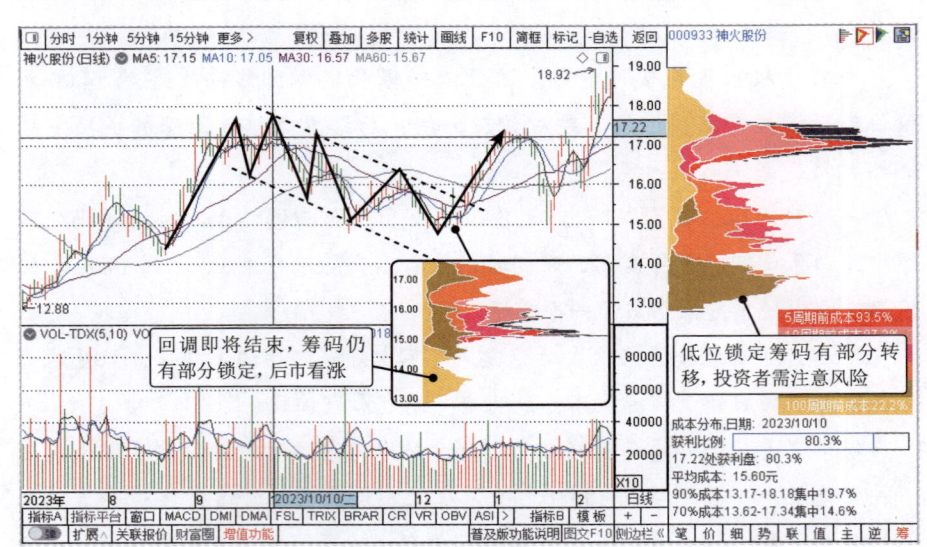

建议短线投资者立即卖出，中长线投资者则要根据自己的风险承受能力决定。

图 4-43　神火股份 2023 年 7 月至 2024 年 2 月的 K 线图

在后续的一个多月时间内，股价保持着震荡下跌的走势，整体也是比较规律的，连接关键点又可以得到一个下降旗形形态。

这个下降旗形的震荡幅度明显比 8 月的大，因此，其回调深度也是比较大的。价格一直落到 15.00 元价位线上才得到明显支撑，第二次下落的低点也没有跌破该支撑线。

这虽然使得下降旗形的形态有所破坏，但也进一步说明后一次上涨很可能会突破该形态的压力线，形成一波新的行情。除此之外，在筹码分布图中，低位筹码虽然仍在上移，但还是有一部分保持锁定。结合价格可能即将突破下降旗形压力线的状态来看，投资者还是可以冒险再次尝试参与的。

后续价格的表现也没有令投资者失望，股价于 12 月中旬左右成功突破压力线后持续拉升，后续虽然有过快速的回调，但最终还是不断创出新高，可以给投资者带来不错的收益。

4.3.4　上升旗形，双峰填谷

上升旗形与下降旗形相反，是在下跌行情中由于股价强势反弹而形成的。在上升旗形中，股价的高点和低点会渐次向上移动，分别将其连接起来会得到一个斜向上方的平行轨道，如同一面旗帜。

在股价刚开始反弹时，上方被套盘和此时的止损盘结合起来可能会形成一个下跌双峰形态。随着价格的持续反弹震荡，交易不断进行，可能会使得双峰中央的波谷逐渐被填平，甚至形成一个新的显著筹码单峰，如图 4-44 所示。

技术图示 上升旗形构筑期间筹码双峰填谷

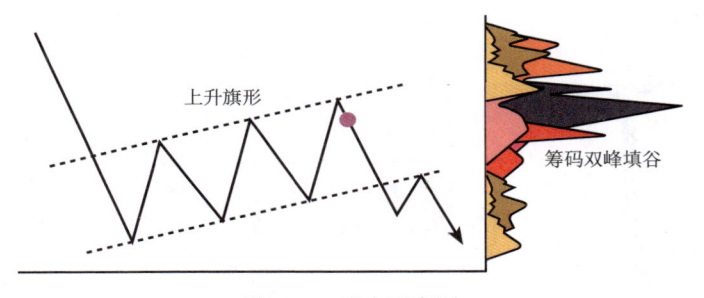

图 4-44　形态示意图

这时的双峰填谷意味着上方没来得及撤离的被套盘和下方趁着反弹机会介入的获利盘在集中交易，一方止损一方止盈，给股价造成双向的夹板抛压限制，最终价格回归下跌。

因此，上升旗形配合筹码双峰填谷的走势是近期看涨但远期看跌的，当价格有向下靠近支撑线乃至跌破的迹象时，投资者就需要及时卖出，避开后市的下跌。

下面来看一个真实的案例。

实例分析 湖南黄金（002155）上升旗形 + 筹码双峰填谷

图 4-45 为湖南黄金 2023 年 1 月至 4 月的 K 线图。

在湖南黄金的前期走势中，股价涨势还是相当积极的，短短数日就从 14.00 元价位线下方上冲到 18.00 元价位线附近，短期涨幅十分可观，因此，吸引了大量投资者参与。

当价格在 18.00 元价位线上受阻后横盘到后期时，筹码分布图中显示，

筹码分布应用——起涨见顶买卖点分析

因为前期股价在 14.00 元价位线下方横盘震荡的走势而聚集起来的低位筹码没有完全上移。由于当前价格滞涨，有不少交易在此时进行，因此，筹码分布图中形成了一个筹码双峰形态。

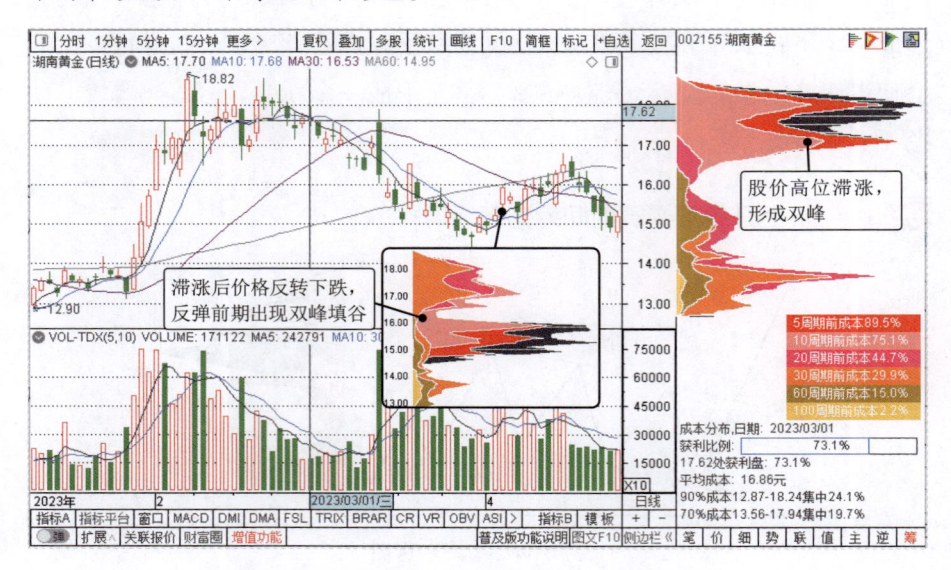

图 4-45　湖南黄金 2023 年 1 月至 4 月的 K 线图

这时投资者依旧无法分辨这是不是上涨双峰，毕竟价格看似有下跌的迹象，成交量也有明显缩减。所以场外投资者不能轻易将此当作看涨信号而买进，场内投资者也要谨慎持股。

数日后，价格靠近 30 日均线并彻底将其跌破，短时间内形成的反弹也没能越过其压制，说明这一波上涨可能已经见顶。后续价格如果再次跌破 60 日均线，那么下降行情将会比较清晰，投资者越早离场越好。

2023 年 3 月底，股价彻底跌破 60 日均线的走势证实了这一推测，不过好在价格于 14.00 元价位线上方不远处得到支撑后形成了一波反弹。

在反弹前夕观察筹码分布图可以发现，原本的筹码双峰开始缩减并逐步移动到中间的震荡区间，形成双峰填谷形态。这里的双峰填谷显然并不意味着价格能够在震荡之后回归上涨，结合 60 日均线对 K 线的压制力及成交量基本走平的状态来看，该股在这一次反弹之后更可能会继续下跌。

下面来看后续的走势。

图4-46为湖南黄金2023年2月至5月的K线图。

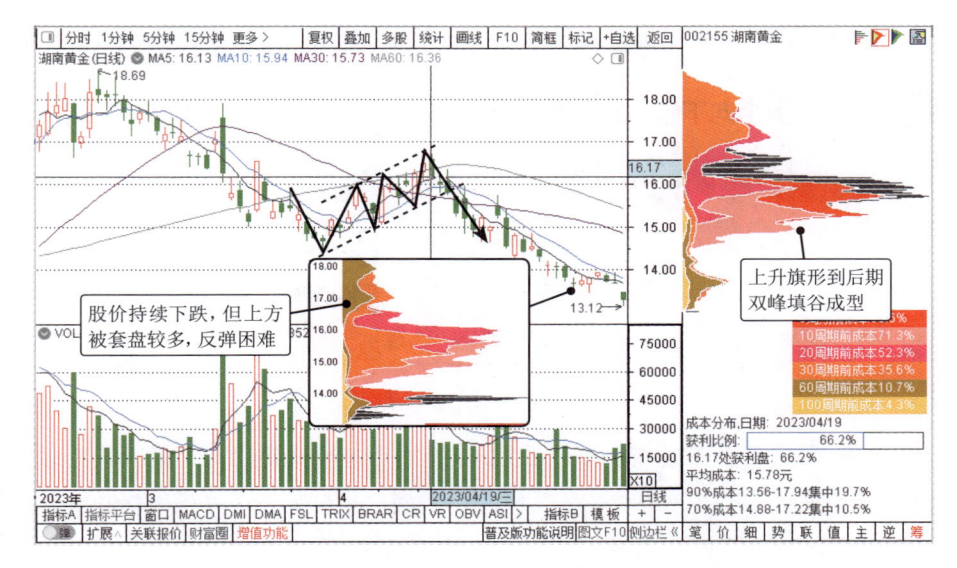

图4-46　湖南黄金2023年2月至5月的K线图

当震荡到后期，股价在17.00元价位线下方受阻后快速下跌时，投资者可以看出，这一次反弹期间K线在规律地震荡上移，形成的是一个上升旗形形态。

而在形态成立之后不久，筹码分布图中显示的双峰填谷状态更加清晰，上下两边的密集峰大幅缩减，意味着市场正在持续给价格施加抛压，整体高度看跌。

因此，当股价向下跌破上升旗形的支撑线及30日均线时，还未离场的投资者就要抓紧时间了。毕竟从后期的走势来看，该股股价一路下滑，跌破14.00元价位线都没有停止下滑趋势。筹码分布图中也显示上方被套盘比较多，股价反弹很困难，场外投资者没有必要参与该股。

4.3.5　多个向下缺口，筹码快速下移

在前面的内容中已经介绍过缺口理论了，不过重点分析的是向上的各种缺口。至于向下的缺口与筹码分布图的结合应用，下面将进行展示。

筹码分布应用——起涨见顶买卖点分析

在向下缺口中，最值得投资者关注的是突破缺口和持续性缺口，它们是股价即将进入下跌和正在进行下跌的标志。若价格在短时间内无法对缺口进行回补，筹码就可能呈现出断层式的快速下移，如图 4-47 所示。

技术图示 多个向下缺口带动筹码飞速向下

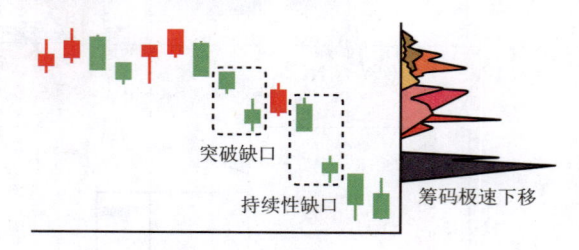

图 4-47　形态示意图

这时投资者就不要考虑股价是否会在短期内回补缺口，又是否会在快速下跌后形成强势反弹的问题了，毕竟这种快速下跌所造成的损失极大，投资者能避则避，没有必要因为可能出现的反弹而硬扛损失。

实例分析 紫天科技（300280）持续性缺口＋筹码快速下移

图 4-48 为紫天科技 2024 年 1 月至 5 月的 K 线图。

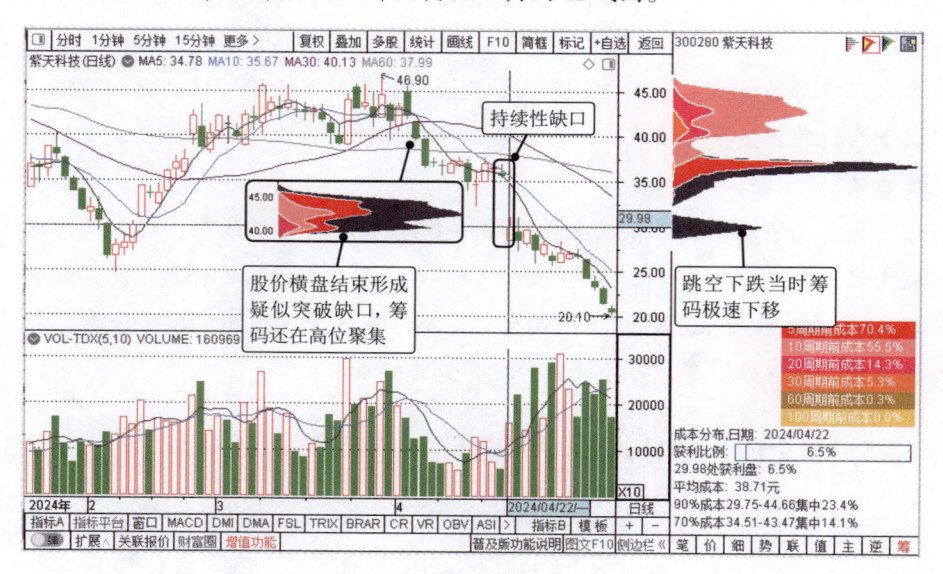

图 4-48　紫天科技 2024 年 1 月至 5 月的 K 线图

124.

从紫天科技在 2024 年 1 月到 2 月期间的中长期均线表现来看，投资者可以看出，该股其实是处于长期下跌行情中的。价格在 2 月初得到支撑后形成的快速上涨大概率只是一波强势反弹，因为股价在 45.00 元价位线附近上涨受阻并长期横盘，并没能带动 60 日均线向上扭转。

当价格横盘到后期，K 线又收阴下跌，并形成一个小缺口跌破 40.00 元价位线的支撑时，筹码分布图中显示场内的大部分筹码都已经聚集到当前震荡区间内，对价格形成了强势压制。

而在次日，K 线继续收阴并彻底跌到 60 日均线下方。数日之后，价格在 35.00 元价位线上短暂横盘，并于 4 月底形成一个超大的向下持续性缺口，直接跌破 30.00 元价位线，造成的短期损失极大。

此时再看筹码分布图可以发现，在跳空当时有大批筹码快速下移，形成了一个断层。可以预见的是，随着后续价格的持续下滑，上方留存的被套盘会越来越快地向下转移，市场回暖概率较小。

下面来看后续的走势。

图 4-49 为紫天科技 2024 年 4 月至 7 月的 K 线图。

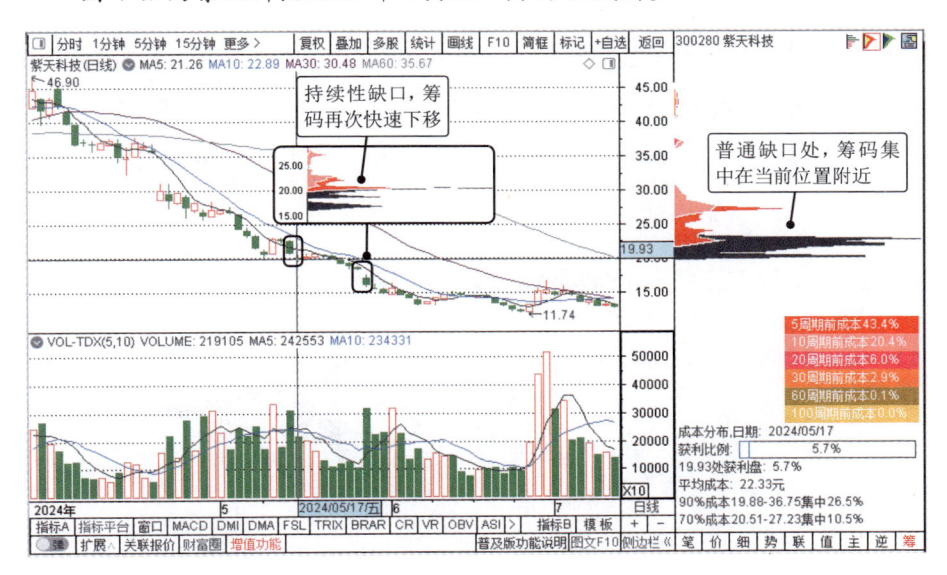

图 4-49　紫天科技 2024 年 4 月至 7 月的 K 线图

在 5 月上旬，股价跌至 20.00 元价位线上后短暂横盘期间，K 线形成了

筹码分布应用——起涨见顶买卖点分析

一个小缺口，但是没有向下跌破支撑线，因此是一个普通缺口。

此时的筹码分布图中，原本在 40.00 元到 45.00 元的价格区间内聚集起来的高位筹码已经基本向下转移到当前位置，说明市场正在持续看跌。

在该支撑线上横盘一段时间后，股价缓慢下移，并在 5 月底形成又一个向下持续性缺口。这时的筹码分布图中显示上方筹码再次快速下移并形成断层，与前期状态十分相似，因此，后期该股的走势可能也不会脱离这一趋势，场外投资者不可轻易介入。

4.3.6 顶部三角形，筹码高位单峰

三角形也是一种整理形态，当其出现在不同的位置时，可以被判定为不同的信号。

如果在持续上涨的行情中出现，并且股价能够在后续突破三角形的上边缘，这就是一个上升等腰三角形，反之是下降等腰三角形。它们传递出的是符合当前行情的看涨或看跌信号。

而当其出现在行情顶部，股价向上接触到压力线后持续震荡下移，高点和低点向中间收敛，最终价格跌破支撑线后，形成的就是一个反转的顶部等腰三角形，反之则是底部等腰三角形，传递出的信号则是行情即将扭转。

在上涨高位等腰三角形运行到后期时，筹码可能会聚集到当前位置并形成一个高位单峰，如图 4-50 所示。

技术图示 顶部三角形形成期间的筹码高位单峰

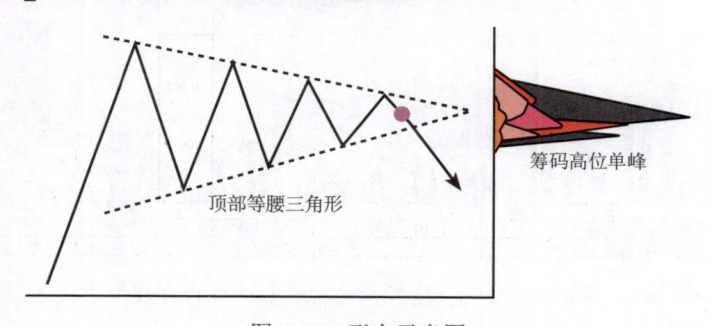

图 4-50　形态示意图

如果此时成交量没有放大，那么股价反转向下的可能性就会比较大，投资者要根据最终的变盘方向决定如何操作。

下面进行案例分析。

实例分析 光大同创（301387）顶部三角形 + 筹码高位单峰

图 4-51 为光大同创 2023 年 9 月至 2024 年 1 月的 K 线图。

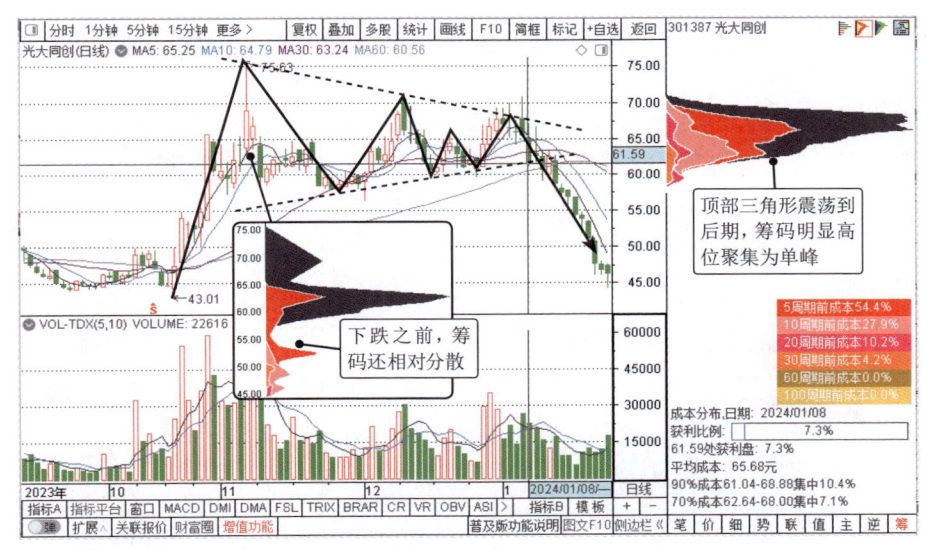

图 4-51　光大同创 2023 年 9 月至 2024 年 1 月的 K 线图

从图 4-51 中可以看到，在 2023 年 10 月下旬期间，股价上涨的速度非常快，一路上冲到了 75.63 元的最高价。在这时的筹码分布图中，下方的筹码没有完全上移，但是在当前位置已经有大量交易正在进行，由此形成了一个比较大的近期筹码单峰，可能会导致价格回调。

后续的走势也证实了这一点，股价在此受阻后很快进入回调之中，低点落到 60.00 元价位线下方不远处。一段时间后股价继续上涨，但没能突破 70.00 元价位线。在随后的一个多月时间内，价格持续震荡，低点和高点逐步向中间收敛，连接关键点后投资者就可以得到一个等腰三角形。

这时投资者还没有办法完全肯定这是一个上升等腰三角形还是顶部等腰三角形，根据成交量的表现来看，市场推涨动力稍显不足。如果在形态收敛到一定程度时，量能还无法形成支撑，那么价格向下跌破的可能性就会越来越大，投资者所面临的风险也会越来越高。

在2024年1月初，该股再一次向下接近等腰三角形支撑线时，筹码分布图中显示市场中的筹码几乎已经完全聚集到当前震荡区间内，形成一个高位单峰，变盘时机即将到来。

图4-52为光大同创2023年12月至2024年4月的K线图。

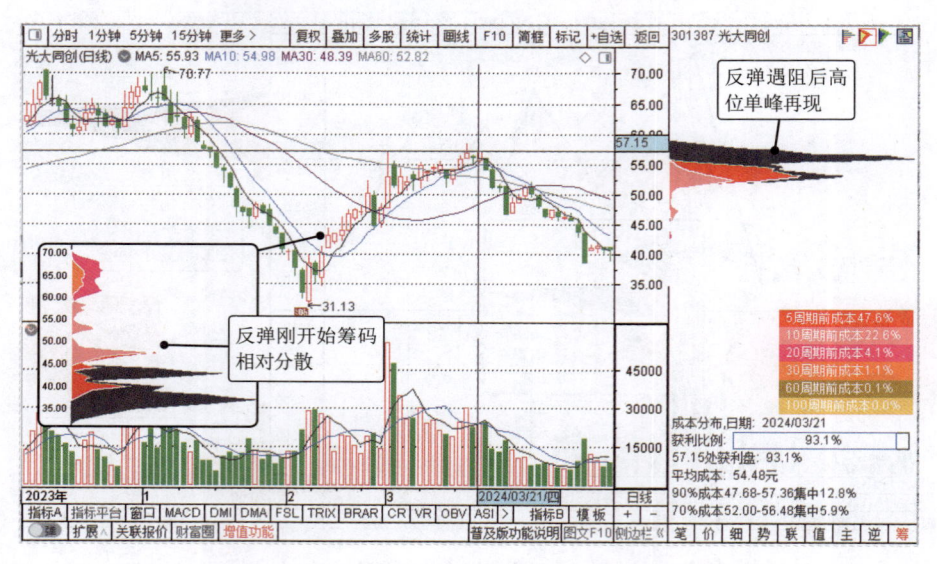

图4-52　光大同创2023年12月至2024年4月的K线图

2024年1月初，该股最终还是跌破了等腰三角形的支撑线及60日均线，并在后续持续下滑，这就是明显的行情即将下跌的标志。

该股后续在31.13元的位置止跌后形成了一波强势反弹，反弹初期的筹码呈现相对分散状态。但当价格上涨至55.00元价位线附近横盘震荡时，这些筹码又明显向上聚集为一个单峰，再一次对价格形成上涨压制。

而此时成交量又在缩减，无法给行情的上涨提供更强的动力，因此，当股价跌破60日均线时，投资者需要迅速卖出，将前期收益兑现或者止损。

第5章

技术指标与筹码分布融合

相信投资者已经在前面的大量案例中体会到了技术指标对于实战决策的重要性，比如中长期均线对市场趋势的预测作用，以及成交量与股价的背离传达出的危险信号等。除此之外，股市中还有不少实用的技术指标值得投资者去探索，同时结合筹码分布图可实现高效决策。

5.1 成交量结合筹码分布

成交量指标是股市中极为重要，也是最为常用的指标之一，在前面的众多案例中已经有所提及，它最有效的用法是与股价结合起来并分析二者的背离和配合形态。

配合形态包括量增价涨、量缩价跌、量平价平三种，背离形态则包括量增价平、量增价跌、量平价增、量平价跌、量跌价涨及量跌价平六种。

这九种基础的量价关系构成的量价理论体系，是为了衡量市场中买卖双方的力量对比及推涨助跌动能的大小。若能将其与筹码分布图结合起来，相信投资者可以更好地确定顶底反转位置及合适的买卖点。

5.1.1 量价齐升突破筹码峰

量价齐升也就是量增价涨的配合关系，指的是在股价拉升的过程中，成交量保持整体放量支撑，二者配合形成比较健康的涨势。

这种量价关系其实在行情的各个位置都可能出现，不过当其形成于上涨初期，也就是股价刚从低位反转回升的位置时，更能够体现出市场推动的积极性。

至于筹码，它们可能会在前期的低位横盘或整理震荡期间聚集在某一价位线附近形成低位峰，如图 5-1 所示。

技术图示 量增价涨配合突破低位峰

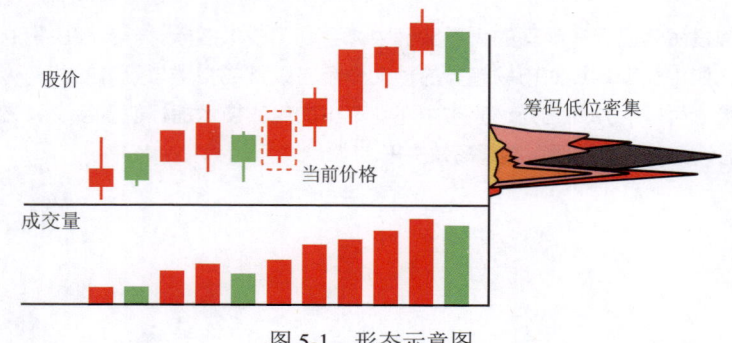

图 5-1 形态示意图

第 5 章 技术指标与筹码分布融合

当成交量支撑价格向上突破关键压力线和低位峰的上边缘形成量增价涨形态时，投资者可以迅速跟进。

除了在行情低位外，这种形态在上涨期间可能会多次形成。如果股价在回调后期形成量增价涨最终突破筹码低位峰，投资者依旧可以执行买进或是加仓操作，但要注意高位反转的风险。

接下来进入案例分析。

实例分析 则成电子（837821）量增价涨 + 筹码低位峰

图 5-2 为则成电子 2023 年 9 月至 12 月的 K 线图（1）。

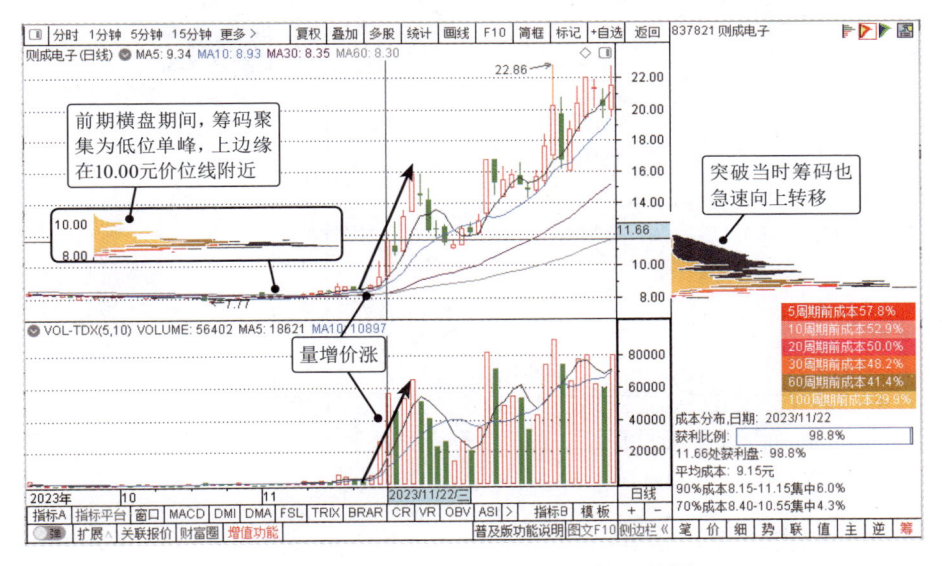

图 5-2　则成电子 2023 年 9 月至 12 月的 K 线图（1）

先来看则成电子的前期走势，在 2023 年 11 月中旬之前，该股的 K 线基本都位于 8.00 元价位线上方不远处窄幅震荡，其间 K 线实体极小，且成交量基本保持地量走平，说明市场活跃度不高。

而且筹码分布图中显示有大量筹码聚集在当前价位线附近，这意味着大部分的投资者都处于观望状态，后续发展尚不明朗，投资者也不能着急介入。

到 11 月上旬时，K 线开始小幅上升并越过了中长期均线。随着时间的推移，股价来到 9.00 元价位线附近，成交量也有小幅放大，这可能是价格即

筹码分布应用——起涨见顶买卖点分析

将变盘向上的标志，投资者要保持高度关注。

11月下旬，量能突然开始大幅放大，推动价格收出数根长实体阳线，并成功突破10.00元价位线。这不仅是股价震荡的压力线，也是前期筹码低位聚集的单峰上边缘。这一量价齐升形态加突破筹码单峰的走势传递出了清晰的看涨信号，投资者可以立即跟进。

下面继续来看后续的走势。

图5-3为则成电子2023年9月至12月的K线图（2）。

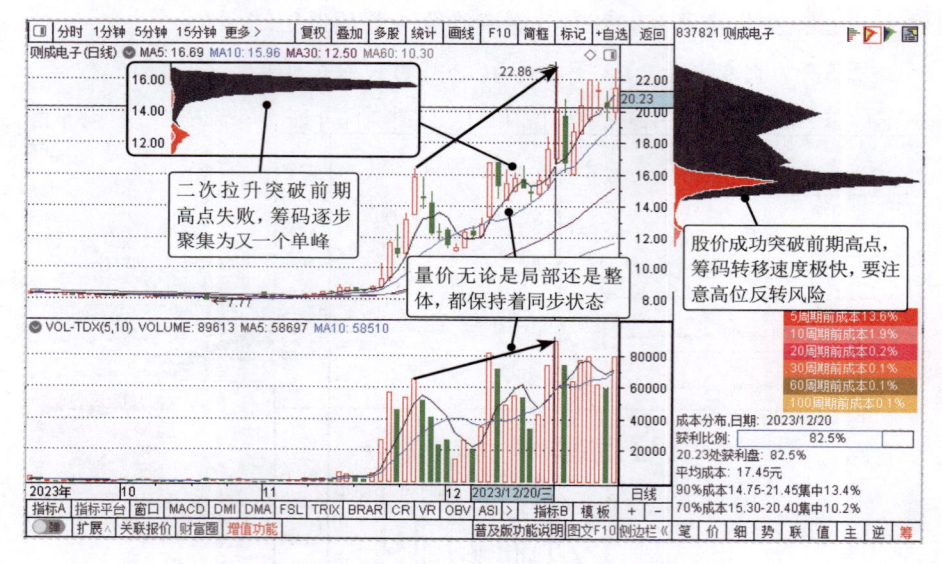

图5-3 则成电子2023年9月至12月的K线图（2）

该股的第一波上涨在16.00元价位线附近受阻后回调至12.00元价位线上，很快便形成了第二波拉升。然而，尽管量能在此时同步放大支撑，但是价格并没能第一时间突破前期压力线，而是回落到10日均线附近横盘震荡。

在震荡期间的筹码分布图中，下方筹码大量上移到14.00元到16.00元的价格区间并聚集成一个显著的单峰，说明此时市场活跃度完全被调动起来了。结合量能持续增长的状态来看，后市拉升的概率更高，投资者可以尝试着在低位补仓。

12月下旬，量能再度放大，股价继续向上突破关键压力线和筹码单峰后创出新高。虽然价格上涨的速度没有那么快，但是根据量能整体的放大表现来看，短期依旧是看涨的。

不过随着价格拉升至高位，筹码分布图中显示下方筹码向上转移的速度大大加快。这有可能是主力出货及前期获利盘大量抛售导致的，股价有可能在这种抛压下形成大幅回调，甚至是转入下跌行情。因此，投资者要注意风险，必要时先行卖出，将收益落袋为安。

5.1.2 量价背离与低位峰

量价背离形态总共有六种，放到不同的行情位置时可能会传递出截然相反的信号，因此，投资者要格外注意结合市场趋势来观察。

本节要重点介绍的就是在下跌低位形成的量增价跌背离形态，它指的是在股价持续且快速下跌的过程中，成交量反而出现增长的量价关系。这种背离关系往往意味着价格是被主动压低的，而结合个股当前加速向下的走势来看，很有可能是主力刻意压价以吸取低位筹码的表现。

若此时筹码分布图中显示有大量的近期筹码快速向下转移，就更能证实投资者对主力低位吸筹的推测，如图5-4所示。

技术图示 量增价跌导致近期筹码低位聚集

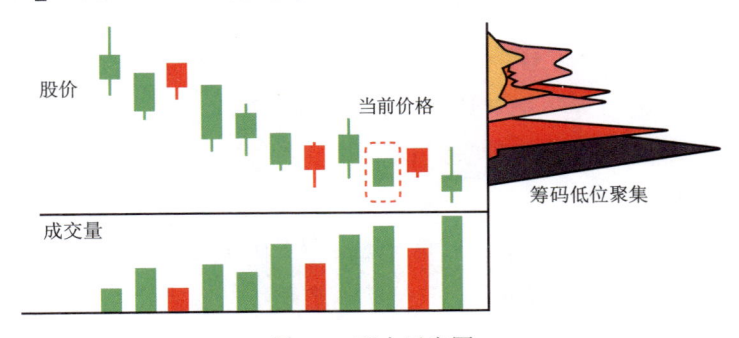

图5-4　形态示意图

当量价与筹码发生如此转变时，可能意味着在不久之后价格会筑底反转，甚至在形成一个V形底形态后快速拉升。

因此，对于激进型投资者来说，当价格触底出现上涨迹象时，可以第一时间抄底跟进，以扩大获利空间。但谨慎型投资者最好等到股价上涨稳

筹码分布应用——起涨见顶买卖点分析

定后再介入，以免判断失误反遭损失。

接下来进行案例分析。

实例分析 一博科技（301366）量增价跌＋筹码低位聚集

图 5-5 为一博科技 2023 年 11 月至 2024 年 2 月的 K 线图。

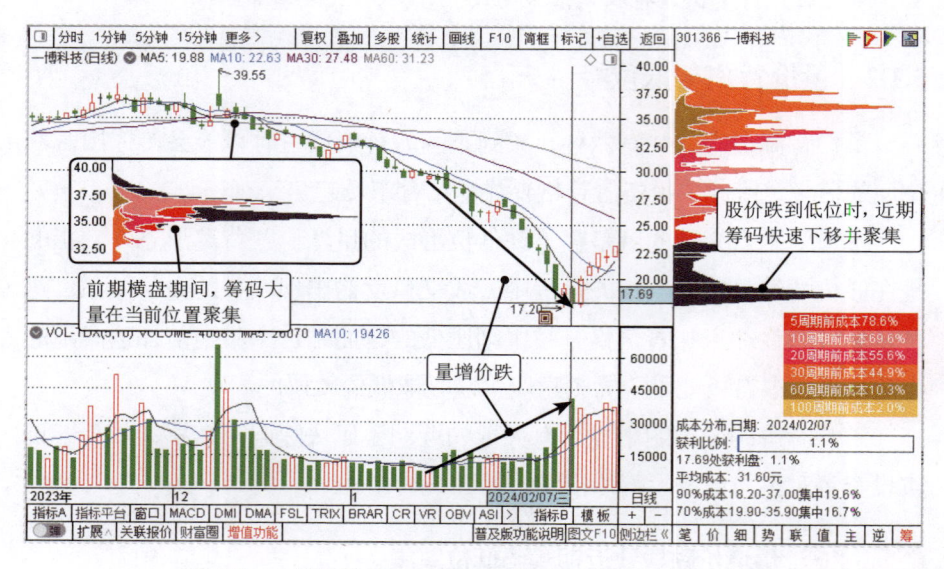

图 5-5 一博科技 2023 年 11 月至 2024 年 2 月的 K 线图

从图 5-5 中可以看到，在 2023 年 12 月上旬，股价创出 39.55 元的新高后回落横盘。期间筹码分布图中显示在 35.00 元到 37.50 元的价格区间内聚集了大量的近期筹码，市场交易相对活跃。不过根据当前走势和成交量表现来看，该股转向下跌的可能性更大。

事实也确实如此，数日后股价就迅速向下跌破两条中长期均线，不久之后将其彻底扭转向下，形成了一波持续的熊市。

当股价落到中长期均线下方时，成交量相较于前期明显缩减，后续逐步走平，呈现出冷淡状态。那么这段时间内该股显然并不适合场外投资者介入，场内投资者也要注意及时止损卖出。

进入 2024 年 1 月之后，股价先是落到 30.00 元价位线上，小幅横盘后继续下跌，这一次的跌速明显加快。该股后续落到 25.00 元价位线上方不远处后先是形成了一波小幅反弹，随后又一次加速向下，一直跌至 17.20 元的位置才止住。

观察这段时间内的成交量不难看出，在第一次加速向下的时候量能已开始放大。而在第二次加速下跌时，量能放大的趋势更加明显，与价格形成了量增价跌的背离。这可能是主力出手压价所致。

与此同时，观察价格落到低位的筹码分布图可以发现，尽管上方留存有不少的被套盘，但是还有大量的近期筹码快速下移到股价低位横盘的区间内，比较符合主力低位吸筹的推测。再加上此时的股价已经有了筑底反转的迹象，激进型投资者可以尝试抄底，但注意轻仓介入。

下面继续来看后续的走势。

图 5-6 为一博科技 2024 年 1 月至 5 月的 K 线图。

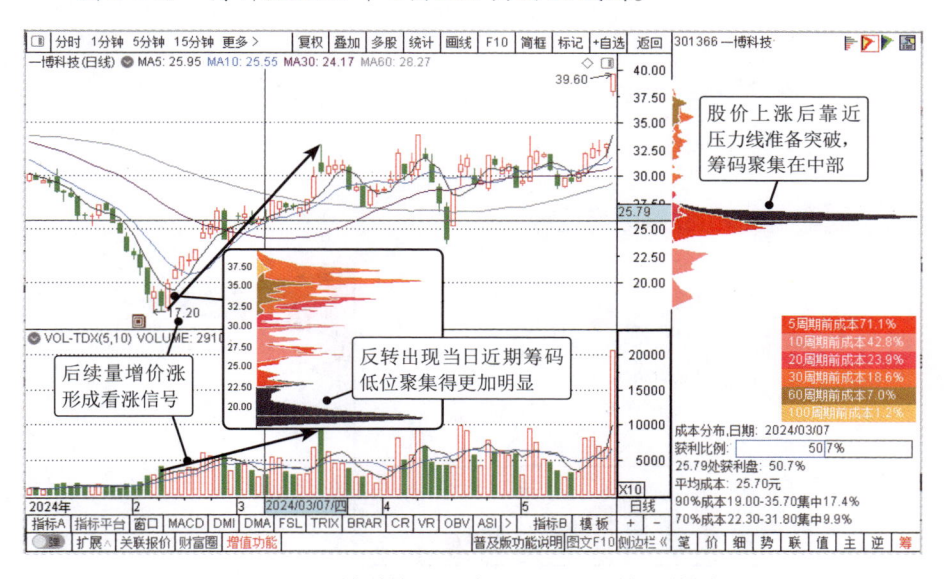

图 5-6　一博科技 2024 年 1 月至 5 月的 K 线图

数日后，随着成交量的持续放大，K 线突然收出一根长实体阳线向上接触到 20.00 元价位线。观察当日的筹码分布图可以发现，近期筹码在低位聚集得更加明显，一个单峰就此形成。

随着时间的推移，成交量持续放大，股价也在节节攀升，并在 2 月底时成功突破 30 日均线。量价齐升的关系及价格突破筹码低位单峰上边缘的走势，都在向投资者传递强烈的买进信号，此时谨慎型投资者也可以跟进。

3月初，股价在60日均线下方横盘震荡，筹码分布图中显示无论是上方的被套盘还是下方的获利盘都在向当前位置转移，形成一个显著的针状单峰，上边缘就在27.50元价位线附近。

这也是60日均线所处的位置，那么当后续价格成功向上突破这一关键压力线时，投资者就可以再次加仓，以扩大收益。

5.1.3　量价齐降跌破筹码峰

量价齐降也就是量缩价跌的关系，指的是在股价持续下跌的过程中，成交量也出现了同步缩减。这种形态在行情的各个位置都可能出现，但当其形成于一波上涨的顶部时，往往就意味着一次深度回调甚至是下跌行情的到来。

如果在量缩价跌成型的前期，股价有过横盘震荡，可能会导致筹码聚集在高位形成一个单峰，如图5-7所示。

技术图示 量缩价跌跌破高位峰

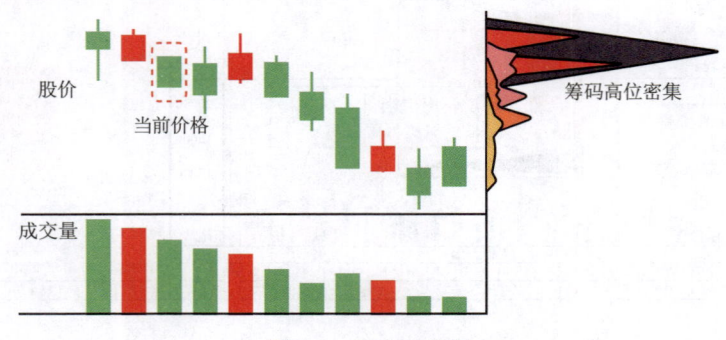

图5-7　形态示意图

那么当价格随着成交量的缩减而向下跌破单峰下边缘时，清晰的卖出信号就此形成。短线投资者需及时撤离，中长线投资者则可以根据中长期均线对股价的支撑力度来决定是否就此卖出。

接下来进行案例分析。

> **实例分析** 逸豪新材（301176）量缩价跌 + 筹码高位峰

图 5-8 为逸豪新材 2024 年 4 月至 8 月的 K 线图。

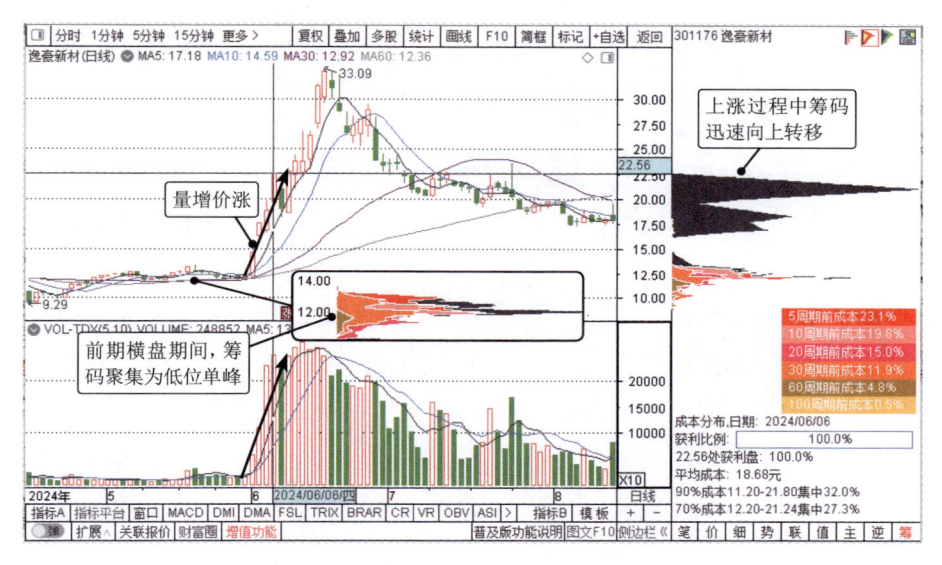

图 5-8　逸豪新材 2024 年 4 月至 8 月的 K 线图

先来看逸豪新材的前期走势，从 2024 年 3 月底开始，股价逐步拉升至中长期均线上方，并在企稳后横盘震荡了一段时间，这为筹码的低位聚集提供了绝佳的时机。

从 5 月中旬的筹码分布图中可以看到，此时市场中的大部分筹码都已经来到了 12.00 元价位线附近，上边缘在 14.00 元价位线下方。这意味着当价格向上突破这一关键压力线时，场外的谨慎型投资者可以介入，场内的投资者则可以加仓。

突破时机出现在 5 月底，成交量开始迅速放大并推动价格向上拉升，甚至形成跳空，二者配合构筑出量增价涨的状态。在上涨期间的筹码分布图中，下方聚集起来的筹码迅速向上转移，说明市场活跃度很高，并且抛压较重，投资者要注意股价短期大涨后反转的风险。

下面继续来看后期的筹码表现。

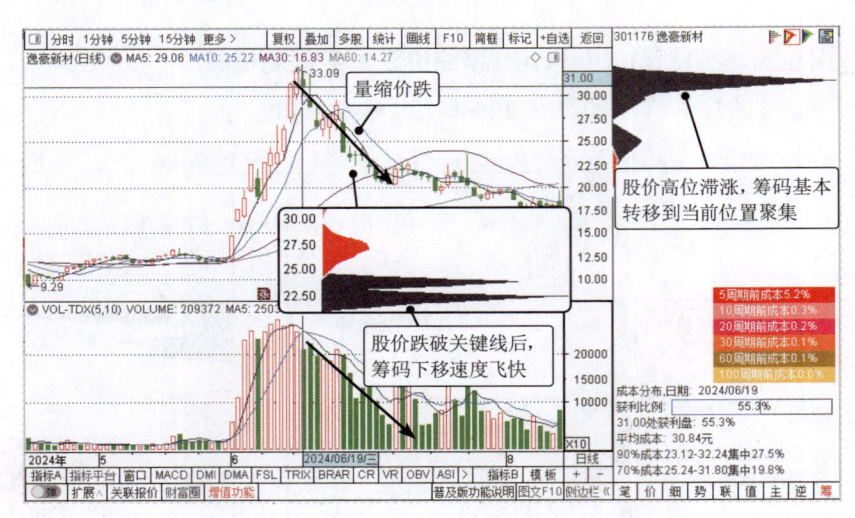

筹码分布应用——起涨见顶买卖点分析

图 5-9 为逸豪新材 2024 年 4 月至 8 月的 K 线图。

图 5-9　逸豪新材 2024 年 4 月至 8 月的 K 线图

在吸引了大量投资者入场后，6 月中旬，股价在 33.09 元的位置止涨反转，次日就出现收阴。观察当日的筹码分布图可以发现，原本聚集在 12.00 元价位线附近的低位单峰几乎已经全部向上转移至当前位置。

结合前期股价的突兀大涨来看，这很有可能是主力出货的表现，谨慎型投资者有必要现在就撤离，惜售的投资者也要注意减仓。

后续该股更是快速下跌，与此同时，成交量有明显缩减，二者形成量缩价跌的配合，预示着一波深度回调甚至下跌行情的到来。

当价格跌至 20.00 元价位线附近横盘企稳时，观察筹码分布图可以发现，上方筹码下移的速度还是很快的，说明市场卖方力量强劲。如果主力没有在后续放量支撑，那么价格将很难突破中长期均线的压制，投资者自然也难以从中获取更多的利益。

后来该股的表现也证实了这一点，那么，在这一波持续的下跌中投资者就没有必要再参与了。

5.1.4　量价背离与高位峰

股价高位的量价背离形态很多，比如量缩价平、量增价跌等，但比较实用和常见的是量缩价涨的背离，即在价格保持持续上涨的同时，成交量却提前出现缩减。

这种背离在前面的案例中已经有所提及，投资者应当知道它意味着市场助涨动能不足，股价很有可能会在不久之后出现滞涨甚至是转折下跌。

若在股价滞涨或反转，成交量也有明显缩减的同时，筹码开始快速向上转移并形成显著的近期筹码单峰，就可以进一步确定下跌趋势的临近，如图 5-10 所示。

技术图示 量缩价涨背离与近期筹码高位峰

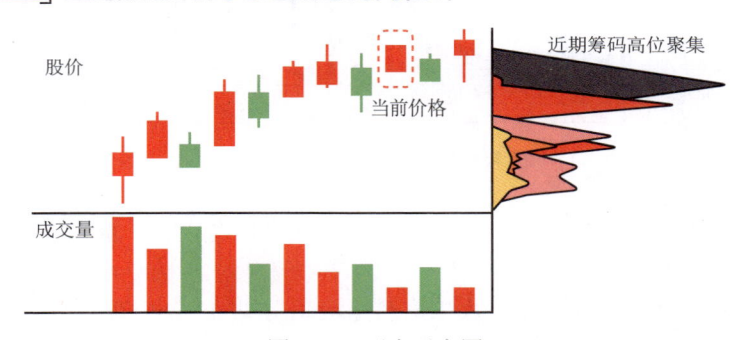

图 5-10　形态示意图

需要注意的是，这里的量缩价涨形态一般看的是成交量的高点，并非数日内的缩减。只有相较于前期拉升过程中的量能来说有明显缩减，才能更有效地证明市场注资力度的减弱。

不过在有些时候，成交量会早早形成缩减，但价格却一直维持着好几个月的拉升。这种长时间的量缩价涨背离形态显然并不利于投资者定位确切的反转点，但也不能忽视其警示信号，因此，投资者可以尝试采用分段操作的方式低吸高抛，或是轻仓持有，降低被套风险。

接下来进行案例分析。

实例分析 世名科技（300522）量缩价涨 + 近期筹码高位峰

图 5-11 为世名科技 2023 年 8 月至 12 月的 K 线图。

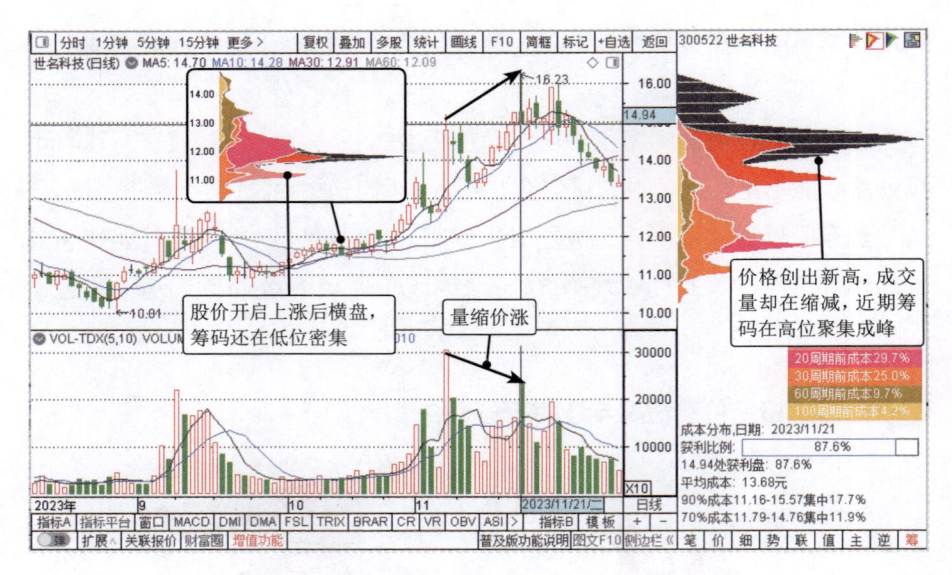

筹码分布应用——起涨见顶买卖点分析

图 5-11 世名科技 2023 年 8 月至 12 月的 K 线图

在世名科技的这段走势中，从 2023 年 8 月底开始，股价就已经出现了上涨，但是第一波拉升没能突破 60 日均线。

10 月上旬，股价才在一次上涨横盘的同时站在了中长期均线上方。观察这时的筹码分布图可以发现，由于前期股价的下跌，上方留存了不少的近期筹码，也就是被套盘。

但是随着两波上涨的进行及近期的横盘走势，也有不少的筹码聚集在 12.00 元价位线附近形成一个单峰，并且其上边缘位于 13.00 元价位线附近，也就是前面股价第一波上涨没能突破的位置。如果后续价格能够穿越这一关键压力线，后市的上涨就有一定的保障。

10 月下旬，成交量开始放量并推动价格向上，在 10 月底成功突破了 13.00 元价位线。后续股价短暂回调后继续向上拉升，收出的一根超长实体阳线甚至已经越过了 15.00 元价位线，短期涨幅极为惊人，为场内投资者带来了丰厚的收益。

此时成交量还是整体放大的。但随着价格回调踩在 10 日均线上继续上涨的走势进行，量能虽有短期放大，但是整体相较于前期依旧是缩减的，量缩价涨背离形成。

当股价上升至前期高点附近时，筹码分布图中显示下方聚集起来的低位峰已经迅速向上转移到高位，形成了近期筹码单峰。再结合此时成交量缩减的走势来看，未来该股很可能面临一波深度回调或下跌行情，投资者要注意在必要时先行兑利出局。

下面继续来看后期的筹码表现。

图 5-12 为世名科技 2023 年 11 月至 2024 年 3 月的 K 线图。

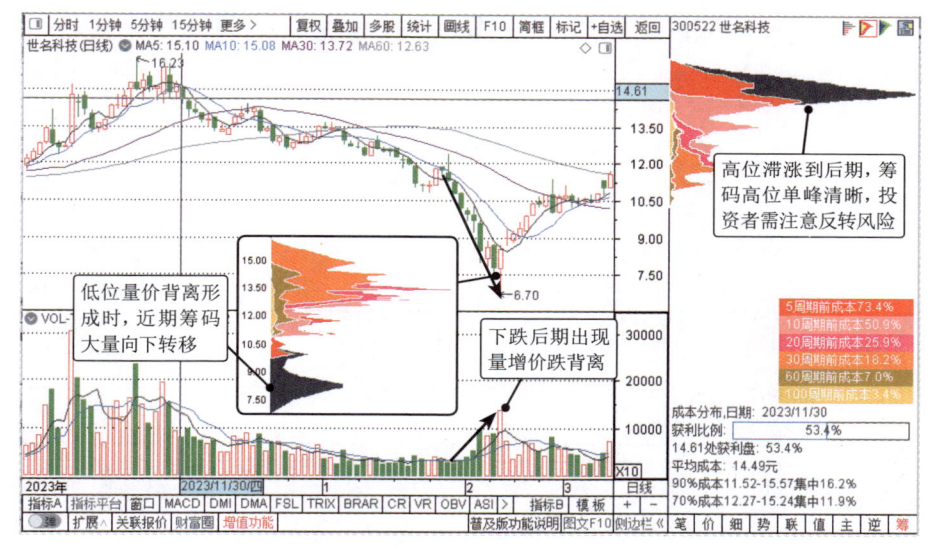

图 5-12　世名科技 2023 年 11 月至 2024 年 3 月的 K 线图

从图 5-12 中可以看到，该股在 2023 年 11 月底时出现了向下的反转。在下跌之前，筹码分布图中的高位单峰更加清晰，且下边缘在 13.50 元价位线左右。当该股在后续彻底跌破这一支撑线乃至两条中长期均线时，场内投资者就不能再继续停留了。

不过随着后续 2024 年 1 月底到 2 月初股价的加速下跌及成交量的放量背离来看，该股有可能在短期内迎来一波强势反弹。

在低位的筹码分布图中，显示着有大量近期筹码下移，可能是主力在吸筹准备构筑反弹。那么前期受损没有来得及撤离的投资者可以借助这一次反弹对冲，已经卖出的投资者则可以尝试抢反弹盈利，但要注意风险，不可如以往那样重仓跟进。

5.2 MACD 指标与筹码分布

MACD 指标全称为平滑异动移动平均线,它带有一定的平均线性质,又能从各种要素之间的交叉形态和位置关系传递出均线所不具有的信息,素有"指标之王"的美称。

下面介绍 MACD 指标的构成要素和用法,如图 5-13 所示。

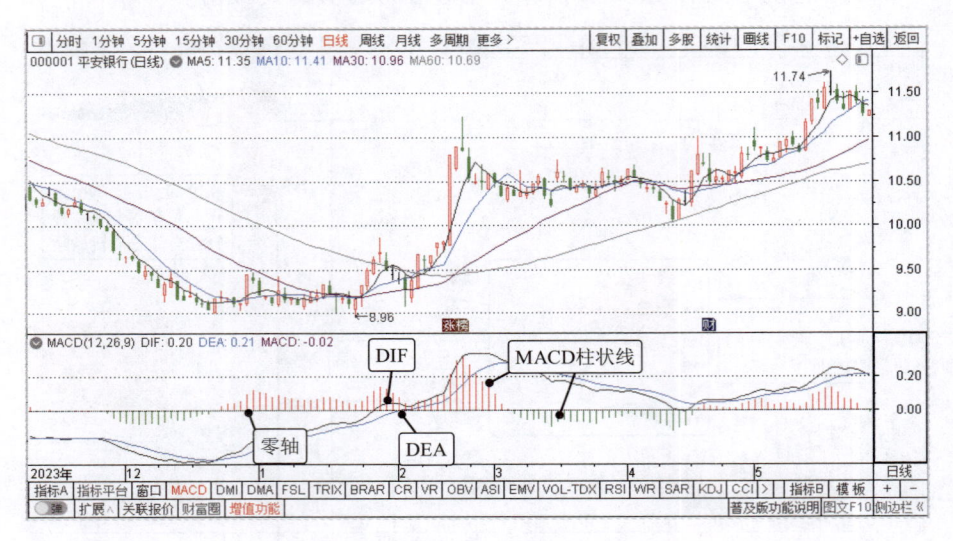

图 5-13 MACD 指标基本构成

MACD 指标由快线 DIF、慢线 DEA、MACD 柱状线和零轴构成,其中的研判关键在于两条指标线,零轴多数时候用于划分多空市场,MACD 柱状线则和两条指标线的位置有关。

DIF 和 DEA 一快一慢,因此会跟随股价的变动而产生各种不同的形态。比如 DIF 自下而上突破 DEA,形成的是被称为黄金交叉的看涨形态,当其出现在零轴下方,就是低位金叉;而当 DIF 自上而下跌破 DEA,形成的就是死亡交叉,当其出现在零轴上方,则被称作高位死叉。

MACD 指标的基础用法就是凭借这两种交叉形态和 DIF 与 DEA 的高低关系来判断市场多空双方的助推力度,同时也会借助零轴来分析当前行情是否有转折的迹象。比如当指标线突破零轴,市场可能有回暖征兆;而当指标线跌破零轴，市场就可能进入弱势。

除此之外，MACD 指标的柱状线也是一大研判利器。投资者从图 5-13 中可以看到它具有两种形态：一种是在零轴上方呈红色，另一种则是在零轴下方呈绿色，这主要与指标线关联。

当 DIF 位于 DEA 上方，说明市场近期表现相对积极，MACD 柱状线会转移到零轴上方呈红色。DIF 与 DEA 之间的距离越远，MACD 红柱越长，反之则越短。

当 DIF 位于 DEA 下方，说明市场近期表现比较弱势，MACD 柱状线会扭转到零轴下方呈绿色。DIF 与 DEA 之间的距离越远，MACD 绿柱越长，反之则越短。

因此，当 MACD 红柱开始缩短，意味着 DIF 在向下或横向接近 DEA，有形成死叉的可能性，那么股价也有可能正在滞涨或是即将下跌。反之，价格可能进入一波新的强势拉升。

相反，当 MACD 绿柱开始缩短，意味着 DIF 在向上或横向接近 DEA，有形成金叉的可能性，那么股价也有可能正在筑底或是即将反弹。反之，价格可能会出现加速下跌。

除了以上介绍的这些基础用法和形态外，MACD 指标还有许多信息可供发掘，比如某些有特殊称号的形态及指标与 K 线之间的背离形态等，下面就来介绍几个比较常见的形态与筹码分布图的结合应用。

5.2.1　MACD 指标低位形态与底部峰

MACD 指标的低位形态有很多，前面提到过的低位金叉就是其中一种。不过，单一的低位金叉分析起来可能会显得单薄，若 MACD 指标线能够有更多特殊表现，再结合筹码分布图来进一步解析，就能够更有效地定位恰当的抄底点和稳妥建仓点。

1. 空中缆绳

本节介绍的 MACD 空中缆绳形态主要由 DIF、DEA 和零轴共同构筑。

筹码分布应用——起涨见顶买卖点分析

两条指标线需要在零轴下方形成一个低位金叉，不久后突破零轴来到多头市场内，并随着股价的回调或滞涨而横向走平重叠，形成类似于缆绳的走势。当价格重拾升势，DIF 重新向上与 DEA 拉开距离时，MACD 指标的空中缆绳形态也就成型了。

显然，该形态意味着股价刚刚从一波下跌中缓和过来，低位金叉就是证明。当价格来到一定的高位时，会形成一波常规回调来释放场内获利盘的抛压，随后继续拉升，导致 MACD 指标在横盘后向上发散。

因此，筹码也很有可能在股价滞涨或回调的同时聚集在当前价位线附近，形成一个密集峰，如图 5-14 所示。

技术图示 MACD 空中缆绳形成时筹码中部聚集

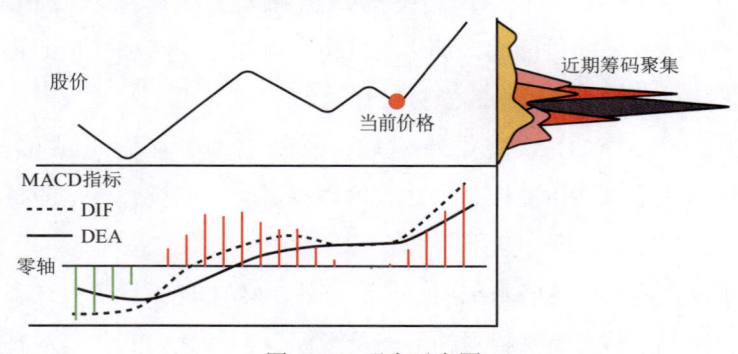

图 5-14　形态示意图

由此可见，MACD 指标的空中缆绳形态中有两个比较确切的买点：一个是在低位金叉位置的激进型抄底点，另一个则是在缆绳成型后突破完成的稳妥型建仓点。

而且当价格向上突破关键压力线和筹码密集峰上边缘时，不仅谨慎型投资者可以借此机会迅速建仓，前期已经抄底的投资者也可以加仓。

接下来进行案例分析。

实例分析 广东鸿图（002101）MACD 空中缆绳 + 筹码聚集

图 5-15 为广东鸿图 2024 年 8 月至 11 月的 K 线图。

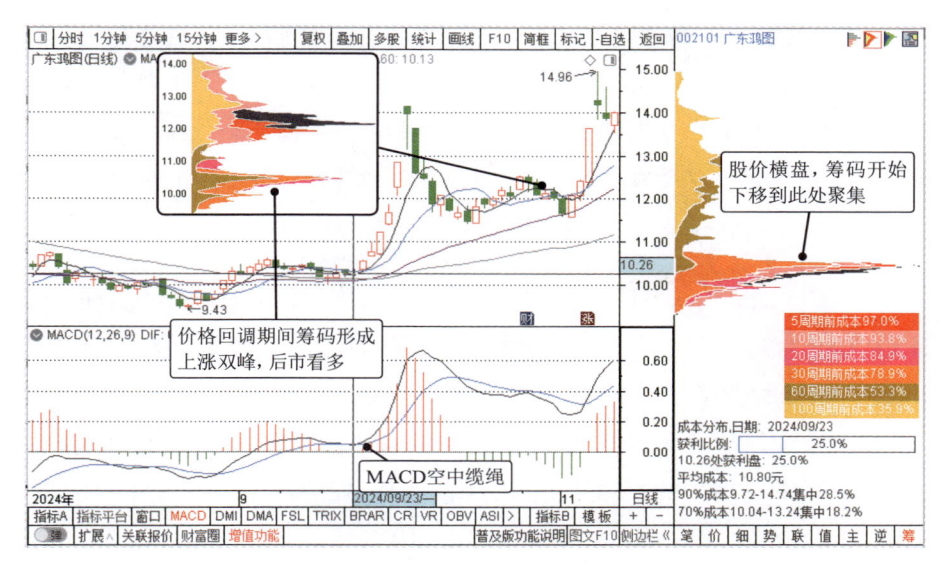

图 5-15　广东鸿图 2024 年 8 月至 11 月的 K 线图

来看广东宏图的这段走势，股价从 2024 年 8 月底开始上涨，一路拉升至中长期均线上方后横盘震荡。在横盘的后期，筹码分布图中显示虽然上方有不少的前期被套盘没有卖出，但在当前震荡区域内已经聚集了大量的近期筹码，形成一个显著单峰，上边缘在 11.00 元价位线附近。

这时回过头来观察 MACD 指标可以发现，在 8 月底股价第一波上涨的同时，DIF 就已经自下而上穿越 DEA 形成了一个低位金叉。而当价格突破中长期均线时，两条指标线也越过了零轴。

随着横盘的持续，DIF 横向靠近 DEA，二者在多头市场中重叠形成了缆绳形态。结合筹码分布图中的低位筹码聚集表现来看，该股后市高度看涨，激进型投资者已经可以尝试跟进。

9 月底，股价突然迅速向上连续跳空，一路冲到 14.00 元价位线上，同时也带动 MACD 指标线向上发散，DIF 大幅远离 DEA，空中缆绳形态彻底成型，预示着买入机会到来。

不过股价在 14.00 元价位线处受阻后形成了一波深度回调，好在低点踩在 30 日均线上得到支撑并横盘震荡。在 10 月底时观察筹码分布图可以发现，市场中形成了一个上涨多峰形态，可见短期还是有上涨机会的。

而且 MACD 指标中显示两条指标线仍处于多头市场中，股价虽然有所下降，但并没有跌破前期低点。而且当价格踩在 30 日均线上得到支撑形成快速拉升时，DIF 还自下而上突破 DEA 形成一个高位金叉，指示又出现一个买点，投资者可以再次跟进，但要注意高位被套的风险。

2. MACD 底背离

MACD 指标的底背离是股市中公认的，在该指标中最具有代表性和使用价值的形态之一。它具体是指在股价震荡下跌、低点逐步下移的过程中，MACD 指标的低点反而向上移动的背离。

这种形态意味着市场多方已经开始有所行动，可能导致股价频繁反弹或筑底横盘。这时候的筹码分布图就可能呈现出近期筹码低位密集的状态，如图 5-16 所示。

技术图示 MACD 底背离时筹码低位聚集

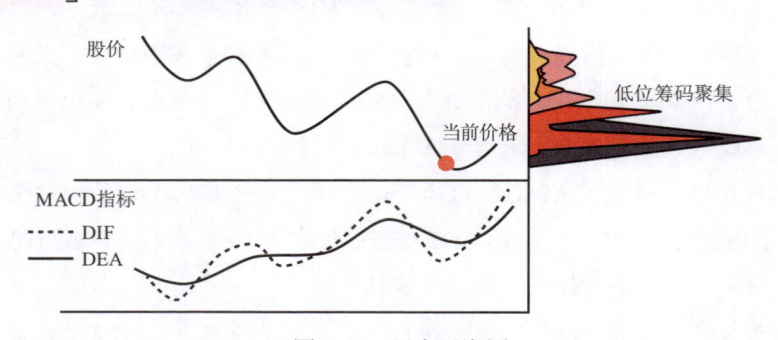

图 5-16　形态示意图

在两种指标的共同配合下，投资者就可以接收到价格在近期可能回暖的信号。如果 K 线在此时还能够形成清晰的筑底形态，比如 V 形底、双重底或头肩底等，投资者就更能确定反转的到来，进而借助多方信息确定适合自己的买进点。

接下来进行案例分析。

实例分析 博实股份（002698）MACD 底背离 + 突破筹码低位峰

图 5-17 为博实股份 2024 年 5 月至 9 月的 K 线图。

第 5 章 技术指标与筹码分布融合

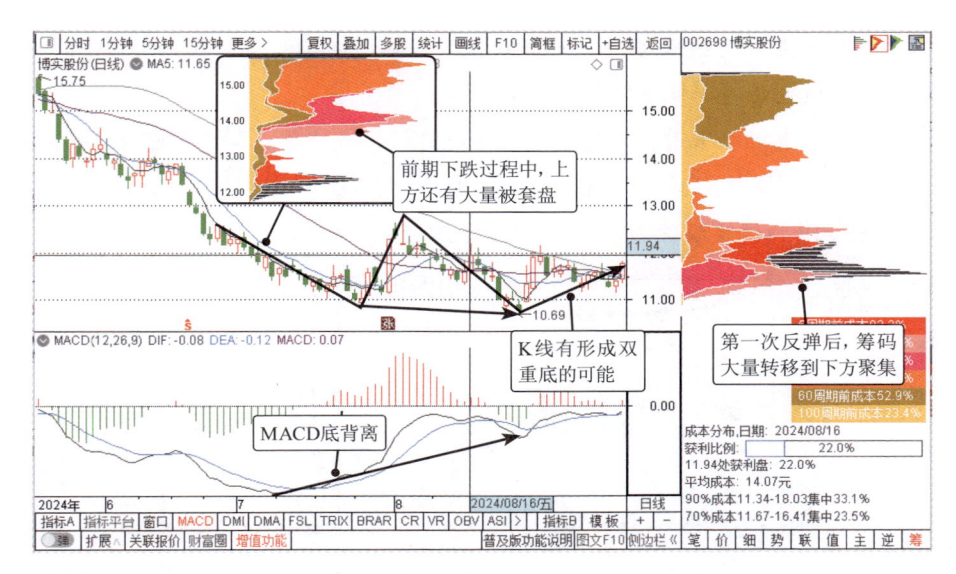

图 5-17 博实股份 2024 年 5 月至 9 月的 K 线图

从图 5-17 中可以看到，博实股份的股价在前期已经经历了比较长时间的下跌，从 15.00 元价位线上方一路滑落至 11.00 元价位线附近才止跌企稳。

这个时候回看 7 月初的筹码分布图可以发现，在这种持续下跌的过程中，市场损失惨重，上方留有大量被套盘。而在 MACD 指标中，两条指标线也在跌破零轴后持续下行深入空头市场中，整体看跌，投资者不可介入。

当价格跌至 11.00 元价位线附近后，该股开始有了筑底迹象，并在 7 月底出现了一波快速反弹突破 30 日均线。可惜的是，这只是一次短暂反弹，价格很快就在后续转入下跌。

当其落到 12.00 元价位线下方不远处时，观察筹码分布图可以发现，虽然上方还是有大量的被套盘没有卖出，但是在当前震荡区域内已经聚集了不少的近期筹码，形成一个低位密集峰。

此时再看 MACD 指标可以发现，在股价第一波反弹的同时，DIF 自下而上突破 DEA 后形成了一个低位金叉。虽然由于价格反弹时间太短，两条指标线没能突破零轴，但是当其回落并小幅跌破前期低点时，两条指标线的低点相较于前期来说有明显上移，与之形成了清晰的底背离形态。

此时再来观察 K 线的表现不难看出，该股两次止跌的低点处于相近

147

位置，大致连接关键点可得出一个双重底的雏形，且颈线就在13.00元价位线附近，这也是筹码低位密集峰的上边缘。

多方信息综合来看，该股在后续如果能够形成突破，那么上涨空间一定不会小，投资者可以蓄势以待。下面来看后期表现。

图5-18为博实股份2024年6月至12月的K线图。

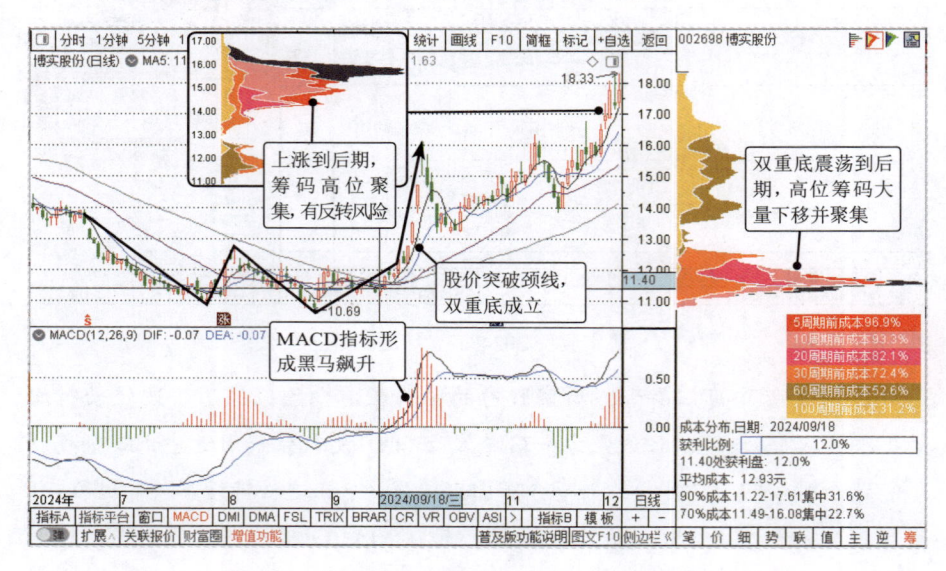

图5-18 博实股份2024年6月至12月的K线图

在9月中旬，股价一直在60日均线的压制下横盘震荡。筹码分布图中显示低位单峰愈发清晰，上方的被套盘也有明显减少，意味着市场正在蓄积力量静候价格变盘，而这个方向大概率是向上的。

数日之后，股价连续收阳向上，先是突破了60日均线的压制，随后持续拉升，最终越过了13.00元价位线，也就是双重底的颈线及前期筹码低位单峰的上边缘。

除此之外，MACD指标中的两条指标线也迅速向上突破零轴，来到多头市场之中。并且随着DIF与DEA之间距离的拉大，MACD红柱快速向上伸长，并支撑着DIF弧线向上。这是一种被称为黑马飙升的积极形态，往往意味着当前价格涨势迅猛，因此，投资者需要迅速跟进，抓住涨幅收益。

从后续的走势来看，该股在16.00元价位线上受阻后形成一波快速回调，低点落在 13.00 元价位线上方企稳并进入又一波上涨。

到 11 月底，该股已经冲到了 17.00 元价位线上方。这时的筹码分布图中显示低位峰附近依旧有一些锁定的筹码，但更多的筹码在向上转移，这会给价格的上涨造成一定的阻碍。再加上当前涨幅已高，投资者要注意下跌风险，可以通过边拉升边卖出的方式来兑利减仓。

5.2.2　MACD 指标顶背离与筹码快速上移

MACD 指标的顶背离与底背离相反，是形成于股价高位的背离形态。它是指当价格波段上涨，高点渐次上移的同时，MACD 指标的高点却反而提前下移的形态。

这时股价虽然没有表现出明显的下跌迹象，但在筹码分布图中，可能会出现近期筹码大量快速上移的走势，如图 5-19 所示。

技术图示　MACD 顶背离时筹码快速上移

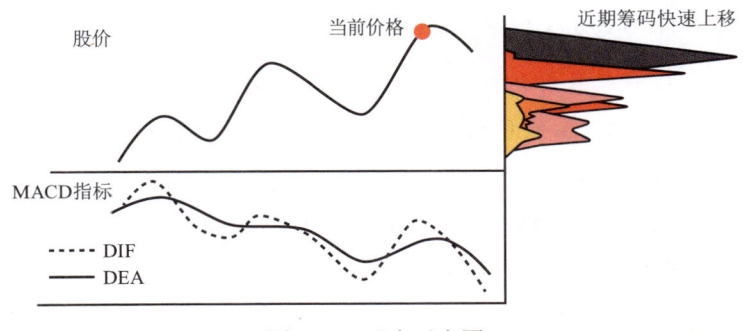

图 5-19　形态示意图

这意味着市场中存在较大的抛压，且入场资金的力度并不足以支撑价格继续快速上涨，导致 MACD 指标线提前下移形成背离。不过即便 MACD 指标形成顶背离，股价也可能不会在其形成之后立即下跌，而是高位滞涨甚至短暂地创出新高。

此时投资者切忌将其当作拉升信号看待，这可能是主力诱多的手段，也可能是市场多方最后的宣泄，不久之后股价还是会进入下跌，所以，投资者要特别注意选择合适的卖点。

实例分析 信达地产（600657）MACD 顶背离＋筹码快速上移

图 5-20 为信达地产 2024 年 9 月至 2025 年 1 月的 K 线图。

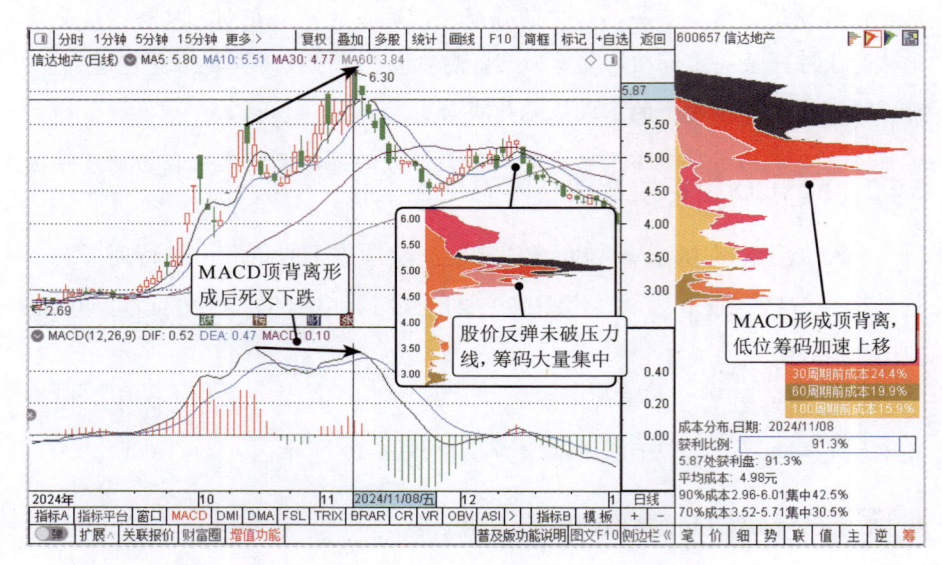

图 5-20 信达地产 2024 年 9 月至 2025 年 1 月的 K 线图

从图 5-20 中可以看到，在 2024 年 9 月中旬之前，股价尚处于中长期均线下方震荡。只是后续价格稍有回升，站到 60 日均线上横盘震荡，并在 9 月下旬开启了一波快速拉升。

与此同时，MACD 指标中的 DIF 被 MACD 红柱支撑着向上运行，形成了黑马飙升形态，催促市场投资者迅速介入。

该股的第一波拉升在 5.00 元价位线附近受阻，回调到 10 日均线附近后，重整旗鼓继续上涨，并创出新高。MACD 指标高点也被带动向上，当前形势向好，投资者可保持持有。

不过在 10 月中旬股价回调之后，股价虽然是继续向上并来到了 6.30 元的位置，但观察 MACD 指标可以发现，DIF 的高点出现下移，与高点上移的股价形成了顶背离形态。

而且价格在创出新高的当日就开始反转收阴，在当日的筹码分布图中，低位建仓的筹码快速向上移动，在股价最后一波拉升的过程中形成了密集高位多峰，说明市场抛压较重。结合 MACD 指标的顶背离来看，有可能是主力出货所致，谨慎型投资者有必要立即撤离。

数日后，股价快速下跌落到 30 日均线附近，这导致 DIF 向下击穿 DEA 后形成了一个高位死叉，预示着一波下跌行情或深度回调即将到来。

而后续的走势也证实了这一点，该股落到 4.50 元价位线附近后形成了一波反弹，但没有突破 30 日均线，而是在接触该压力线后不久便继续下跌。观察滞涨期间的筹码分布图可以发现，大部分的筹码已经集中在当前震荡区间内，对价格的上涨形成强力压制，还未撤离的投资者要抓紧时间。

5.3 趋势线配合筹码分析

趋势线其实并不能算一种指标，它是一种技术分析方法，需要投资者自行在股价上涨或下跌的过程中绘制，因此具有一定的主观性，对于投资者运用它的要求也相对较高。

即便如此，借助趋势线来观察行情走势还是非常有效的，尤其是在定位转折点时，投资者可以通过观察价格对趋势线的突破或跌破形态来决定何时买卖。

趋势线可分为上升趋势线和下降趋势线，前者是将上涨过程中紧邻的几个低点相连后，向右上方延伸形成的斜线，对于股价的震荡有一定的支撑作用；后者则是将下跌过程中紧邻的几个高点相连后，向右下方延伸形成的斜线，对股价起到的是压制作用。

而在两种趋势线的基础上，投资者还可以绘制出上升趋势通道和下降趋势通道。其中，上升趋势通道需要先在上升趋势线的基础上，以最近的一个高点为基准绘制出一条平行线，将其与上升趋势线结合起来就形成了上升趋势通道。

反之，下降趋势通道要在下降趋势线的基础上，以最近的一个低点为基准绘制出一条平行线，二者结合起来就形成了下降趋势通道，如图 5-21 所示。

这两种通道对于股价都有一定的限制作用，也就是说，如果市场没有产生大的变动，那么在一定时间内，股价大概率会在这一通道内震荡。

技术图示 趋势通道的绘制

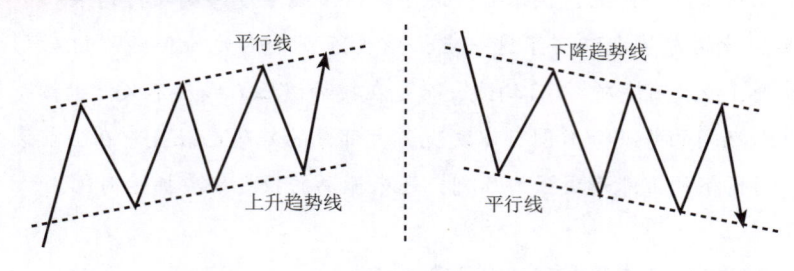

图 5-21 形态示意图

因此，投资者完全可以借助两条斜线来定位低吸高抛点。这对于短线投资者来说非常有效，对于中长线投资者来说，趋势通道也是一种确定当前行情是否延续的分析手段。

下面就来看趋势通道和趋势线与筹码分布图的结合应用。

5.3.1 上升趋势正常，筹码低位锁定

当上升趋势比较稳定，股价呈规律震荡上涨时，如果筹码能够出现部分低位锁定的情况，就说明市场中很可能有主力在参与推涨，并且当前价格并非其出货点，后续还有拉升机会，如图5-22所示。

技术图示 上升趋势稳定，筹码低位锁定

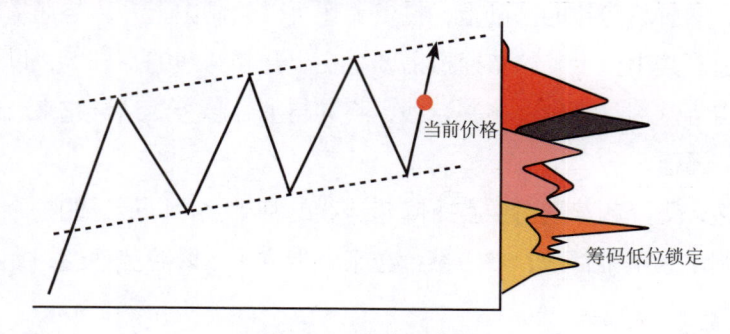

图 5-22 形态示意图

当然，判断股价上涨是否稳定规律，还要借助上升趋势通道。需要注意

的是，上升趋势线需要股价的低点连续三次落到附近，才能确定其有效性。

投资者在绘制时可以先根据前两个低点画出一条斜线，然后观察第三个低点是否能够落到支撑线上。如果可以，那么这一上升趋势线的有效性就得到了确认，上升趋势通道也就更加可靠。

但这并不意味着投资者必须要在上升趋势通道被验证之后才参与，验证成功只是更能确定上升行情的稳定性。如果投资者想要进一步扩大获利空间，完全可以在前期上涨的过程中买进。

若上升趋势通道有效性存疑，也就是没有被验证成功，投资者就要根据该股当时的具体表现来决定如何操作了。下面通过一个案例进行分析。

实例分析 沪宁股份（300669）上升趋势持续 + 筹码低位锁定

图 5-23 为沪宁股份 2022 年 12 月至 2023 年 7 月的 K 线图。

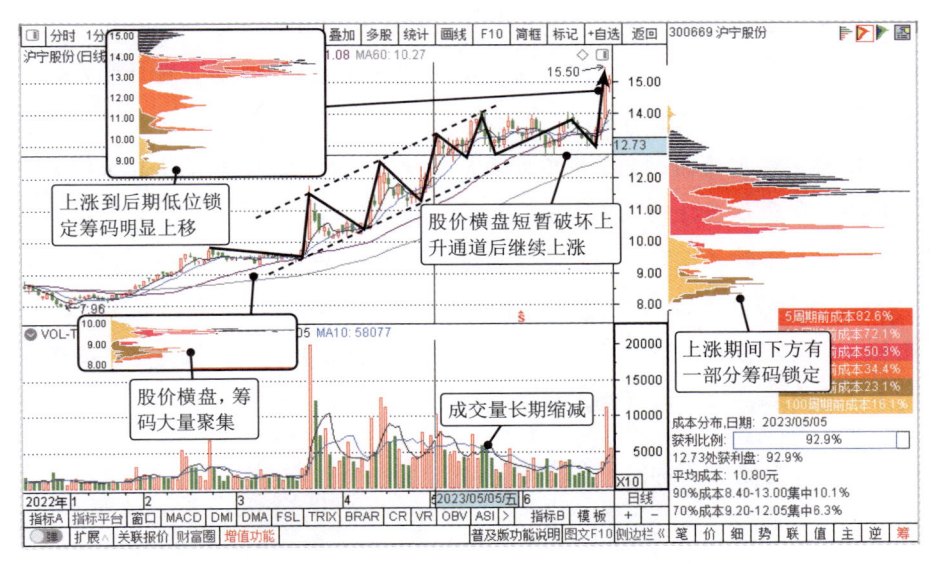

图 5-23　沪宁股份 2022 年 12 月至 2023 年 7 月的 K 线图

从图 5-23 中可以看到，沪宁股份的股价从 2022 年 12 月底在 7.96 元的位置触底后就开始缓慢回升，并且在突破中长期均线后上涨较为稳定。

2023 年 2 月底，价格来到 10.00 元价位线下方受阻后长期横盘。观察期间筹码分布图可以发现，有大量筹码聚集在 8.00 元到 10.00 元的价格区间内，这就为后市提供了一定的拉升基础，投资者可以保持观望。

3月下旬，随着成交量的迅速放大，股价快速上冲至11.50元价位线附近，随后形成回调，低点落到10.50元处。这时候市场中已经出现了两个比较清晰的低点，投资者可以尝试着绘制一条上升趋势线，看后市能否将其验证。

4月中旬，股价再一次上涨，来到12.50元处后再次回调，低点正好落在前期绘制的上升趋势线上，证明其有效。而在此基础上，以3月下旬形成的高点为基准绘制的平行线也正好在4月中旬的高点上，一个上升趋势通道就此显现，看涨信号清晰。

当股价第三次上升靠近上升趋势通道压力线时，观察筹码分布图可以发现，之前在8.00元到10.00元的价格区间内聚集的低位筹码依旧有一部分保持锁定，另一部分则随着价格的震荡上涨而向上发散。从理论上看，这是短期看涨的优质信号，有实力的投资者可以尝试加仓。

不过该股在13.00元价位线上方受阻后横盘形成的低点并没有踩在上升趋势线上，但后一个高点又能够落在上升趋势通道内，说明市场动能开始有所变化，不过上升趋势依旧。

观察上涨期间的成交量可以发现，从3月底开始，量能就一直保持着缩减状态。这虽然与持续规律上升的股价有明显背离，但因为不能立即指示出反转位置，当时的投资者只能谨慎对待，而非撤离避险。

但当价格在6月底于13.00元到14.00元的区间内反复震荡后出现又一波拉升，筹码分布图中显示低位锁定的筹码有明显上移时，投资者就要考虑主力是否有拉高出货的可能，谨慎型投资者可以先行卖出观望。

5.3.2　趋势修正失败，高位单峰形成

上升趋势的修正很简单，当下一个低点没有落到原有的趋势线上时，投资者需要将其与前一个低点连接，重新绘制一条趋势线，然后等待第三次低点落下时的验证。同时也要以需要修正的低点的前一个高点为基准绘制出新的平行线，形成新的上升趋势通道，如图5-24所示。

但是当价格明显反转甚至直接跌破上升趋势线时，上升趋势通道将无法被修正。这就是股价可能即将进入深度回调或者下跌行情的标志，也是

趋势通道用于观察行情反转的关键一步。

技术图示 下降趋势线的修正

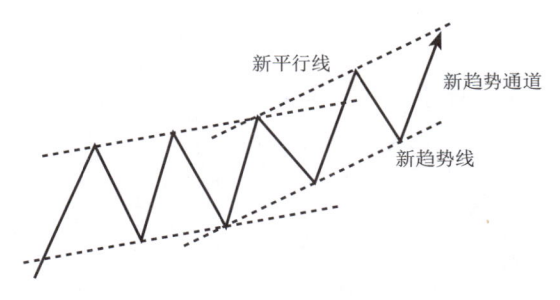

图 5-24 形态示意图

在价格高位震荡转入下跌的过程中，低位筹码可能会快速向上转移并形成高位密集，进一步确定卖出信号的可靠性，如图 5-25 所示。

技术图示 下降趋势线修正失败后筹码下移

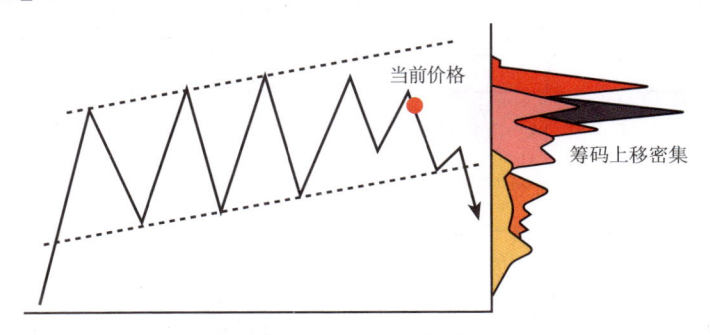

图 5-25 形态示意图

在这种行情中，投资者会面临及时止盈和后期止损的两种选择。当然，更好的方法是在滞涨的过程中减仓，当价格明显下跌时再清仓。

实例分析 震裕科技（300953）股价跌破上升通道 + 筹码高位单峰

图 5-26 为震裕科技 2024 年 1 月至 6 月的 K 线图。

在震裕科技的这段走势中，上升趋势通道的第一个低点形成于 2024 年 2 月初，价格在 30.00 元价位线附近止跌后快速向上反转。第二个低点则在 45.00 元价位线附近，连接这两个低点后可形成一条向上的趋势线。

筹码分布应用——起涨见顶买卖点分析

不过第三个低点稍微下移了一些，落到50.00元价位线上方。这时投资者可以对其稍作修正，将3月上旬的低点和这一低点连接起来，绘制出一条新的上升趋势线。同时，以3月中旬的高点为基准绘制出新的平行线，得到新的上升趋势通道。

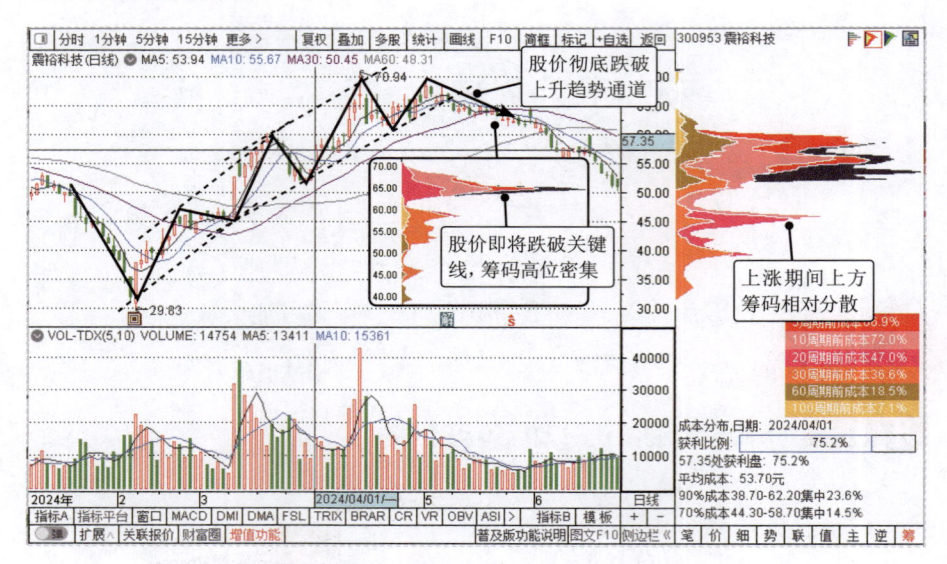

图5-26　震裕科技2024年1月至6月的K线图

在股价再次上升的过程中，筹码分布图中显示期间筹码相对分散，只是在当前的价格区间内聚集了一部分筹码。不过在上升趋势通道内，短期看涨还是有保障的。

其实这次之后投资者可以看出，上升趋势通道修正得并不明显，整个通道只是稍有倾斜，所以并不影响整个市场的看涨状态，该持有的投资者还是继续持有，没有买进的投资者也可以抓紧时间。

很快，该股在70.94元的位置触顶后再次下跌，低点正好落在新的上升趋势线上，确定了这一通道的有效性。然而在此之后，价格就再也没能突破前期高点，而是在70.00元处受阻后拐头向下，直接跌破了上升趋势线。

在筹码分布图中，低位筹码已经大量上移到当前价格附近，聚集成了一个显著的高位单峰。结合价格击穿关键支撑线的走势来看，一波下跌可能即将到来，投资者需要抓住时机卖出。

5.3.3 下降趋势正常，筹码高位锁定

在下降趋势延续的过程中，如果上方留有大量的被套筹码没有卖出，将会对价格的反弹形成强烈压制。短时间内如果市场没有给予足够的支撑动力，那么反转将会极为困难，如图 5-27 所示。

技术图示 下跌趋势延续，筹码高位不移

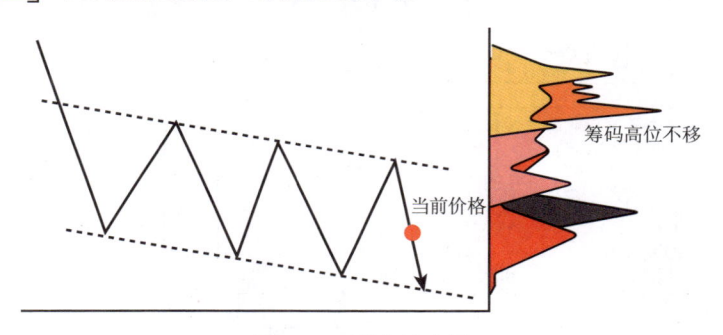

图 5-27 形态示意图

在此期间，如果下跌趋势通道内股价震荡的幅度比较大，那么股票还有一定的抢反弹盈利价值。但如果其震荡幅度比较小，投资者短时间内就没有必要参与，被套的投资者也最好果断卖出，以避开后市更深的下跌。

接下来进行案例分析。

实例分析 海大集团（002311）下降趋势通道 + 筹码高位不移

图 5-28 为海大集团 2022 年 12 月至 2023 年 6 月的 K 线图。

在图 5-28 中，海大集团的股价先是在 65.00 元价位线的压制下反复震荡，上冲两次都没能突破。其间的筹码分布图中显示有大量的高位筹码聚集，且有不少是远期筹码，说明即便是经过这一次震荡，前期被套盘也没有完全撤离的迹象。这将对价格形成巨大的压力，后市高度看跌。

事实也确实如此，股价在二次反弹没能突破压力线后开始震荡下跌，且规律性非常强，连接数个高点形成的下降趋势线很快便得到了验证。而以最近的低点为基准绘制出的平行线也支撑着低点，下跌趋势通道极为稳定。

很明显，股价在此期间的震荡幅度并不大，普遍的反弹时间在数日之内，

筹码分布应用——起涨见顶买卖点分析

因此,并未留给投资者太多的盈利或是对冲止损机会。那么场外投资者就不能再轻易介入,场内投资者也需要迅速卖出。

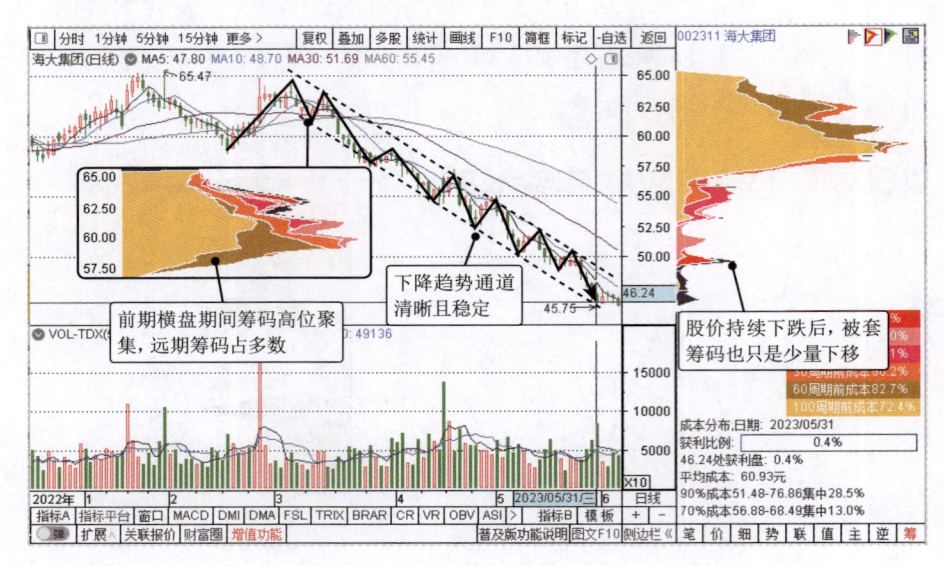

图5-28　海大集团2022年12月至2023年6月的K线图

从后续的筹码分布表现可以看出,到了2023年5月底,股价在45.75元价位线附近横盘震荡,筹码分布图中显示上方大量的被套盘只是少量下移,可见其顽固。未来价格即便有反弹,应当也不会为投资者带来太多的收益,因此,短时间内该股没有太大的持有价值,还未离场的投资者要抓紧时间。

5.3.4　趋势修正失败,筹码下移密集

下降趋势通道的修正与上升趋势通道相似,就是当价格的高点没能落在趋势线上时,投资者将其与上一个高点连接绘制出新的下降趋势线,再以最近的低点为基准绘制出平行线,得到下降趋势通道。当下一次价格落到关键线上时,就能验证其有效性。

但是,如果股价在短时间内迅速向上突破了下降趋势线,那么通道将无法被修正,这也就意味着一波新的上涨或是强势反弹的到来。此时,如果筹码能够出现快速下移并密集的状态,投资者就可以尝试着在低位吸筹了,如图5-29所示。

▲ 第 5 章　技术指标与筹码分布融合

技术图示　下降趋势线修正失败后筹码下移

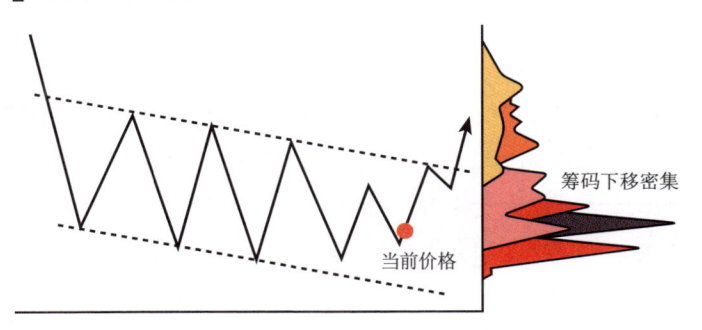

图 5-29　形态示意图

接下来直接进行案例分析。

实例分析　东材科技（601208）股价突破下降趋势 + 筹码下移密集

图 5-30 为东材科技 2024 年 4 月至 9 月的 K 线图。

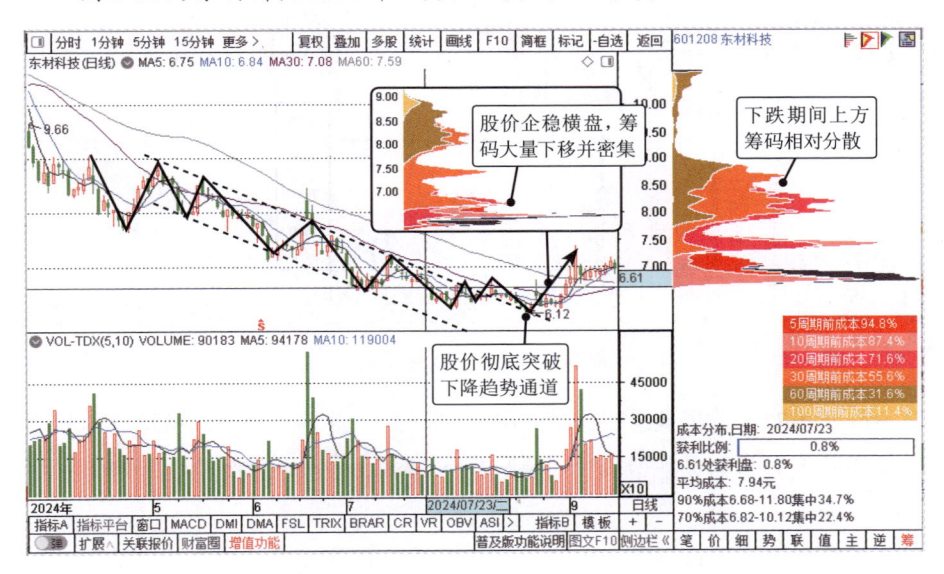

图 5-30　东材科技 2024 年 4 月至 9 月的 K 线图

从图 5-30 中可以看到一个清晰的下降趋势通道，绘制过程相信投资者已经比较熟悉了。虽然在此期间价格有小幅突破或者跌破通道线的走势，但只要能在短时间内回归，都不影响整个通道的有效性判定。

159

在下降趋势中，筹码分布图中显示上方的被套盘还比较分散，说明市场期望并不统一。而且这个下降趋势通道的震荡幅度也不大，因此，投资者还是留在场外观望比较好。

一直到 2024 年 7 月底，该股落到 7.00 元价位线下方后开始明显滞涨并横盘。在横盘期间 K 线越过了下降趋势线，而当其震荡到 8 月底时，筹码分布图中显示上方被套盘大量下移，并且密集在当前价位线附近。二者结合来看，该股可能有反弹的迹象，有意向参与的投资者要注意了。

图 5-31 为东材科技 2024 年 7 月至 12 月的 K 线图。

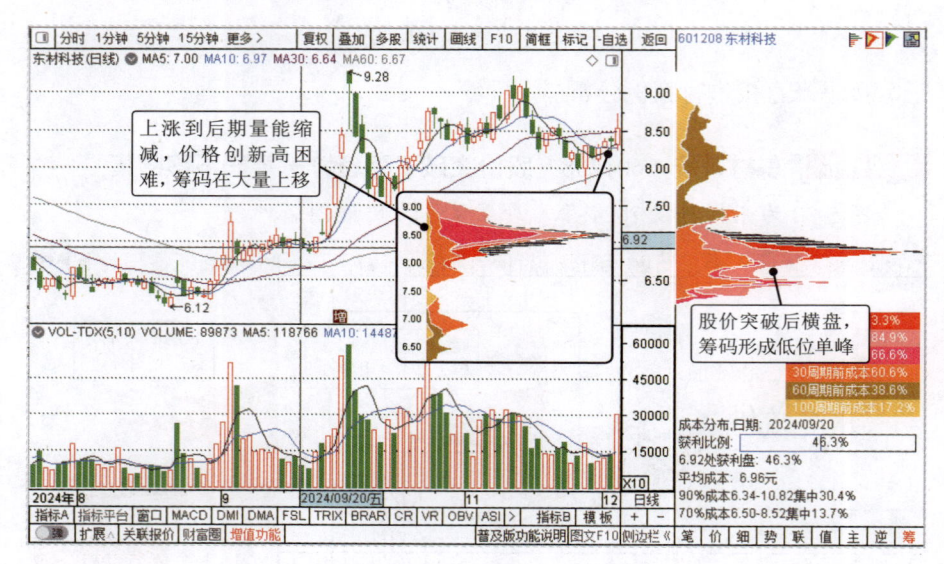

图 5-31　东材科技 2024 年 7 月至 12 月的 K 线图

从后续的走势中也可以看到，股价确实在 8 月底到 9 月初这段时间内成功向上突破了两条中长期均线，随后横向整理，其间筹码分布图中低位单峰清晰。

不久之后，股价继续向上拉升至 9.00 元价位线上方，但是后续就没能有更好的表现，反而是频频震荡，成交量也有缩减，说明反弹可能即将见顶。11 月底股价跌破 30 日均线，筹码分布图中显示下方大量筹码已经上移到当前震荡区间内形成压制，后市看跌概率较大，投资者要注意止盈卖出。

第6章
筹码分布顶底买卖实战

　　本章属于筹码分布图的实战章节，目的是帮助投资者将前面所学的大量理论知识融合起来，在实战中灵活应用，规避陷阱，扩大收益。本章将以两只股票的不同走势为例，分别展示实际操作方法。

6.1　熊市借筹码寻找止损卖点

熊市指长期的下跌行情，股票处于相对弱势状态。在此期间的市场活跃度或许没有上涨行情中高，但仍有不少投资者会参与其中寻找盈利机会，同时，一些被套投资者也需要通过反弹来止损。

因此，投资者还是有必要学习其中的筹码分布分析技术，再结合其他的指标综合判断出合适的买卖点。下面就借助富春股份（300299）的一段熊市行情，展示实操中的筹码分布技术应用。

6.1.1　筹码分布辅助反弹止损

在下跌行情出现之前的最后一波上涨中，往往包含着多方和主力的最后宣泄，股价上涨的速度可能会非常快。但是投资者一定不要被这种快速上涨蒙蔽，而是要学会借助成交量指标和筹码分布图来分析可能的反转位置，进而提前作出决策。

当然，即便股价确实转入下跌，投资者也有机会利用反弹对冲损失。但一定要注意，行情转势后的反弹是很难突破前期高点的，如果投资者是在高位被套，就不要奢望借此完全止损，有时候及时割肉才是更好的选择。

实例分析　行情转势后借助反弹对冲

图 6-1 为富春股份 2022 年 12 月至 2023 年 4 月的 K 线图。

从富春股份的前期走势中可以看到，股价在 2022 年 12 月底落到 4.90 元的位置止跌后开始上涨，在 2023 年 1 月底成功突破两条中长期均线后稍微加快涨速，来到 6.00 元价位线附近，随后在下方横盘了一个半月的时间。

观察横盘后期的筹码分布图可以发现，市场中的大部分筹码都集中在 6.00 元价位线下方，呈现出一个针状单峰，说明市场正在等待转机。而从中长期均线的表现来看，该股向上突破的可能性还是比较大的。

当时间来到 3 月下旬，成交量突然放量，推动股价迅速向上拉升，一直冲到 8.00 元价位线附近才再度横盘。观察 MACD 指标可以发现，原本在零轴上方不远处走平的两条指标线也快速向上拉升并分散开来，DIF 在 MACD

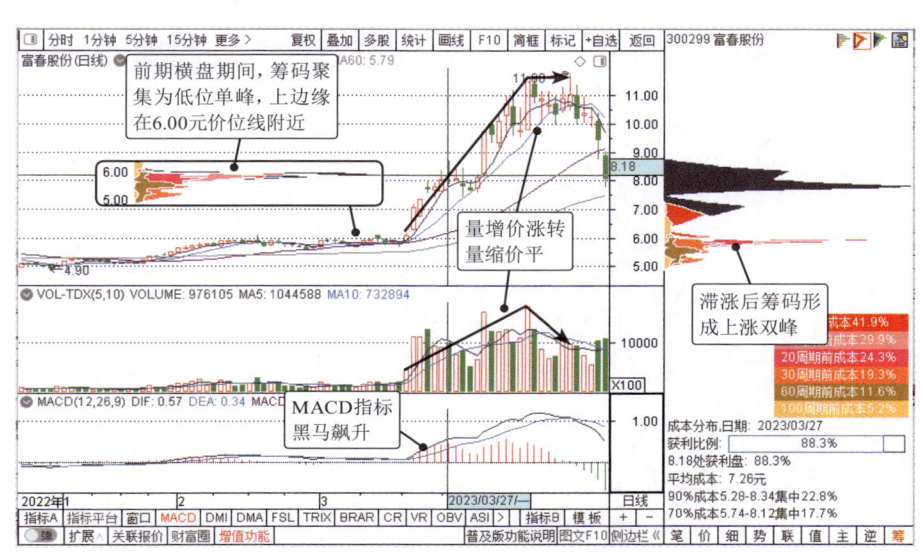

红柱的支撑下上扬，形成了黑马飙升形态。

图 6-1 富春股份 2022 年 12 月至 2023 年 4 月的 K 线图

除此之外，筹码分布图中也显示，原本聚集在 6.00 元价位下方的筹码没有完全上移，而是部分锁定。而当价格在 8.00 元价位线上横盘时，又有大量近期筹码聚集在此处，由此形成了一个上涨双峰形态。这是后市看涨的标志，投资者可继续持有。果然到了 4 月初，股价继续上涨，冲到了 11.00 元价位线上方，但后续却开始走平震荡，低点踩在 10.00 元价位线上。

此时来观察成交量，可以发现量能在 4 月初股价冲到 11.00 元价位线上方创出新高后就开始缩减，与走平的股价形成了明显的高位背离。而在 MACD 指标中，DIF 也开始向下扭转并跌破 DEA，形成了一个死叉。

因此，尽管这时的股价还在横盘震荡，后市转入下跌的可能性却在大大增加，投资者一定要保持警惕，必要时先行卖出。

图 6-2 为富春股份 2023 年 4 月至 6 月的 K 线图。

到了 4 月下旬，该股反复下探 10.00 元价位线，筹码分布图中显示原本在 6.00 元价位线下方锁定的部分筹码早已向上转移到当前震荡区间内，形成一个显著的高位单峰。那么综合成交量的缩减和 MACD 指标的高位死叉来看，该股向下跌破关键支撑线的可能性极大。

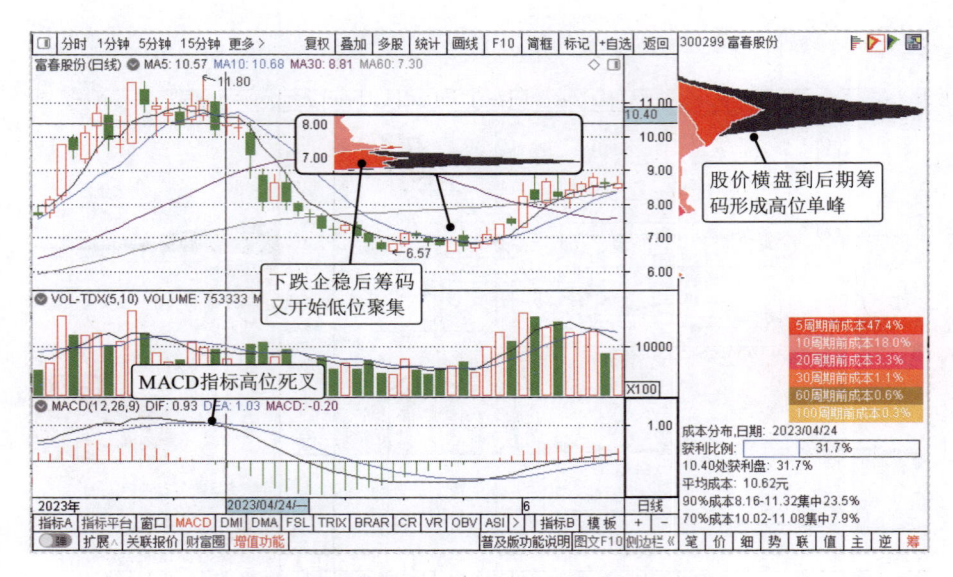

筹码分布应用——起涨见顶买卖点分析

图 6-2 富春股份 2023 年 4 月至 6 月的 K 线图

事实也确实如此，在 4 月底，股价就连续收阴击穿了 30 日均线和 60 日均线，一路落到 7.00 元价位线下方才止跌横盘。

在横盘期间，筹码分布图中显示又有大量近期筹码向下转移到当前位置，形成了一个低位密集峰。这与前期股价最后一波上冲之前的形态非常相似，而且 MACD 指标中的 DIF 也开始走平并靠近 DEA，有形成低位金叉的迹象，说明后市该股有可能反弹，这是一个绝佳的止损机会。

图 6-3 为富春股份 2023 年 5 月至 8 月的 K 线图。

5 月底，成交量开始迅速放大并支撑股价上冲，K 线成功突破了两条中长期均线。然而就在突破的次日，成交量出现缩减，并在后续连续掉落，与持续上涨的股价形成了明显的量缩价涨背离。

而在 MACD 指标中，指标线虽然在股价短期上冲的带动下形成低位金叉后突破了零轴，但由于后续涨速明显减缓，指标线并没有能深入多头市场太多。结合成交量的背离走势来看，反弹可能即将见顶。

6 月下旬，该股创出 9.91 元的新高，当日的筹码分布图中显示下方筹码快速上移，再度聚集成了高位密集峰。虽然整体看来稍有分散，但投资者依旧能够看出市场中巨大的抛压对股价反弹的压制力。

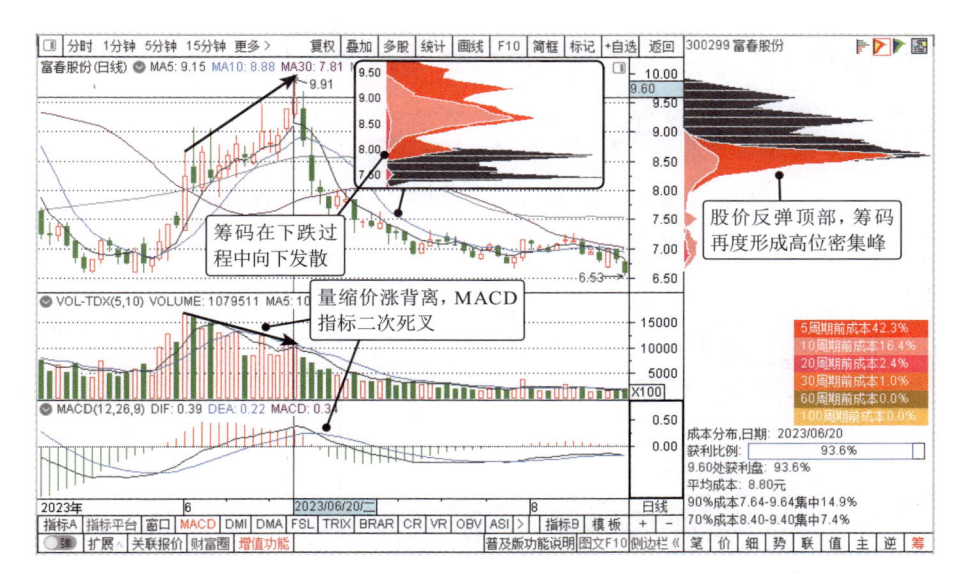

图 6-3　富春股份 2023 年 5 月至 8 月的 K 线图

就在创新高的次日，K 线开始大幅收阴下跌，后续更是连续向下击穿中长期均线，并带动 MACD 指标形成一个高位死叉。而且因为这个死叉与前面一个高位死叉的横向位置相近，纵向位置稍有下降，构筑出的是一个二次死叉形态，更加确定下跌行情的形成和反弹的结束。

而且当后续股价持续下跌时，筹码也在向下发散，场内抛压一直保持着较高的水平，还未离场的投资者最好抓紧时间。

6.1.2　下跌期间借筹码分布抢反弹

当投资者确定行情已经转入下跌后，其实已经可以完全撤离了，但是仍有部分短线投资者可以参与其中，毕竟如果股价震荡幅度比较大的话，一些反弹还是还有盈利价值的。

况且除了这些技术面信息外，如果该股的基本面表现较好，投资者还是可以对该股保持长期关注，以防一波牛市突然到来却来不及跟进。

实例分析　筹码分布定位抢反弹时机

图 6-4 为富春股份 2023 年 7 月至 12 月的 K 线图。

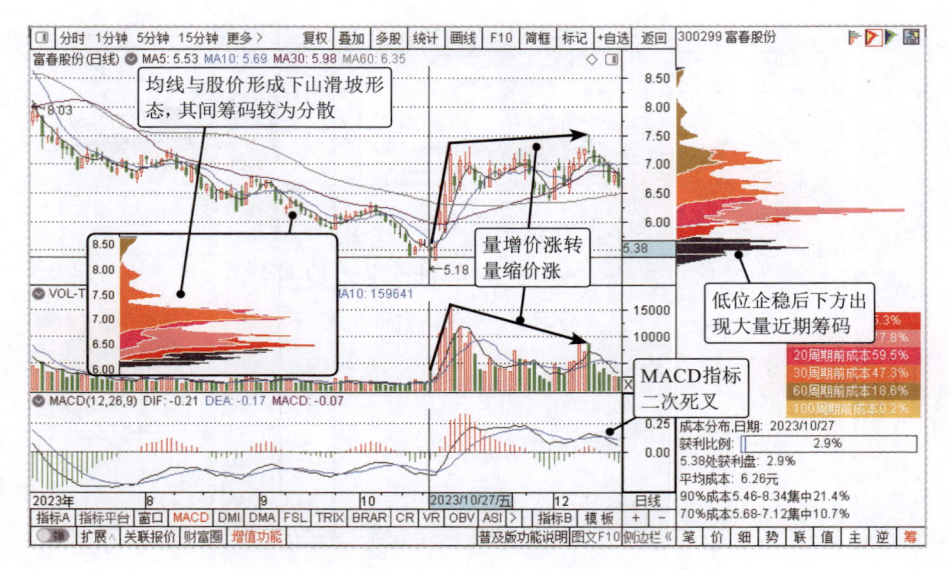

筹码分布应用——起涨见顶买卖点分析

图 6-4　富春股份 2023 年 7 月至 12 月的 K 线图

从图 6-4 中可以看到，当价格下跌到 7.00 元价位线附近后，虽然有过一波小幅反弹，但没能突破 30 日均线的压制，且在后续两三个月的时间内都呈现出波浪下跌的状态。

其间，30 日均线和 60 日均线一直压制在 K 线上方，二者结合形成了一种被称为下山滑坡的持续性看跌形态。一般来说，在这种形态构筑期间，如果价格震荡幅度不太大，投资者没必要冒险。

其间的筹码分布图中也显示出当时的筹码较为分散，且整体处于向下波段转移的状态。MACD 指标中的两条指标线也都在零轴下方波动，因此，投资者不要着急在此期间参与。

2023 年 10 月下旬，价格跌到 5.50 元价位线附近后开始横盘震荡，其间的筹码分布图中显示，有大量近期筹码开始向下转移到当前横盘价位线附近，且呈现出一个单独的筹码峰，说明主力有可能正在低位建仓，准备下一波拉升，投资者可给予一定的关注。

果然，数日之后成交量开始迅速放大，并支撑价格向上成功突破两条中长期均线。与此同时，MACD 指标中的两条指标线也拉高向上突破零轴，进入多头市场之中，这是投资者一个绝佳的买进机会。

然而，此次反弹并没能冲得太高，价格在 7.50 元价位线下方受阻后长期横盘。后期虽然有过多次上冲，但是都没能突破成功。

当时间来到 12 月初，股价向上接触到 7.50 元价位线时，成交量中已经显示出明显的缩减状态，并且 MACD 指标也在此波段期间形成二次死叉，说明此次反弹可能即将见顶，下面来看具体情况。

图 6-5 为富春股份 2023 年 10 月至 2024 年 2 月的 K 线图。

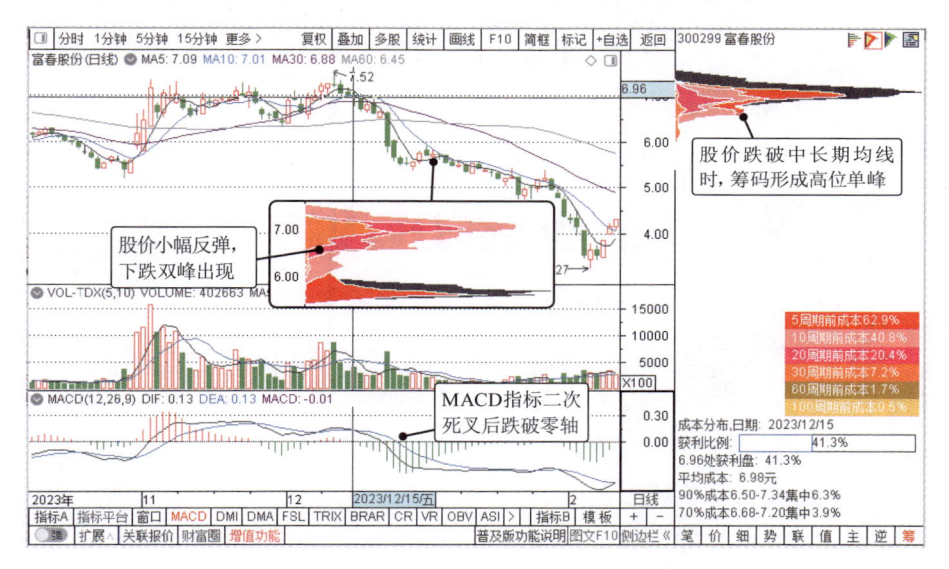

图 6-5　富春股份 2023 年 10 月至 2024 年 2 月的 K 线图

12 月中旬，股价落到 7.00 元价位线附近，并即将接触到 30 日均线，此时，筹码分布图中显示大部分筹码都已经聚集到当前震荡区间内，形成一个显著的高位单峰。结合前面的多个危险信号来看，可能是下跌即将开启的标志。

12 月下旬，股价果然开始连续收阴向下并跌破两条中长期均线，落到 5.50 元价位线附近横盘震荡。在此期间的筹码分布图中，一个清晰的下跌双峰出现，该股股价后续将受到长期的抛压压制，短时间内没有太高的参与价值。并且此时的 MACD 指标线也已经落到零轴下方，投资者要暂缓介入的脚步。

图 6-6 为富春股份 2024 年 1 月至 6 月的 K 线图。

2024 年 1 月底，股价在 5.00 元价位线附近横盘震荡一段时间后突然开始加速下跌，并且成交量也有明显放大，形成量增价跌的低位背离。从前面

筹码分布应用——起涨见顶买卖点分析

的一些案例和理论来看，这有可能是主力正在低位建仓的表现。这时的筹码分布图中也显示有大量的近期筹码在向下转移，可能就是主力正在低位吸筹的表现。

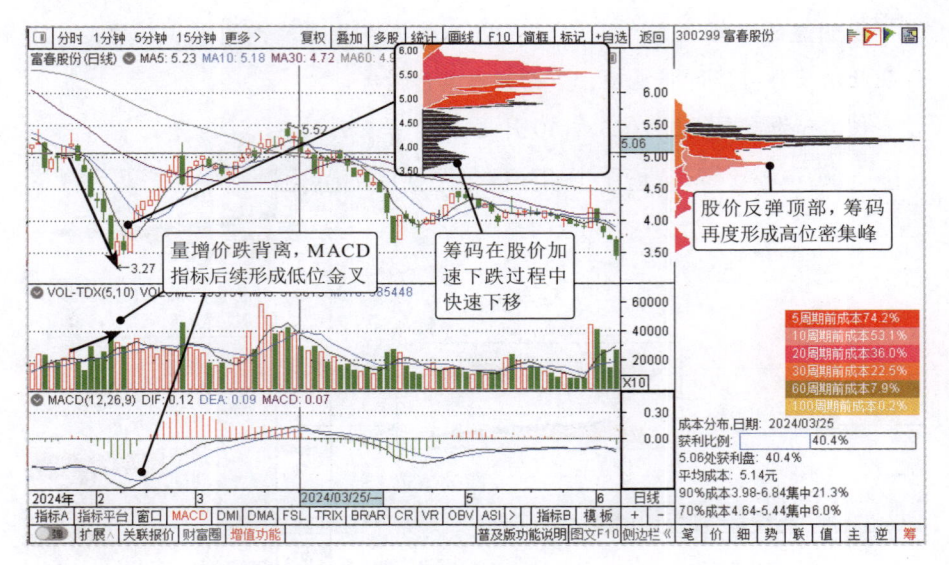

图 6-6　富春股份 2024 年 1 月至 6 月的 K 线图

当股价在 3.27 元的位置触底后开始反转向上，短时间内涨速极快，而且 MACD 指标也在低位形成了一个金叉。但是由于成交量没有相应增长，整段上涨看起来并不十分可靠。

其实，这可能是因为主力手中握有较多筹码，因此，不需要太多量能便可以拉动价格向上，但也不排除价格无量上涨之后很快便会转入下跌的可能，因此，投资者在参与这一波反弹时一定要谨慎并轻仓介入。

一个多月后，股价来到 5.50 元价位线下方并成功突破 60 日均线，然而后续没能有更好的表现。在筹码分布图中，市场中的大部分筹码又开始向中间聚拢，形成一个针状单峰。这与前面反弹高点的筹码分布状态非常相似，有可能又是一波下跌即将到来的预兆。

再看成交量，发现这时的量能早已经开始缩减，MACD 指标中的指标线也只是小幅突破了零轴，现在正有向下形成高位死叉的迹象。一切信号都在预示着危险，有了前期经验的投资者一定要注意提前卖出，避免被套。

6.2 牛市借筹码寻找起涨买点

在牛市中操盘,除了要借助中长期均线及成交量等表现来确定当前趋势是否稳定外,投资者还需要通过对筹码进行分析来判断合适的买入点。尤其是在牛市中,主力参与的痕迹可能会非常明显,如果能够跟上他们的脚步,投资者是有可能实现大幅盈利的。

下面通过征和工业(003033)的一段上涨行情来分析筹码分布图如何带给投资者合适的盈利机会。

6.2.1 上涨初期定位抄底点

在牛市中定位买入点是很重要的,这关系到投资者的参与成本如何。不过不同投资风格和风险承受能力的投资者,要注意自己选择的买点中风险与收益的平衡。如果是在下跌企稳的位置就买进,虽然投资者有直接抄底的可能,但也不能排除被套在半山腰的风险。

这一点相信投资者在前面的许多案例中已经有所体会,这里就不再赘述。下面直接进入征和工业的上涨初期走势,观察筹码分布图和其他指标在其中的运用。

实例分析 上涨初期的买卖位置

图6-7为征和工业2022年2月至5月的K线图。

先来看前面最后一波下跌期间的走势,从2022年2月到4月期间,K线一直处于中长期均线下方,震荡期间虽有波动,但始终没能突破压力线。

观察下跌期间的筹码分布图可以发现,随着价格的持续下滑,筹码也在不断地向下分散。在此期间,成交量呈现出持续的缩减状态,MACD指标线也都处于零轴以下,整体弱势信号明显,没有太好的介入机会。

到了4月下旬,股价突然开始加速下跌,并且成交量也有小幅放大,不过整体来看并不明显。因此,当价格在后续出现反转上升时,就算筹码分布图中显示有大量近期筹码开始向低位聚集,也可能是主力低吸建仓造成的,谨慎型投资者还是不能立即介入。

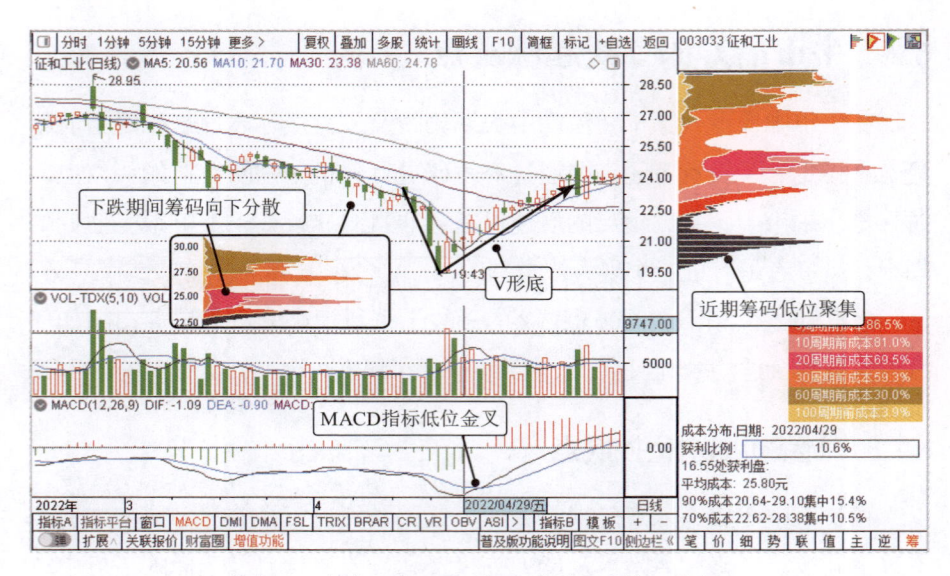

筹码分布应用——起涨见顶买卖点分析

图 6-7 征和工业 2022 年 2 月至 5 月的 K 线图

不过随着价格向着 30 日均线持续靠拢，并在后续成功向上突破，MACD 指标也在低位形成了一个金叉上行，投资者完全可以认定该股可能即将进入一波强势反弹甚至是上涨行情。

一段时间后，股价成功向上来到了 60 日均线附近，并开始横向震荡，这也是前期股价开始加速下跌的位置。此时投资者已经可以观察到一个比较清晰的 V 形底形态，若后续价格能够成功向上突破 24.00 元价位线，那么谨慎型投资者买进就更有保障。

图 6-8 为征和工业 2022 年 4 月至 7 月的 K 线图。

从后续的走势中可以看到，到了 5 月底，股价已经横盘并在 60 日均线上站稳。筹码分布图中显示大量筹码向当前震荡区域聚集形成一个显著的单峰。而与此同时，MACD 指标线都已经成功向上突破零轴来到多头市场中，发出积极信号，这时谨慎型投资者已经可以跟进了。

后续股价也很快出现上涨并成功越过 24.00 元价位线，宣告前期的 V 形底成立。在未来的一个多月时间，该股波段上升到 27.00 元价位线，在此受阻后形成一波小幅回调。

在回调期间观察筹码分布图可以发现，下方大量筹码开始向上转移，说

170

明有大量获利盘在此兑利出局，股价的回调可能还要持续一段时间，短线投资者可以先行卖出，中长线投资者可以观察后续价格是否会跌破 60 日均线。

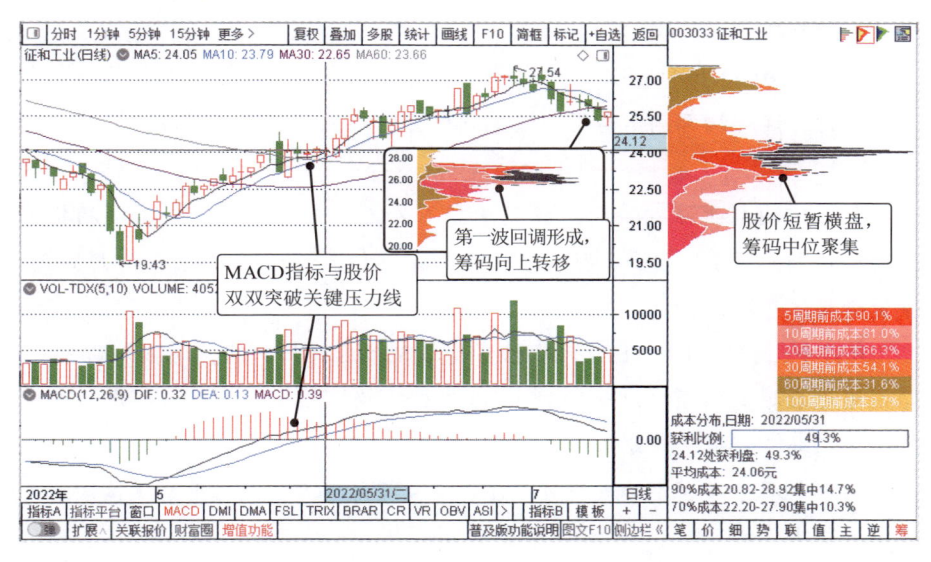

图 6-8　征和工业 2022 年 4 月至 7 月的 K 线图

图 6-9 为征和工业 2022 年 6 月至 9 月的 K 线图。

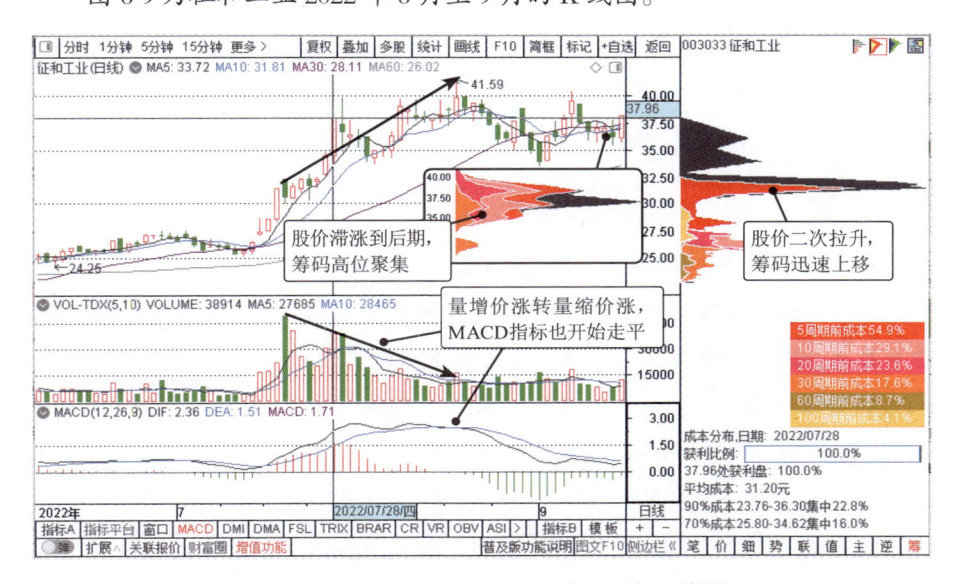

图 6-9　征和工业 2022 年 6 月至 9 月的 K 线图

继续来看后面的走势，7月中旬，该股落到30日均线上得到支撑并开始第二波拉升。这一波上涨速度明显更快，并且成交量在前期也有明显的放大，筹码积极向上发散。

观察MACD指标可以发现，指标线又在零轴上方不远处形成了一个金叉后上行，这一切都预示着下一波盈利机会的形成，投资者可以重新跟进或加仓。

然而，随着上涨的持续，成交量在不久之后出现缩减，MACD指标紧随其后走平，二者都与股价形成了顶部背离，说明下一波回调可能即将到来，投资者要注意观察。

8月中旬，股价在11.59元的位置阶段见顶后开始回落，向下来到30日均线附近后横盘震荡。这时的MACD指标已经形成了一个死叉下滑，但没有击穿零轴，股价也持续横盘。

观察筹码分布图中的表现可以发现，大量筹码聚集到当前震荡区间内形成高位单峰，说明市场中的投资者大多都集中在这一区间内等待变盘的出现。至于后市表现如何，投资者该去该留，还要继续看下一小节的内容。

6.2.2 上涨后期注意及时止盈

在上涨后期，投资者要注意的就是及时止盈。对于短线投资者来说，这应当是轻车熟路的，最需要注意的是中长线投资者。

实例分析 上涨高位的危险信号

图6-10为征和工业2022年8月至12月的K线图。

2022年10月初，股价在60日均线上得到支撑后开始变盘向上，迅速突破前期压力线后短暂回调。筹码分布图中显示当前形成了一个上涨双峰形态，说明后市还有上涨可能，投资者可继续持有。

一段时间后，股价来到50.00元价位线，并接连向上突破，高点上移。但是成交量中显示量能明显缩减，并且DIF高点也在下移，二者都与股价形成顶背离，这是一个股价可能即将回调，甚至转入下跌的危险信号，投资者要注意止盈。

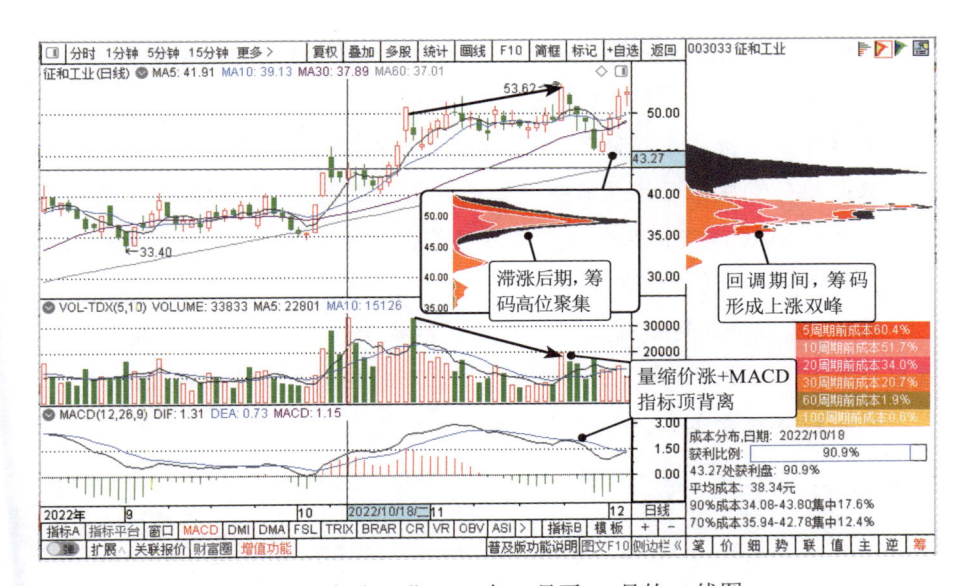

图 6-10　征和工业 2022 年 8 月至 12 月的 K 线图

图 6-11 为征和工业 2022 年 11 月至 2023 年 2 月的 K 线图。

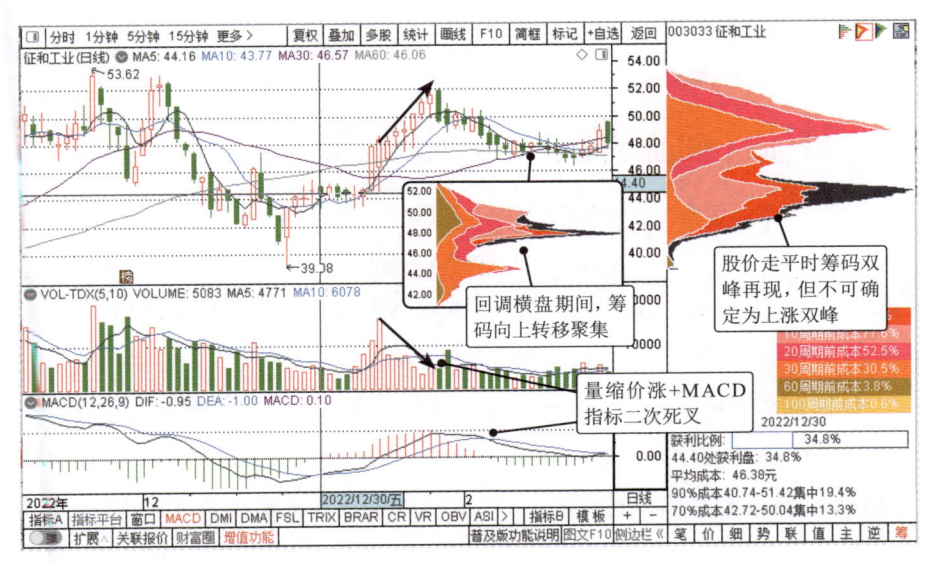

图 6-11　征和工业 2022 年 11 月至 2023 年 2 月的 K 线图

果然股价在 12 月初就出现了一波明显回调并且击穿 60 日均线，但好在没有彻底进入下跌，而是在 40.00 元价位线上方得到支撑后形成了一波反弹。

筹码分布应用——起涨见顶买卖点分析

在反弹初期，筹码分布图中又出现了一个双峰，但由于当前成交量表现的弱势，投资者还不能完全确定这是一个上涨双峰。

2023年1月初，成交量开始放大并支撑股价成功突破两条中长期均线，但也只是短暂突破。后续量能明显回缩，与持续上涨的股价形成了又一次背离。并且MACD指标在突破零轴后不久也开始转折向下，有形成死叉的迹象，说明价格很难再创新高。

果然，当股价来到52.00元价位线附近后就开始下跌并落到60日均线上，筹码分布图中显示下方筹码开始向上转移，对价格形成了较强的压制。

图6-12为征和工业2023年1月至4月的K线图。

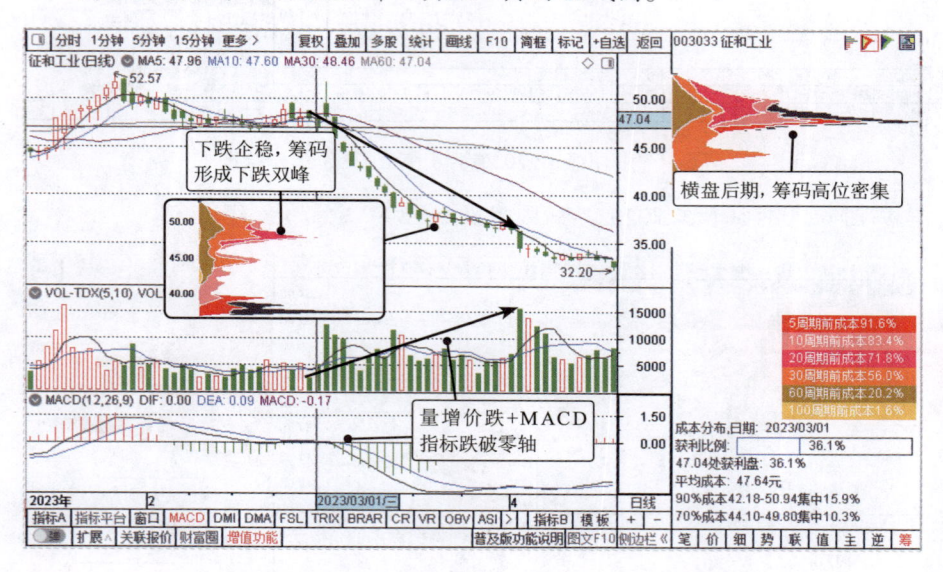

图6-12　征和工业2023年1月至4月的K线图

从后期的走势中投资者可以清晰地看到，反弹之后，股价横盘一段时间就彻底跌破关键支撑线，筹码开始向下发散并形成下跌双峰。同时，成交量和MACD指标都表现出危险信号，还没离场的投资者要抓紧时间。

至此，筹码分布的内容就介绍完毕了，此处再次提醒投资者，书中内容仅从知识的角度进行解析，实践中还有许多不可控因素影响着股票价格变动，具体问题需要具体分析，切记不要死板操作，也请各位读者牢记，股市有风险，投资需谨慎。